我的春秋我做主之

王道晋文公

海棠栖露——著

中国出版集团 现代出版社

图书在版编目（CIP）数据

我的春秋我做主之王道晋文公 / 海棠栖露著.
—北京：现代出版社，2018.4
ISBN 978-7-5143-6771-3

Ⅰ.①我… Ⅱ.①海… Ⅲ.①中国历史-春秋时代
Ⅳ.①K225

中国版本图书馆CIP数据核字（2018）第005787号

我的春秋我做主之王道晋文公

作　　者	海棠栖露
责任编辑	姚冬霞
出版发行	现代出版社
通信地址	北京市安定门外安华里504号
邮政编码	100011
电　　话	010-64267325　64245264（传真）
电子邮箱	xiandai@cnpitc.com.cn
印　　刷	三河市金泰源印务有限公司
开　　本	710 mm×1000 mm　1/16
印　　张	18.25
字　　数	280千
版　　次	2018年5月第1版　2018年5月第1次印刷
书　　号	ISBN 978-7-5143-6771-3
定　　价	45.80元

自 序

这是一段关于智慧、勇气、权力和道义的故事。

春秋时期，当这个广袤世界的绝大部分族群仍处于蒙昧之中时，我们的先祖已经率先进入了人类社会的相对高级阶段。在春秋的历史舞台上，王公将相与凡夫俗子粉墨登场，各施所能，共同演绎了一幕幕精彩绝伦的兴亡大戏。然而，因为年代久远，史籍晦涩，不少人对于春秋历史只有节点式和结局式的了解。同时，由于春秋历史涉及太多的国家、人物和事件，线索纷繁复杂，全面叙述难度着实不小，以至于目前综合性讲述春秋历史的通俗读物不多，这也正是我深以为憾之处。曾数度想尝试挑战一下这个高难度动作，但总是怯于自己才疏学浅而黯然退却，痛恨与期盼之情，竟日萦绕不绝。

终于，在一个冬日的夜晚，当手机里林林总总的资讯被逐条阅尽后，我陷入了难以言及的空虚，突然想把那个向往了许久却迟迟不敢追寻的梦付诸实践，于是我鼓起勇气新建一个文档，并郑重地写下了“我的春秋我做主”几个字。

我不想搞学术研究，不喜欢每日埋头于故纸堆中做考古工作。写作是一种乐趣，我希望轻松地、欢快地把春秋时代的故事介绍给和我一样热爱春秋历史的朋友。当然，也不必讳言，本人水平有限，而且写作只是我的一项业余活动，所以，我即使有心，也无力将这延绵三百年的历史写得尽如人意。不过，在采撷本文的历史素材时，我将尽量本着严肃认真的态度，并以当时的政治经济背景和地理人文环境为参考，按照自己的思维方式做出分析与判断。

预计完成这部作品将是一件旷日持久的工作。然而，就在我提笔写下这段文字时，油然而生的欢乐在我心际缓缓流淌，使我安详，使我宁静，让我感觉到了一种使命。于历史而言，春秋就是一部传奇，华丽的故事简直让人怀疑它出自某位编剧之手；于我而言，在完成这部作品写作的那一天，我会觉得，我的人生从此有了与众不同的意义，我会觉得，我也造就了一个传奇。

我要把这件预期中的作品献给我亲爱的家人和朋友，并以此来纪念我与他们共同度过的时光。

此志。

海棠栖露

2011年12月26日深夜于家

前　言

读史可以省身，读史可以明志，然而这些都基于一个明确无误的前提，那就是史书必须给人以阅读的兴趣，或者说勇气。我从不妄加揣测每位读者的素养和偏好，但既然大家都说群众路线才是文艺的生命所在，那我相信，《我的春秋我做主》这套书，至少没有脱离顶层的召唤和底层的呼唤。如果您不吝第一次翻开它，您一定能感受到我扑面而来的诚意。

春秋时期是一段雅俗共赏的历史，中国的典章制度和文化习俗大多由此发祥，权谋征伐和传奇典故亦不胜枚举。就题材的可塑性而言，春秋实在是一块上佳的文人用武之地。

本书试图在历史的严肃性和观赏性之间寻求某种融合，一方面避免史料的枯燥堆砌和说教，另一方面也防止脱离历史本原而走上架空的道路。最终的目的，是以史料为基础，以争霸为主线，用通俗亲和的文体，用有血有肉的笔触，讲述春秋时期的地缘格局、人文景观和政治演变。希望您能够带着愉悦的心情读完它。

我知道这很难，但我不会放弃努力！

目 录

曲沃代翼

齐桓公主持的葵丘会盟，秦国和晋国没有参与，这并不是一个偶然出现的意外。

秦国和晋国历来就与中原事务联系甚少，原因无他，除了家务烦琐，还受限于地理位置隔得太远，远到哪怕中原拿核武器打来打去，两国的眉毛也不会抖一下。

翻开地图看看就知道，当时的秦国偏处西陲，在马作为最快捷交通工具的时代，去一趟中原老不容易。出门的时候孩子还在吃别人的奶，回家一看，嚯，孩子都能奶别人了。

晋国倒是隔得稍微近一点儿，不过太行山和黄河呈直角相交，形成一道天然的屏障，把晋国与中原分隔开，晋人出不来，外人也进不去。

当然，这种隔绝与封闭的情况只适用于描述城邦时代周王朝边缘地带的地缘态势。随着诸侯国势力扩张，疆域呈块状分布，彼此之间政治、经济、军事交流日益频繁，即使是边缘地带的诸侯国，也能成为中原舞台上的常客，就像前面介绍的楚国一样。

关于晋这个国家的来历，有一个妇孺皆知的故事，叫“桐叶封唐”。

当年周武王娶姜子牙的女儿邑姜为后，生下了两个儿子。大儿子叫诵，小儿子叫虞。

周武王英年早逝，世子诵鼻涕还没干就当了国君，史称周成王。

一天，童心未泯的周成王和王子虞在宫里过家家，周成王扮演游戏里的君王，王子虞扮演游戏里的臣子。

周成王出于职业习惯，忽然自编自演了一个这样的情节：他从地上拾起一片桐叶，剪成一个圭的样子，然后一本正经地对王子虞说就拿这个封你了。

两兄弟闹着玩，旁边端个笔记本的史官却听入了耳，噼里啪啦记录在案，随即上前请周成王分封王子虞。

周成王一愣，咱不过随便说说呢，这也能当真？

史官正色道："天子无戏言。言则史书之，礼成之，乐歌之。"

周成王白了他一眼，是不是还要把故事编成九集，每天在天桥下不停轮播，直到家喻户晓？

于是，就把王子虞封到了唐国。

有人说这个故事过于儿戏，不可当真。对此，我辩驳不了，但我能够确定的是，"桐叶封唐"的故事与当时真实的历史背景是相吻合的。

唐国古已有之，本为尧的后裔所立。殷商时代，唐国归附中央政权。西周建立后，唐国位列诸侯，赐爵为侯。周成王即位之初，殷商余孽勾结"三监"发动叛乱，唐国参与其中，后被周公旦剿灭。

唐国所处的今山西省南部，为夏人故地，戎狄丛生，倘若不加以有效治理，戎狄之属必然肆意扩张，威胁宗周镐京的安全。

因此，周王室亟待在唐地重新建立政权，以保卫平定"三监"的战果。作为周成王胞弟的王子虞，也就自然而然赶上了周公旦主持的那波分封大潮，顺利入主唐国了（史称唐叔虞）。

唐叔虞之后，其子燮因国中有晋水穿流，始改国号为晋，定都翼城。

晋侯燮传七世而至晋穆侯。

公元前 805 年，晋穆侯会同周王室征讨条戎，结果铩羽而归。恰逢夫人姜氏产下长子，心情抑郁的晋穆侯便将婴儿命名为仇，以示不忘战败之耻。

三年后，晋穆侯征战于千亩[①]，结果大获全胜。巧的是，夫人姜氏又产下一子。晋穆侯满心欢喜，便将婴儿命名为成师，以纪念千亩之战凯旋。

中国人历来对取名字是相当重视的，认为名字往往能够左右人一生的命运。尤其在给贵族成员命名的时候，有"名以制义，义以出礼，礼以体政，政以正民"的讲究。

对于晋穆侯这样随意给儿子取名的轻率做法，晋国大夫师服就在私下里感叹：

① 此千亩在晋地，非周宣王伐姜戎之千亩。

嫡长子与嫡次子的名字如此相反相逆，恐怕将来有手足相残之虞。

后来事实证明，师服相当地具有先见之明。

公元前785年，晋穆侯逝世，其弟公子殇自立为君，史称晋殇叔。公子仇被迫出奔他国避难。

四年后，公子仇反攻晋殇叔得手，继位为晋文侯。

晋文侯目睹了周王室东迁的巨变，经历着周平王和周携王并立的混乱局面，深感周王室不靖，晋国亦受其苦。

公元前750年，他向周平王建议讨伐周携王。

周平王朝思暮想的就是这档子事，只是一直以来苦于能力有限下不得手，见有人竟然主动请缨，当下又惊又喜，将晋文侯引为忠君体国之典范。

晋文侯亲征惠邑，破城而入，周携王自刎而死。晋文侯又驱散士民，将典籍器物搬运回晋国，接着一把火烧了惠邑，彻底抹除了周携王留在这个世界上的痕迹。

周平王得报，欣喜若狂，当即颁赐《文侯之命》，大肆褒扬之余，又承认了晋文侯之前在周边扩张侵吞的土地。于是晋国慢慢地开始强大起来。

公元前746年，晋文侯逝世。

在接下来的权力交接过程中，晋世子伯似乎与叔叔公子成师发生了争斗。

最终双方达成妥协，世子伯即位为晋昭侯；而公子成师则获封于翼城西南一百余里开外的曲沃，他因此被后人称为“曲沃桓叔”。

封块土地给宗室，并没有什么不妥，那时候，分封建制，本来就是要让宗室成为国家的藩篱。

问题是，封给公子成师的那个曲沃，非但扼住了翼城与外界沟通联络的主要通道[①]，而且属地面积比翼城还要大上许多。

在春秋那个极其讲究品秩的年代，身份与待遇有着非常严格的对应关系。以城邑大小为例，诸侯国的都城必须小于周天子的都城，大夫的封邑又必须小于诸侯国的都城，这是一点儿也马虎不得的。

① 翼城处在一个山麓的半包围圈中，而曲沃位于半包围圈的缺口处。

从现实利益的角度看，属地越大，意味着掌控的人口与资源就越多，也越容易成为权臣割据一方甚至变家为国的资本。

总而言之，分封曲沃，埋下了晋国内乱的隐患。

分封之时，曲沃桓叔已经年近花甲，正是一个男人政治头脑最为清晰、政治经验最为丰富、政治手腕最为老到的阶段。

桓叔精明强干，广蓄贤良。在他的经营下，左右民众纷纷归附，使得曲沃的人口持续扩充，经济不断发展，俨然成为晋国的第二个政治中心。

当时，翼城的很多有识之士都对此忧心忡忡，认为桓叔以晋国小宗的身份，掌管如此强盛的曲沃，难免会有非分之想。

果然，随着曲沃势力的膨胀，桓叔渐渐骄狂起来。他暗自与晋国周边的国家达成内幕交易，并在翼城扶植效忠于自己的政治势力，共同封锁打压晋昭侯。

公元前 739 年，晋国大夫潘父受桓叔的策动，在翼城发动叛乱，将晋昭侯杀死。与此同时，桓叔也起兵攻打翼城，希望里应外合，就此颠覆晋国大宗的统治权。

翼城方面奋起反击，诛杀潘父，将桓叔击退，然后立晋昭侯的儿子平为君，史称晋孝侯。

桓叔毫不气馁，反正友谊第一，比赛第二，大不了咱们下一期节目再见。

然而，岁月不饶人。桓叔自信人生两百年，会当击水三千里，运转不停的轮回却不肯法外开恩。

公元前 731 年，一曲“不见不散”的高歌还没唱完，七十三岁的桓叔已燃尽了生命的所有热情。其子鱓继立，史称“曲沃庄伯”。

桓叔伐翼虽然没有成功，但是拉开了晋氏大宗与小宗之间夺位战的大幕。从此，曲沃公开与翼城对峙，斗争的形势愈加严峻。

庄伯秉承父亲的遗志，继续文武兼修，蓄势待发。

公元前 725 年，庄伯在历经七年精心的准备后，向翼城发动了空前猛烈的进攻，将晋孝侯杀死。

不过此时，翼城所代表的大宗势力依然足以自持，庄伯功亏一篑，再次败退。晋孝侯之子郄继位为君，史称晋鄂侯。

庄伯伐翼虽然没有成功，但是击杀了国君晋孝侯，从气势上来说，对大宗势力是个极大的打击。

庄伯也由此认识到，曲沃之于翼城，或许占有优势，但仍不足以制胜，他还需要借重外来的力量，才能一举推翻大宗的统治。

公元前 718 年春，庄伯联合郑国、邢国再次攻击翼城。翼城大败，晋鄂侯死里逃生，躲到随邑再也不敢出头。

周桓王出于维护封建礼教的需要，派军队赴晋国作战，讨伐庄伯。庄伯不支，再次退回曲沃。

随后，曲沃方面背叛周王室。周王室愤怒不已，令虢公长父率军攻打曲沃，并于同年秋在翼城立晋鄂侯之子光为君，史称晋哀侯。

庄伯数次出兵均没有达到理想的战略目的，竟日愁闷，两年后就郁郁而终了。其子称继立，史称"曲沃武公"。

此时，晋氏大宗与小宗之间经过多年的残酷斗争，虽然没有分出最终的胜败，但明显可以看出，翼城的势力已经被大大削弱了。

公元前 710 年，晋哀侯为了拓展国都的战略纵深，挥师攻打曲沃北面的陉廷。

次年春，武公出兵反击，与晋哀侯对决于陉廷。翼城军被击溃，晋哀侯仓皇逃窜，武公穷追不舍。

晋哀侯真够衰，沿着汾河跑哇跑，一开始还蛮欢快，谁知跑到汾隰时，骖马竟然被树枝牢牢绊住，死活无法动弹，于是当天夜里就做了俘虏。

晋哀侯在曲沃的大牢里饲养了一年的老鼠和臭虫后，武公派叔父韩万[①]杀了他。翼城遂立晋哀侯之子小子为君，史称晋小子侯。

小子侯的谥号这样罕见，正是晋国国君权威下降到了无以复加地步的真实写照。

故事讲到这里，估计翼城和我一样，已经筋疲力尽，要死不活了。说句心里话，当年《越狱》放到第四季时我已经拍坏了两部手机中的战斗机，曲沃和翼城的朋友如今也到了这个地步，却还拖拖拉拉地没完没了，我看着都累得慌。

---

① 韩万乃曲沃桓叔之子，封邑于韩地，为战国时韩国的直系先祖。

亲爱的，你们快点儿来个鱼死网破好不好？

公元前705年，武公不知道使用什么诡计花招，竟然把晋小子侯诱骗到自己的地盘上，然后逮住放血。

历史的细节虽然难以考究，但从地方势力招致国君的事实中，可以推断，当时曲沃的势力已经明显超越翼城，武公能够在某种程度上控制国君了。

次年春，武公趁热打铁，一举攻破翼城，摧毁了大宗的统治根基。

但就在曲沃方面欢欣鼓舞的时刻，天空一声巨响，周桓王又派天兵天将来了。武公手下的一众通臂猿和赤尻猴不是对手，只得含泪退回曲沃。

于是周桓王派虢公长父立晋哀侯的弟弟缗继位为君。武公则继续在曲沃招兵买马，养精蓄锐。

公元前703年秋，虢公长父联合若干小国惩罚性地征讨曲沃。这一战似乎颇具成效，因为武公在接下来的二十六年里再也没有对翼城采取大的军事行动。

只不过，这表面上看起来平静的二十六年，实际上是一个爆发前的积蓄与酝酿过程。

公元前678年，无聊的人们都在收看东周电视台播放的由山东猛男吕小白主演的动作片《幽地会盟》，令人亢奋的消息突然传遍神州大地：曲沃伐翼3D版来袭！

矢志不渝的武公誓师伐翼。曲沃军大概也感受到了观众的心声，一个个有如打了兴奋剂般劲气十足，一路冲进翼城把晋侯缗给办挺了。

武公上次不小心被周桓王“潜规则”，这次为了防止周王室又出兵干涉，他赶紧把在翼城抢劫来的财货打包送给了新立的周僖王。

周僖王见曲沃代翼已是大势所趋，兼之自己腰腿疲软没那个精力多管闲事，加上还收受了不菲的贿赂，于是当场拍板任命武公为晋君，史称晋武公。

令人揪心的曲沃伐翼系列战役终于结束。

从桓叔初封到武公翻盘，前后经历祖孙三代，时间跨越六十七年，中间一连杀了五位晋国国君（外带吓跑了一位晋鄂侯）。

本来呢，历史是一个没肝没肺、无情无义的旁观者，它只会冷冰冰地看着熙熙攘攘的人群贪嗔痴怨、东奔西走。生死荣辱、兴亡隆替，于它来说，都仅仅是过眼云烟。

所谓曲沃代翼多么惊心动魄、多么暴力残忍之类的评语，只不过是人们吃饱了饭没事做，硬在历史长廊上张贴的牛皮癣罢了。

然而我们芸芸众生都是如此俗不可耐。既然多多少少还有几个游手好闲的家伙在听我唠嗑儿，那就满足一下他们的欲望，给曲沃代翼贴个标签吧。

从现象上说，它是春秋时代持续时间最长、弑君最频繁的诸侯国公族内部为争夺君位而进行的流血斗争。

从本质上说，它是“世上无难事，只怕有心人”这句箴言的最佳注解。那些“四无青年”在读这个故事时要能够举一反三，只要你咬牙坚持舍生忘死地做事，忍气吞声地做人，出人头地也并非毫无可能。

从意义上说，小宗灭掉大宗，这是春秋时代礼崩乐坏的一个缩影。

从影响上说……

丁零零丁零零……（下课铃声突兀响起，我强装镇定）“同学们请少安毋躁，下节课上课之前老师一定可以讲完。”

（全体沉默。我紧张地左右张望了一下）“叽叽歪歪，看你们哆哆嗦嗦地老是尿颤，要不先下课，老师利用下午的自由活动课时间再继续？”

（一声呼哨，饭盒、酒瓶、麻将、内衣等凶器铺天盖地地朝我飞来）别、别，给老师最后一分钟，就一分钟，哎哟！啊！……

曲沃代翼对晋国的影响是极其深远的。

积极的方面是：公子成师的血脉取代公子仇的血脉入主晋国，为晋国统治阶层注入了新鲜的活力。

晋武公及其子晋献公在位期间，晋国近乎疯狂地横扫山西盆地中南部，领土面积急剧扩大，实力迅速上升，为其后约一百五十年间文公称霸、襄景二公接霸，乃至悼公复霸打下了坚实的基础。

消极的方面是：晋献公担心桓叔的旁支后裔照葫芦画瓢上演曲沃代翼的续集，便采取了剿灭公族的政策。

从公元前 671 年起，晋献公大开杀戒，陆陆续续屠灭了大部分的公族成员。从此，晋国公族不再是辅助国君管理国家的主要政治力量。

骊姬乱政后，晋献公驱逐自己的儿子，进一步削弱了公族的势力。渐渐地，不仕公族甚至成为晋国所特有的政治制度。

但是国家总需要统治阶层啊。宗室杀光了，晋君便只能重用外姓臣子，依靠外姓家族的力量来统治国家，其中最典型的例子就是晋文公设三军六卿以及晋成公设立公族大夫。

晋君以为外姓家族无法取代自己成为晋国的主人，因为当初周王分封诸侯，确定了晋国只能姓姬。

但晋君没有料到的是，后果比他们害怕的还要严重。在完全没有公族竞争的情况下，外姓家族的势力畸形扩张，渐渐盖过公室，最终导致了赵、魏、韩三家瓜分晋国的结局。

这种情况，整个春秋时期都是别无分店，独此一家。

当然，本着严谨治学的态度，我必须要指出的是：晋国推行这种离经叛道、冷酷无情的公族政策，曲沃代翼固然是一个重要的、直接的诱因，但归根到底还是源于晋国独特的历史背景。

晋国初封地在遥远的古代曾是夏人立国之处，戎狄部落在周围密密分布，环境错综复杂。唐叔虞受封时，这块土地历经战乱，局势动荡不安，阶级矛盾和民族矛盾都十分尖锐。

为了帮助执政经验匮乏的唐叔虞维持稳定的政局，促使唐国迅速走上正轨，周成王在册封仪式上特意送了三件物事给唐叔虞。

第一件是“大路、密须之鼓、阙巩、沽洗”等镇国宝器，第二件是“怀姓九宗，职官五正”等骨干臣僚，第三件是以“启以夏正，疆以戎索”为主要内容的施政纲领。

所谓“启以夏正，疆以戎索”，字面意思是用夏历纪年，用戎狄的标准丈量土地。引申开来就是用夏政去教导夏民，以戎法去治理戎人。

也就是说，周成王允许唐叔虞从实际情况出发，因地制宜地实行一套有别于中原主流人文理念（即以井田制为基础的礼乐制度）的基本国策，维护当地夏代以来的传统政治制度和风俗习惯。

在“启以夏正，疆以戎索”的方针指导下，唐叔虞营造了和谐的国内环境，社会经济持续稳定发展，到处呈现出欣欣向荣的繁荣景象，连附近的戎狄部落也纷纷慕名归附。

据《史记·鲁周公世家》记载，唐叔虞执政数年后，唐国土地上收获了一株二茎共生一穗的粟禾，这被视为天降祥瑞之兆。唐叔虞亲自赴洛邑献禾，周成王和周公旦转相馈赠，并为之赋诗唱和，以颂祷志庆，对唐叔虞的政绩予以了充分的肯定。

“启以夏正，疆以戎索”对于民族成分复杂的唐国来说，是一种政治上求同存异和兼收并蓄的理念。因为它在促进唐国发展方面立竿见影的显著效果，遂逐渐成为唐国和后世晋国的传统文化，对晋国的政治生活产生了深刻的影响。

其影响中最为关键的一条就是：以血缘关系为纽带的正统宗法观念比较淡薄，贤能者居上的风气比较浓厚，任何人只要有本事，不问家庭出身，不问血统贵贱，皆有可能登堂入室，执掌国家的权力。

正因为如此，晋国得以动员社会各阶层的智慧以资国用，并不需要刻意依靠公族的力量来维护统治。

所以说，不仕公族更多的是一种文化积淀的结果，如果我们仅仅把它看作冤仇相报引发的心理恐慌，那就把历史想得过于肤浅和简单了。

女人不好惹

晋武公自公元前 716 年主政曲沃以后，花了整整三十七年的工夫，终于为子孙后代挣来了一个京城户口，其间的殚精竭虑是外人难以想象的。

公元前 677 年，功德圆满的晋武公将君位交给儿子晋献公，含笑而去。

晋献公即位后，迁都于绛，对内采用谋臣士芳[①]提供的方略，大规模诛杀宗室，仅仅存留了几家引为心腹的公族；对外奉行扩张政策，在兼吞邻国的同时，不断

① 周宣王时，大夫杜伯无罪被杀，其子杜隰叔逃亡晋国，任士官，其后遂以士为氏。士芳即杜隰叔之后。

征伐周边的狄戎，取得了“并国十七，服国三十八”的辉煌武功。

晋献公征伐狄戎，不但雄壮了中原民族的胆色，维护了周天子的权威，扩展了晋国的疆土，还获取了个人的性福——逼迫狄戎首领贡献出女儿给自己做小老婆，真是名利双收，一举四得。

晋献公的老婆们摆开了就是一桌满汉全席。

他的首位夫人来自贾国①，可贾夫人没有给晋献公生育子嗣。

接着勾搭上来自齐国的庶母齐姜②，即位后又把齐姜立为夫人，并与她先后生下了秦穆夫人和世子申生。

然后娶了翟国（狄族政权）的狐姬，生下公子重耳。

再娶了梁国（秦国嬴氏的分支）的梁嬴，生下公子夷吾。

再后来，他兴兵征伐骊戎，骊主献上一对姐妹花以求和。其中姐姐骊姬生了个儿子叫奚齐，妹妹生了个儿子叫卓子③。

另须说明的是，除了申生、重耳、夷吾、奚齐、卓子五位公子，晋献公还有四个庶子④。

之所以要这样不厌其烦地介绍晋献公的主要家庭成员，并不是我穷极无聊，而是因为，他们或主动或被动，都无一幸免地卷入了一场残酷的夺嫡战争之中，并且最后的结局对于晋国乃至春秋的历史都有深刻的影响。

晋献公一开始对世子申生相当优渥，指定大夫里克和杜原款充当世子的师傅，一言一行都悉心教导，把申生培养成了一个孝敬父母、友爱兄弟的优秀青年。

可是，申生的快乐并没有延续太久，自他的母亲齐姜早死后，晋献公便开始打起了换储的小九九。

晋献公换储的原因很简单，遇见狐狸精了。这个狐狸精不是别人，正是来自骊戎的战利品——骊姬。

骊姬是一个具有鲜明特色的女人。她的特色用两个字概括起来叫“风骚”，用

---

① 唐叔虞幼子的封国。曲沃取代翼城后不久，晋国就吞并了贾国。

② 齐姜是齐桓公的女儿，约在晋武公晚年嫁到晋国。

③ 生于公元前 652 年，也就是晋献公死的前一年。

④《史记》说晋献公的儿子共有八个，《左传》说共有九个，此处采信《左传》的说法。

五个字概括叫“史上最风骚”，用六个字概括叫“咋就这么风骚”。

她不但生就一副狐媚勾魂的模样，而且善于察言观色、揣摩男人心意，时不时地发嗲卖萌，很快就成为晋献公坐不离侧、寝不离席的生活必需品。

为了感谢骊姬对自己生活品质带来的显著提升，晋献公也投桃报李，决定立她为夫人，并特意令人占卜问天。

谁知造物弄人，结果竟然显示不吉利。

晋献公不依不饶，又令人占筮。结果显示吉利。

占卜师不懂风情，善意提醒道：“占卜一般要比占筮更加灵验，您最好按照占卜的指示办事。”

晋献公置若罔闻，果断把骊姬继立为夫人。

占卜师哀叹：“一薰一莸，十年尚犹有臭。”意思就是说，香草和臭草放在一起，即便过了十年，仍能闻见臭味。看来，他已把骊姬视为搅坏晋国这锅汤的老鼠屎，而且预见到了将来政局的动乱。

从历史经验的角度来看，晋献公立骊姬为夫人也是一个危险的举动。

昔年夏桀王伐有施，有施献上妹喜，夏桀王后之，结果夏朝覆亡；商纣王伐有苏，有苏献上妲己，商纣王后之，结果商朝覆亡；周幽王伐有褒，有褒献上褒姒，周幽王后之，结果西周覆亡。

这些血肉模糊的事实便如同是雷区里的禁行标志一样，本应该引起后来人的警醒，但自以为经验丰富的“老司机”晋献公却连看都不看一眼，轰，一脚油门就直接冲了过去。

骊姬这个女人工于心计，看问题能够从长远着眼。

换作寻常女人，遇上自己被擢拔为夫人这样的好事，只怕会欢喜得围绕着操场跑上几圈。

但骊姬就不同，她很清楚单纯地当个夫人，并不能保证可持续发展。因为，晋献公日渐老耄，晋国迟早归于嫡长子申生执掌，而申生并非己出，势必不会尊崇于她。

换句话说，只要晋献公一死，她的泼天富贵也就到了头。

再说了，这做娘的都只心疼自家孩子。想起日后自己当着太后，而宝贝儿子奚齐却只能给申生打工，关系如此不和谐，骊姬就气不打一处来。

所以，骊姬忧心忡忡，务以废申生而立奚齐为快。

那么，应该如何除去申生呢？

骊姬居于后宫，一则势单，二则作为妇人很多时候不便直接插手国事，因此她亟待组建一个拥立奚齐进位的政治集团来倡导并实施自己的政治主张。

骊姬最先物色到的对象有三个人。前两个是分别叫梁五和东关五的晋国大夫①，第三个是叫施的戏子。

“二五”乃骊姬的秘密情人，又是晋献公的亲信大夫，高官厚爵，参知国政，自然大有利用价值。可是施一个小小戏子，又是怎么入得了骊姬法眼的呢？

原来，施不但演技精湛，而且聪明伶俐，颇得晋献公喜爱，平时经常出入宫禁为宗亲权贵唱戏，一来二去竟然与晋国高层打成一片，拥有了丰富的人脉资源和灵通的消息渠道，是一个政治能量很大的人物。

于是，骊姬略展风骚，将施拉到裙子里面，然后与“二五”一道，结成了一个以废立世子为目的的团伙。

话说施当戏子真是屈了才！我们来看一段《国语·晋语》中关于骊姬与施就如何对付申生而展开的对话，领教一下施的厉害。

骊姬问：“我想办件大事，向三位公子发难，该怎么做？”

三位公子指的是申生、重耳和夷吾。

阻挡奚齐进位的障碍本来只有申生一个，因为申生是嫡长子，是下任国君的第一顺位继承人。而重耳和夷吾俱为庶子，根本就不具备继位的资格，骊姬为什么要向他俩发难呢？

骊姬把重耳和夷吾同时列入打击名单的举动，也许说明她已经狠毒到了丧心病狂的地步。

骊姬大概认为，所有的公子当中，重耳和夷吾贤名在外（《史记·晋世家》说他俩“皆有贤行”），又长于奚齐，他俩的存在，对于奚齐的进位来说终归是个巨

① 时人将他们唤作“二五”，后人亦称为“二五耦”。“耦”者，原为双人共同执耜耕地之意，喻指朋比为奸。

大的威胁，如果不一起打倒的话，恐怕夜长梦多。

施回答说："早点儿把他们的地位固定下来，使他们认识到自己的地位已经到顶。一个人假如自知地位已经到顶，就不会再有别的追求了。"

这句话很难懂。以世子申生为例，晋献公没死之前，申生的地位不可能再上升了（也就是说已经固定了，到顶了），难道申生就不能展望自己日后当国君的景象吗？当然不是。

我这里勉力解释一下其中的款曲。

世子这个职务看起来很尊荣，实际上可以视作一个虚职。因为大多数情况下，世子不能镇守城邑，不能担任卿士，平时的主要职责仅仅是侍奉当朝国君，协助处理祭祀的事宜。

只有在某些特殊情况下，譬如国君外出时，世子才能短暂地体验一下权力带来的快感，因为他可以留在国都监国；但如果国君明确指派他人镇守国都，那世子就要随国君同行，老老实实地当个生活秘书。

总之，世子吃穿住行的品秩很高，但掌握的实权很小。

而世子受到如此严格的限制，是国君为了维护自己的专制统治，防止世子过早分享权力。

那么，施所谓的把申生的"地位固定下来"，就是说想办法赋予申生实职，把申生的政治潜能消耗殆尽，让申生的仕途提前走到尽头，从而断绝申生继任国君的可能。

骊姬又问："那我应该先向哪位公子下手呢？"

施认为是申生，逻辑如下。

申生老实巴交，宅心仁厚且洁身自好。一个人老实巴交就会不善于变通，宅心仁厚就会不愿意得罪他人，洁身自好就会害怕受到他人的诽谤。既然不善于变通，那就容易找出他的毛病从而进行诽谤；既然害怕受到诽谤，那诽谤对他的打击就会显得格外沉重而致使他意志消沉；既然不愿意得罪他人，那就只有委屈自己，强行抑制心中的苦闷，而绝不会奋起反击。

结论是：可以罗织罪名，制造冤狱，从而整垮申生。

施还进一步分析道，攻击申生时，步骤不能太急遽，手段也不能太显眼。

因为，申生品行端正，天性纯良，颇有贤名，无端废黜他的世子之位，是对封建礼法的公然亵渎，必然招致朝野的一致反对，最终恐怕难以实现。

而且，在时机尚不成熟的时候过早暴露奚齐，一定会引起世子势力的警觉，反而不利于后党有所作为。

因此，骊姬可以利用目前圣眷正隆、国君对她言听计从的有利条件，表面上做出善待申生的样子，私下里用不义的罪名诬告申生，让他在晋献公的猜忌和舆论的谴责中自行倒塌。

骊姬茅塞顿开，于是一边在晋献公耳边进谗，一边指示“二五”出面，以曲沃乃恒庄龙兴之地，蒲邑与屈邑地近戎狄，必须要有宗室镇守为由，建议晋献公派遣申生、重耳和夷吾三人分别就任曲沃、蒲、屈三地，另派除奚齐外的四位公子守卫其他边邑（卓子当时还未出生）。

单纯从谋划的角度来说，这是一条很妙的计策。

首先，申生、重耳和夷吾倘若留守绛城，必然参与机枢，交结群臣，政治地位将会更加巩固；倘若出使藩镇，则耳目蒙蔽，力有不逮，便于骊姬一党暗中取事。

其次，派申生镇守曲沃，正对应了施关于固定申生地位的计谋，倘若得逞，则不动声色地掏空了申生作为世子的基础。

再次，晋国不断扩张疆域，和周边戎狄的关系非常紧张，边邑常年敌患不断。说不定哪天那些茹毛饮血的戎狄吃错了药，不小心打通任督二脉，冲进来把重耳和夷吾等公子杀了呢？当年犬戎不就取得过这样辉煌的战绩嘛！

最后，趁势排挤那四位名不见经传的公子，可以进一步提升奚齐争储的胜算。对手不参与竞争和没有对手参与竞争这两种状况，毕竟还是有些许的差别对吧？

晋献公被骊姬的花言巧语蒙蔽，欣然做出了将七位公子外派的决定。在申生等人离开绛城后，晋献公明显地感觉到，骊姬为他营造的夜生活比往日更加激爽了。

公元前 661 年，晋献公进行军事改革，分设上、下二军，自己亲将上军，使申生将下军，随后就吞并了耿、魏、霍三国。

晋献公特意在曲沃为申生筑造新城以示嘉许，又把自己的车左赵夙封到耿地，车右毕万封到魏地，俱列为大夫。

说到这里，插播一下古代军队的编制问题。

周代有“三军”之说。此三军当然不同于现在的海陆空三军，而是指一个国家的军队根据不同情况可以最多维持三个“军”的规模。具体来说，有下面这些讲究。

第一，一个军满员为一万二千五百人。

第二，一个国家不能随意扩充军队，军队的数量必须与君主的等级保持对应关系。周天子可以维持六个军即七万五千人的常备武装力量，而诸侯根据爵位高低分别参照“大国三军，次国二军，小国一军”的标准约束兵力。

第三，诸国之间，“三军”的名称有所区别。譬如晋国、齐国、鲁国和吴国称上军、中军、下军；楚国称左军、中军、右军；魏国称前军、中军、后军。

第四，“三军”的职责有明确划分。以晋国为例，上军为先锋部队，中军为统帅所在的主力部队，下军为后勤保障及后备警卫部队。

插播完毕。

晋献公此时设立二军，也从侧面反映出晋国的国力有了重大的突破。

领军和筑城之事，看起来风光无限，而实际上，申生的荣耀越大，他的政治风险也越高。

至于晋献公对申生的任命以及封赏到底是在捧申生，还是在捧杀申生，我倾向于后者。因为在这段时间里，骊姬一直在编造各种谗言谤语，晋献公对申生的情感肯定是逐渐生疏的。

当时士蒍就曾警告申生：晋献公封赏得这么隆重，摆明了是把你当外人看；局势如此险恶，不如明哲保身逃奔他国。

申生无端遭受父亲疑忌，心如刀割，也许真的一走了之，反而落个逍遥自在。但是申生做不到，在他那颗至纯至朴的心里，是不容许出现“背父弃国”这样邪恶的字眼的。

申生受封于曲沃，骊姬的阴谋算是成功地走出了第一步，接下来要做的，就是全力以赴地造谣污蔑，加快整垮申生的进程。

可是在诽谤的时候要注意方式方法，开门见山地指责申生言行不法是不行的，地球人都知道申生不是那种货色。

于是，施又一次展示出与其身份地位极不相称的高超的政治天赋，为骊姬构思了一个奇毒无比的点子。

这个点子简单来说就是要炮制申生有“诛心”之罪。何谓“诛心”之罪？无反迹，有反心耳。

事情发展至此，进入到了政治斗争的高级层次。为了更好地演示这场斗争的精妙之处，我们不妨把当事的晋献公、骊姬和申生想象成法庭上的法官、原告和被告。

骊姬状告申生有谋反之心，依律当斩。

旁听的群众惊呼：“凭个犯罪动机就要杀了人家，没搞错吧？”

骊姬说，一点儿都没搞错，精神犯罪也不行。

不过，“谋反之心”这玩意儿，申生既没写在后背上，也没刻在脑门上，他本人更不会承认，那到底有谁能知道呢？

于是案件的审理进入到了控辩双方的举证阶段，骊姬要证明申生有反心，申生要证明自己无反心。

天地良心，思想活动这么虚无缥缈的东西，怎么证明？你知道怎么证明不？

申生摇摇头，他一个老实人，只会指天发誓自己忠于朝廷忠于国君，叫他自证无反心，除非剖开胸膛让你看还差不多。

骊姬微笑着点头，她能证明。

休庭的当天夜里，骊姬故意窝在晋献公怀里嘤嘤哭泣，搞得晋献公荷尔蒙喷发，当即询问骊姬何故。

骊姬梨花带雨，欲言又止。

晋献公火烧火燎，再三追问。

骊姬幽幽地说：“妾身恐怕不能服侍君王长久矣！”

晋献公十分紧张，寻思到底是你要死了还是我要死了。

骊姬开始给晋献公讲童话故事：“申生仁义其外，阴险其内，谋国久矣。他平时宽厚待民不过是收买人心，以图异日人民用命罢了。而且，申生还到处散布谣言，说臣妾惑主乱国。您不如杀了我吧，免得异日申生以清君侧为借口对您用兵，致使晋国苍生遭殃。”

晋献公保留了一个法官基本的智商，对骊姬的话提出异议：“既然申生仁爱百姓，难道不会仁爱他的父亲吗？”

骊姬接着上课：“‘仁’也分为几种。匹夫之仁在于亲亲友友，世子之仁在于安定社稷。申生收买人心，暗中蓄积了很大的势力，倘若他以安定社稷为由遂行篡位之举，又怎会顾及父子情义呢？”

晋献公认为骊姬的证词还不够说服力：“申生那么爱惜自己的名誉，倘若行此无君无父之事，就不怕背负千古骂名吗？”

骊姬哂笑：“当年纣王如果被自己的某个儿子杀了，殷商就不会因为纣王的罪恶而招致周的诛伐，国祚也不会中断，祖宗至今还得到祭祀，那后人会说纣王的那个儿子不仁吗？再者，本朝武公曲沃代翼，不也是骨肉相残吗？以如今晋国之强盛，又有谁会指责武公不义呢？如果申生打着忠于国家的旗号弑君，不明真相的群众非但不会指责他，反而会更加拥戴他。”

晋献公遍体生寒，悚然发问道：“依夫人之计该当如何？”

骊姬办事老辣，再将一军：“您何不以老迈无法掌国为由，将君位禅让于申生？申生得偿所愿后，心满意足，必定不会再为难您。”

晋献公拍案而起：“老子以威武之名闻于诸侯，倘若就这样窝窝囊囊地提前退休，活着还有什么意思？看我不宰了那小子！”

骊姬见晋献公终于被自己绕了进去，心里当然乐得百花齐放，但表面上却装出一副忧国忧民的样子，继续给晋献公出谋划策：“东山的皋落氏[①]不分早晚地侵扰我国边境，祸患深重。您何不派申生前去讨伐，以便观察他能否带兵以及与民众的关系是否很和睦？如果他不能战胜皋落，那就能治他败军之罪；如果战胜了皋落，那就说明他确实是个极其危险的对手，我们更要小心提防。”

晋献公深以为然，暗自庆幸骊姬慧眼如炬，帮自己揪出了妄图夺取政权的反贼头目申生。

---

① 春秋时代北方的少数民族，为炎帝后裔赤狄的一支。

仔细鉴赏上述午夜悄悄话，可以看出，骊姬选取了一个晋献公最疏于防范的时刻（卧榻之上）、一个晋献公最不堪承受的话题（阴谋篡位）和一个晋献公最难以辨明的逻辑（以历史为依据，以私利为准绳），成功地坐实了申生的“诛心”之罪。

这就是历史上臭名昭著的“骊姬夜哭”。

公元前 660 年，十二月，晋献公宣布审判结果，令申生攻打皋落。

申生的师傅里克实在看不下去了，便出面谏阻晋献公。

里克的理由很充分。

世子带兵是古往今来之大忌。因为战争形势瞬息万变，遇到突发情况时，如果世子凡事请示国君，就会显得没有主见，没有魄力，从而丧失威望，连带还会贻误军机；可如果世子不事事请示国君，又会显得没把国君放在眼里，有拥兵自重之嫌，无端引起国君猜忌。更何况，世子是国家最为重要的战略储备，一旦在战场上出现意外，那国家的损失就太大了。

晋献公不以为然地说他有九个儿子，将来由谁继承君位还未可知。

里克顿时噎住，只好讪讪而退，转见申生。

申生也知道自己现在的处境很艰险，见着里克后问的第一句话就是：“我快被废黜了吧？”

里克安慰他说：“不要胡思乱想。国君使你镇守曲沃，又令你带兵出征，只是为了历练你。你只要谨慎行事，为国建功，自然不会有灾祸的。”

出征之日，申生亲将上军，狐突（重耳的外公）为车左，先友为车右；罕夷将下军，梁养为车左，先丹木为车右；羊舌突为全军的军尉。

领导班子阵容强大，看起来无比雄壮。

可是，不和谐的景象也非常突兀。申生竟然穿着左右两色的衣服（一边是国君的服色，一边是世子的服色），佩戴着金玦[①]。

这套装扮很怪异，但都是晋献公钦赐的，所以申生不得不穿。

高级将领有感于心，于是议论开了。

---

① 青铜质地，形如环而缺。

先友这样解读道，衣服上带有国君的服色，又执掌军机要务（率上军且携下军），这体现了国君对世子的信任和倚重。

但狐突、罕夷、梁养、先丹木、羊舌突等人皆以为，赐给申生的服色和配饰不合常理，处处透露着晋献公的凉薄和离弃，简直是诅咒晋军溃败，申生摊上大事了。

至于稷桑（皋落境内），将要接敌。

狐突觉得坐视申生就这样一步一步滑入深渊未免太过残忍，于是凭着良心劝谏申生：要么主动将世子之位让与奚齐，顺从晋献公和骊姬的心意；要么主动撤军，因为无论胜负都会授予他人攻击的口实，也许没有战果就是最好的结果。

申生长叹：父亲猜忌儿子，正如木蠹啃吃树心，又有什么办法能够逃避呢？不战而回，罪恶只会更加深重。不如拼死一战，如果战死疆场，父亲就不会再有牵挂，自己也不会再有亏欠。

如果你是骊姬的忠实拥趸，看到这里，只怕已经喜笑颜开，以为将要大功告成了。

可是，仁慈的上苍仿佛不忍心看到忠良如申生者就此湮灭，趁编剧骊姬女士不注意，偷偷地改动了一下她的剧本。

于是，申生化悲痛为力量，置之死地而后生，大破皋落。

凯旋之日，狐突似乎厌倦了这世间的炎凉淡薄和宫廷斗争的冷酷无情，就此闭门不出。而宫廷里有关申生的谣言更加炽盛了。

可谣言终归是谣言，申生除了屡建战功，违法乱纪的事情愣是一件没做，哪怕用最苛刻的眼光审视他，也找不出任何确凿的罪证。这可把骊姬急坏了。

无奈之下，骊姬老调重弹，对晋献公说："申生要是不收买人心，又哪能打败皋落？如今，他夸耀自己的军功，野心越来越大，听说已向很多人流露出篡位的意图。您要是还不赶紧采取对策，大难就要临头了！"

晋献公双手一摊说："我也想采取对策，只是苦于找不到给申生加罪的理由。"

骊姬心忧如焚。这光阴似箭，日月如梭，申生征伐皋落转眼已经过了五年，而世子废立之事还迟迟打不开局面；要是晋献公一不小心驾崩了，难不成她跟着追到阴曹地府去帮儿子讨要福利？

由此，骊姬意识到，单纯依靠谣言来整垮申生，太不给力了，事不宜迟，必须立即改变策略，坐实申生的谋逆之罪。

压力就是动力，后党一伙人为此废寝忘食、上下求索、冥思苦想，那种勤奋而严谨的工作态度令人望而生畏。

新的方案很快出炉，依旧毒辣无比，简直可以作为奸臣贼子祸害他人的标准教材。这一次，骊姬为了保险起见，采取了左右开弓的战术。

先看左勾拳：进一步改变后党势力与世子势力的对比，具体而言，就是策反大臣里克。

里克本是申生的师傅，将来极有可能以君师的身份出任重卿，后党想收买他，说实话，还不一定出得起这个价钱。

关键时刻，施再次挺身而出。他认为里克其人，优柔寡断，意志不坚，倘若晓以利害，搞定并非难事。

于是，施前往里克家中拜访。

饮宴之中，施以歌舞助兴，其歌曰："一心想侍奉好国君哪，却不知如何才能愉快而且有闲暇。这个人真是笨哪，他的智慧还不及鸟雀乌鸦。别人都往草木丰盛的地方去了，他却独自留在枯朽的枝丫。"

里克怦然心动，笑着问："什么叫草木丰盛的地方？什么叫枯朽的枝丫？"

施似笑非笑地说："母亲是国君的夫人，儿子将要做国君，这不就是草木丰盛的地方吗？另一个母亲死了，儿子又被人说坏话，这不就是枯朽的枝丫吗？而且这枯枝还会折断呢。"

里克怅然若失。

施告辞后，里克撤去酒菜，饭也不吃就蒙头睡下，身体僵直，脑子里却思绪如潮。

国君和后党一直谋求废黜世子，里克对此是心知肚明的。作为申生的师傅，之前他已经感受到了方方面面或明或暗的压力，形势每况愈下，杀机越来越重。

施此番前来绝非闲着没事送文艺下乡，身上定然背负有特殊的意旨。会是什么意旨呢？难不成是动手前的最后通牒？

里克越想越怕，哪里还有半分睡意。瞧瞧窗外，正是墨黑的午夜时分，再过三个时辰，天色逐渐明亮，所有妖魔鬼怪就会从隐蔽的角落里跳将出来，凶残地行走人间。到时候如果后党真的决定动手，那自己岂不是就此玩完了？

不行，无论如何，得给自己留条生路！里克一个激灵从卧榻上蹿起来，叫下人招施前来议事。

施施施然而来（好拗口的巧合）。

里克问道："刚才你说的话是开玩笑吧？抑或是听到了什么风声吗？"

施神情淡定，一副胸有成竹的样子，不紧不慢地说："不瞒您说，确有其事。国君答应夫人杀掉申生而改立奚齐，计划已经定了。"

里克颓然，良久不语。是呀，老板都拍板决定了的事，单凭他里克一己之力，又能改变什么呢？

接下来的话，里克不说我也知道，无非是"事虽至此，我绝不苟同，要死就死，快动手吧"，或者是"事已至此，我无话可说，你们干吧，要我帮忙吗"。

第一句可以保全名节，第二句可以苟全性命。怎么样，我盘算得够细致周密了吧！

谁知里克忽然魂不守舍地来了句："秉君以杀太子，吾不忍。通复故交，吾不敢。中立其免乎？"

施粲然而笑："当然！当然可免！"

……！……！……！

好个既不忍也不敢！只不过……里克，你就这种档次？

你的头是被门挤了还是被驴踢啦？这样的话也能说出口？你活得不耐烦了吧？

你要么就站在奚齐一边，要么就站在申生一边，保持中立算个啥玩意儿？

他日无论谁当国君，都不会感谢今日你没有害他，而只会怨恨你今日没有帮他。到时候百口莫辩，你环游五大洋也洗脱不清，你就等着去死吧！

优柔寡断，意志不坚，还真被施这家伙给说中了。

施心满意足地回去复命了，里克却是天人交战、忐忑不安。东方刚露出一丝鱼肚白，他就直奔邳郑（邳郑乃晋国宗室、朝廷重臣、里克死党）家里，将夜间的经过一五一十全告诉了他。

邳郑跌足叹息："申生休矣！"

他剖析道：表面上看，里克保持中立，自己骗自己说维持了后党与世子原本的力量对比；但是，细细咀嚼一下会发现并不是这么回事。

里克本应是申生的重要支柱，如今两不相帮、两不相害，固然没有增加后党的砝码，但却削弱了世子的势力，无形之中已然达到了后党的目的。

再说了，要是里克路见不平一声吼，后党做贼心虚，必然有所收敛；如今里克胆小怕事，一门心思打酱油，后党就可以越发肆无忌惮地谋害申生了。

里克无言以对，只是反复强调：后党势力太过庞大，围绕世子之位展开的斗争太过复杂，局势非他所能改变；他不想陷害申生，无法左右国君的意志，也不愿与后党妥协，唯有隐退了事。

第二天，里克果真称病不再上朝，像一只鸵鸟一样把自己的耳目封闭了起来。

里克倒是清净了，不过他这种毫无江湖道义、毫无为师风范、毫无人臣担当的做法，极大地"鼓舞"了后党的士气，使得骊姬可以放心大胆地挥出那记致命的右勾拳。

再看右勾拳：制造申生谋反的铁证。

以前指控申生虽无反迹实有反心，屡屡受挫，这一次必须要改进战术了。同样的招式连圣斗士都不会使用两次，以骊姬的素质，难道还会沦落到"有招去使，没招去死"的境地？

且看骊姬如何制造申生的"反迹"。

骊姬的整体谋划是首先将申生召回绛城，接着炮制申生谋逆的证据，继而让晋献公抓住现行，最后把申生就地处决。

思路很好，可是申生到底会回来不呢？万一他回个电话说：你让我滚，我滚了；你让我再回来，对不起，滚远了。那骊姬不得当场吐血身亡？

故事情节根本没那么有趣。申生什么都好，就是缺乏政治头脑，狠不下心也撕不破脸，骊姬那边随便做个陷阱，他就老老实实地踩了上去。

公元前656年冬，骊姬遣使诈告申生：晋献公梦到亡妻齐姜，你赶紧去祭奠她，然后把胙肉送到绛城来。

申生纯孝之人，哪敢怠慢，于是在曲沃的祖庙里祭祀亡母，接着按礼俗将祭祀用的酒肉送到绛城献给老爸享用。

申生到绛城时，恰好晋献公出去打猎，酒肉只能暂且存放在宫中，由骊姬照管。

六天后，晋献公田猎归来，骊姬置筵相迎。听说申生献了胙肉，晋献公叫骊姬拿出来品尝……

（画面切换到一个时辰以前）

晋献公马上就要回宫的消息传来，太监宫女各司其职，忙作一团。骊姬躲在黑屋子里，将鸩毒放入酒中，又把乌头（剧毒草药）放入肉中，均匀搅拌。泼刺刺一道闪电划过，映亮了骊姬那邪恶的半张脸……

（画面切换回来）

眼看酒肉就要被晋献公吃到嘴里了，骊姬突然伸出纤纤玉手挡住晋献公说："食自外来者，不可不试也！"

接下来的一幕，相信大家在很多古装戏里都看到过。酒沥洒到地上，地面自动起坟；肉投喂给旺财，旺财七窍流血而死；复令小臣食用，小臣倒地立毙。

晋献公吓得惨无人色，张口结舌半晌无语。

骊姬急趋下堂，跪伏于地，呼天抢地："晋国迟早都是世子的，况且国君也已年迈，还能在世几天？为什么世子连这点儿时间都等不了，硬要下此毒手呢？"

这句话问出水平来了。不用人回答，晋献公也知道是"世子连这点儿时间都等不了"的缘故。

骊姬进一步启发道："假使世子知其事败，必然恼羞成怒，只怕要明火执仗，公然弑君了。世子果真不能容我！天哪，我的命咋就这么苦哇！我不想活啦！让我去死呀！谁也别拉我……"

（老子真想瞬间穿越过去，一脚把骊姬踹翻在地，然后一字一句地告诉她："没人拉你。河里有水，岸上有绳，你倒是去死呀！"）

晋献公喟然长叹："吾与汝未有过切，是何与我之深也（此处的"汝"是指申生。整句话的意思是：老子没有亏待你，为何你要对我下毒手）！"

叹罢，勃然作色，咆哮着令人速速将申生捉拿归案。申生闻此噩报，魂飞胆丧，吓得赶紧逃回了曲沃。

至此，后党与世子的较量其实已经分出高下，接下来的事无非是猫玩耗子的游戏罢了。

说实话，以申生的性格而居于世子之位，本身就是一个悲剧的开端，即使没有狐狸精骚扰，也会有白眼狼逆袭的。

申生，我打心眼里敬佩你为人正派厚道，但这个世界就是这么无耻下流，正派厚道又有什么用呢？那些铁石心肠的看客都在催我赶紧往下写，你就闭上眼睛稍微忍一忍吧，该来的还是要来，不会让你痛苦很久的。

晋献公遍寻不着申生，气急败坏之下，先把世子师傅杜原款拖来当庭问责。

杜原款剖肝沥血，一语道破胙肉停留宫中，岂有藏毒于内而六日色味不变的道理。

晋献公老脸酱紫，或许他在这一刻幡然醒悟，申生确实被冤枉了。

但是，这个念头也只是像流星般一闪而过而已。

因为，一分钟之前他还在雷霆震怒，宛如一个洞悉一切阴谋诡计的英明的、伟大的君主，要他在转瞬之间变得诚惶诚恐，承认自己刚才犯了一个极其可笑的低级错误，他没法办到。

他唯一能做的就是将错就错，用进一步的暴虐来掩盖之前的愚昧。

于是，晋献公声色俱厉地斥责杜原款无耻狡辩，并唤来武士，用铜锤将杜原款的头生生砸碎，并派人前往曲沃缉捕申生。

大殿之上，陷入了死一般的沉寂。杜原款横尸于地，脑浆混合着鲜血四处漫流，惨不忍睹。晋献公两股战战，汗出如浆。满朝文武，噤若寒蝉，面如死灰。

消息传到曲沃，申生泪如泉涌，长跪不起。随从心急如焚，劝申生要么觐见晋献公，把事情当面辩解清楚；要么逃奔他国，切勿作此无谓之牺牲。

申生，失魂落魄不是个办法，你就听随从的话，赶紧做决定吧！留得青山在，不怕没柴烧。骊姬这个臭婆娘不是人，你如果葬送在她手上，那就是白天白死、晚上黑死，太不值得啦！

然而，申生已经无路可走了。

他并非不知道后党在处心积虑地陷害他，他并非不知道晋献公在骊姬的魅惑下失去了清醒的理智，他并非不知道明哲保身一走了之。他都知道。

可是，那样的他还是追求忠孝两全的申生吗？

申生面色凝重，平静地说："父亲行将就木，若无骊姬陪伴，定然寝食难安、晚景凄凉。如今之事，难以辩白，即令父亲认清骊姬的诡计，难道我就忍心看到父亲对骊姬伤心失望，孤独终老吗？至于出亡，那是违抗君令，宣扬家丑于外，徒惹他国耻笑耳。圣人说：'仁不怨君，智不重困，勇不逃死。'我申生岂是不仁、不智、不勇之人？有死而已。"

言罢，向北再拜，自缢而死。

嘘！申生，可爱的可敬的可怜的可悲的申生，你让我怎么说你好呢？你在一个错误的时间错误的地方遇见了一个错误的人，这难道是老天对你的惩罚吗？

沧海横流，凡夫俗子都在随波逐浪，只有你洁身自好，不愿抛弃自己高贵的品德，个中的苦痛纠结又岂是抛头洒血所能比及？

所以，你还是死了吧！远远地离开这污浊的尘世，去追寻那一片永恒的光明和爱，于你，于人，都是一种解脱。

迷　局

申生之死带给后党的快慰，大概只有股市连续三十个涨停板的效果才能与之相匹。

骊姬对奚齐爱得如此深沉，任何人对奚齐的仕途形成阻碍（哪怕并非主观意愿），她都是绝不容许的。

可是，申生虽然死了，重耳与夷吾却仍然驻守在外，保不定将来会就今日之事翻算历史旧账。所以我说骊姬，你干脆一不做，二不休，将他们也一并弄死如何？

骊姬欣然颔首。

当天夜里，黑云绕月，狼嚎声声，善良的人们早已安然睡去，只有两个不安分的家伙还在寝宫里抵死缠绵。

昏暗的灯光中，骊姬在窃窃私语："臣妾闻知，重耳、夷吾二人久与申生沆瀣一气，暗中勾结，胙肉下毒一案，重耳与夷吾都难逃干系。"

晋献公有气无力地说：“哦，要不把他俩都杀了吧？”

骊姬突然感觉到有一阵狂潮应声袭来。

随即，晋献公派阉人勃鞮攻打蒲邑，派大夫贾华攻打屈邑，务求击毙重耳和夷吾；同时把其余四位公子也驱逐出国，并颁布法令，从此以后不准他们再回晋国。

消息一出，舆论哗然。诸公子暂且放到一边，重耳在国人心目中有很高的威信，不料有朝一日晋献公竟然连他也不放过。

重耳似乎天生注定是一个不平凡的人，他身上有着太多的与众不同之处。

对于绝大多数的人来说，肋骨是一组彼此分隔平行排布的骨头，瞳孔的形状呈〇形。可不知道大家是否见过，世界上有一些人，肋骨紧密相连犹如块状，瞳孔长成∞形。

口条吐到猪后脑勺上去了吧？大家别不相信，重耳就是这样的人[①]。

从现代医学的角度来看，骈胁和重瞳都是一种生理病变，得赶紧送医院抢救，要不然走在大街上，人们都把你当猴看。

但是古人不这么认为，他们觉得这是吉人天相，是贵人的特征。

从古代文献的记载上看，骈胁和重瞳似乎确有非常之兆。张仪就是骈胁，舜帝、项羽、李煜等就是重瞳，这些人都是中国历史上响当当的角色。

重耳身兼其二，自然成为国人的超级偶像，走到哪里都是众星捧月，求签名的、求合影的、求拥抱的、求怀孕的，直如洪水猛兽、泛滥成灾。

对于这一点，那些不惜以毁伤身体发肤为代价来换取江湖名声的S形女和V形男不服气都不行。人家重耳就是天生丽质，你看不惯？那你到韩国去整整，看能整出个“骈胁而重瞳”不？

重耳人气鼎盛，还得益于他自幼就谦恭下士，广交名流。晋国的狐毛、狐偃（此兄弟二人皆为狐突之子，也就是重耳的舅舅）、赵衰（或言为赵夙之子，或言为赵夙之孙，或言为赵夙之弟。此处采信第一种说法）、胥臣（亦称司空季子）、贾佗、狐射姑（亦称贾季，狐偃的儿子）、魏犨（毕万之孙）、颠颉、介子推等人

① 据史载，重耳“骈胁而重瞳”。

都与他深相结纳，引为知己。

对于晋献公这种一意孤行、赶尽杀绝的做法，狐偃等人都无比失望，便追随重耳一起逃到了北部边境地带的翟国（也就是重耳母亲的娘家）。

我在这里话说得很轻巧，其实重耳出逃的过程颇为惊险。

当时勃鞮攻势甚急。城破之时，重耳猝不及防，刚想逃往城外，却看见勃鞮已经蹄下生风，挥舞利剑杀奔了过来。

万分惊惧之间，重耳逾垣而走。勃鞮迫至近前，一剑斩向重耳。

重耳幸喜躯体已在墙外，只剩双手还攀在墙头，所以衣袖被勃鞮斩下一副，人却逃之夭夭。

之所以造成这惊险的一幕，除了勃鞮进军神速，主要是因为蒲邑的城墙低矮且脆薄，根本不堪一击。

而城墙这么不经事，说起来也是一个故事。

约在公元前 657 年的时候，晋献公派士蔿在蒲邑和屈邑为重耳和夷吾筑城。

国君钦命，又是重臣亲自担任总指挥，想必工程建设是又快又好的。谁知实际情况与想象中的完全相反，工程不但进度缓慢，而且墙体里头竟然还混杂了木柴，是典型的豆腐渣工程。

夷吾很生气，当即向晋献公举报。

晋献公也很惊讶，遂派人责问士蔿。

士蔿不以为然地反问道："这两个地方，再过三年就要打内战了，修那么认真干吗？难道是怕敌人的据点不够坚固吗？"老头子火眼金睛，把世事都看透了。

话题转回来。重耳跑了，夷吾也没坐在原地傻等，而是带着亲信郤芮和吕甥等人逃到了梁国。

这个出逃路线出自郤芮的主意。他认为，梁国位于黄河以西，地理上较为靠近秦国，又是夷吾母亲的娘家，夷吾到梁国避难，便于将来借助秦国的力量回国争夺君位。

不得不佩服，郤芮的算计不是一般的精明。

至此，申生已死，重耳与夷吾出逃，其余公子被驱逐出国，只剩下奚齐和卓子还留在晋国（卓子生于公元前 652 年，此时尚在襁褓之中，没赶上驱逐公子的浪潮，而且他是骊姬的亲侄子，有可能骊姬对他手下留情了）。

晋献公寿数已老，自知岁月无多，立储之事再也经不起折腾，遂将奚齐立为世子。后党离最终的胜利似乎只有一步之遥。

可是好景不长。

公元前651年秋，晋献公抱病参加葵丘会盟而未遂，回国之后病情加重，未几就到了生命垂危的地步。

晋献公一生开拓进取（其间，晋国的势力范围大大扩展，西到与秦国接壤的河西，南到黄河南岸的崤函通道），政治上颇有建树，但在处理家族事务时，手法粗糙，留下了很多隐患。

骊姬在国内呼风唤雨，戕害群公子，搞得民怨滔天。他晋献公在世之日，固然可保骊姬安然无虞；可是他这棵大树一旦倒下，骊姬和奚齐孀妻弱子能否镇住士民汹涌的怒潮，还是个大大的问号。

难道任由晋国在自己身后陷入血雨腥风的境地吗？

思及于此，晋献公心如刀绞，欲死而不能瞑目，只得将老臣荀息召至病榻前，问道："我让奚齐继承君位，可是他还年幼，国人都不服，恐怕将来要起乱子。你能拥立他吗？"

荀息心中感慨万千，他虽然不齿骊姬的为人，但也无法推拒臣子的义务。既为人臣，就要忠于人主，明知是刀山火海，他又有什么办法举步不前呢？于是鼓起勇气说："能！"

晋献公又问："你拿什么做凭证呢？"

荀息回答说："假使您死而复生，活着的我仍然不感到惭愧。这就是凭证。"

晋献公一声叹息，遂将奚齐托付给荀息，擢拔荀息为执政大夫。九月，晋献公就死了。

晋献公死后，世子奚齐没有马上即位。因为按照礼法，旧君死后，世子要主持丧礼，得等到新年才能举行登基典礼。

也就是说，在从秋至冬这段时间内，晋国国君的位置是空缺的，后党也处于实力最为空虚的时刻，而这种空虚只要挨到奚齐正式即位就会马上变得充盈。

如此微妙的局势，正是各种政治欲望和政治智慧激射而出的好时机。所以，里克的良心终于复苏了，“病”也终于好了，于是宣布重出江湖。

而他重出江湖后做的第一件事，就是找邳郑商议，图谋废黜奚齐，迎立重耳为君。

邳郑一早就不待见骊姬和奚齐，因此非但斩钉截铁地满口应允，还以“夫二国士（指里、邳二人联手）之所图，无不遂也”勉励里克加油干。

两人密密筹划后，由邳郑去联络秦国和翟国的力量，里克则聚集申生、重耳和夷吾留在国内的旧党，里应外合，做好了政变的充分准备。

里克成竹在胸，还想在真正动手的时候少流点儿血、少流点儿汗，尽量实现政权的平稳过渡，就找到荀息，直截了当地告诉他，现在三位公子的支持者要杀奚齐，问他何去何从。

荀息的内心痛苦到了极点。他大概对局势的突兀变化心知肚明，也很清楚单凭一己之力无法阻止动乱。但旧日对晋献公的誓言尤铮铮在耳，他无法释怀，所以坚定地回答说，宁愿去死，也不会屈服。

写到这里，我想起了在曾经极其相似的情境下，里克这厮“不忍也不敢”的中立说，心中不由得生出许多感慨。英雄与否，有时候还真不能以成败来评说。

里克毫不掩饰地说，你死不死奚齐都会被废黜，那你的死又有什么意义呢？

荀息摆了摆手说，君子重义，他已经无法回头了。

里克虽然敬佩荀息的为人，但各为其政，眼见他心如铁石，亦知多说无益，只得默然告辞。

荀息是后党的中坚力量，如果他倒向里克，那里克等人就成了掌握实权的多数派，可以用最小的动作幅度对后党实行镇压。

可是，正因为荀息的誓死不屈，里克没有获取期待中的压倒性绝对优势，一场大规模流血政变已在所难免。

同年十月，奚齐在居丧的茅屋内被里克杀死。

荀息得知变故后，深以有负晋献公所托自责，当场就要自杀。

骊姬虽然此时也伤心欲绝，但如今后党差不多唯一的指望就是荀息，他要是死了，大家都得死。于是拦住荀息，请他继立卓子。

荀息强忍悲痛，勉强答应，提前安葬了晋献公后，将未满两岁的卓子立为国君。

里克见荀息这么死脑筋，心中也十分恼火，便径自在朝堂上将卓子杀了。

荀息万念俱灰，当即自杀殉死。

至于骊姬，当然跑不了。据《列女传》记载："(里克）乃戮骊姬，鞭而杀之。"

经历这样的酷刑，没一两个时辰根本死不了，想起来都令人毛骨悚然。只是骊姬，你也有今天？晋献公在的时候，你说什么就是什么；晋献公不在的时候，你说你是什么？

荀息，你也如同申生一般，让人既爱且恨。

你一生重诺，至死不渝，当得起"忠勇"二字；可是你知善恶而不分，明是非而不辨，难逃愚昧之嫌。

所谓"白圭之玷尚可磨，斯言之玷不可为"。君子固然一诺千金，但首先要知晓有所为有所不为的处世之道，天理、国法、人情总得有个抉择的先后顺序。一念之间将自己置于求而不得、舍而不能的不复之境，教人唏嘘感叹，这又何苦来哉？

里克和邳郑肃清妖孽后，立即派遣大夫屠岸夷前往翟国迎接重耳。

重耳此时已经四十七岁了，在流亡翟国的四年里，他和赵衰分别娶了季隗和叔隗这对姐妹为老婆（以前的家眷因仓皇出逃都散落在了曲沃），与追随他的晋国故人一起当寓公。

茫茫未知的前程，深深地折磨着重耳。安于现状，客死他乡，固非重耳所愿；韬光养晦，伺机而起，又看似至日无期。他只能将这些波澜都埋在心底，不敢也不愿对他人提及。

然而重耳这种天赋异禀的人，是绝对不会老死于户牖之下的。冥冥之中他就注定要成为推动或转变历史的人物，他愿意也好，不愿意也罢，统统摆脱不了。

事实上，重耳虽然身在翟国，却和狐偃等人日日打探晋国的各种消息，对于晋国的明争暗斗和严峻局势了然于胸。他缺少的，仅仅只是一个鱼龙变化的机会。

机会说来就来，奚齐和卓子相继殒命，里克把晋国拱手摆在了重耳面前。就像一个苦修的隐士，重耳忽然隐隐听见了命运之神的召唤。

不过，他考虑了一会儿，对神说：爷还想在这里凉快凉快。

什么叫水平？这就是！

换作你我，以长公子之尊（申生死后，重耳居长），年近五旬还颠沛流离，寄人篱下，过着高低不就的生活，突然接到通知自己被提拔为国君，只怕早就一个饿虎扑食，窜回晋国了，哪会有丝毫犹豫？

重耳对里克说“不”，并非心灰意懒，他不回晋国只是因为时机尚未成熟。

晋国甫遭大乱，晋献公尸骨未寒，这个时候赶回晋国，不明真相的群众会以为重耳就是这一切变故的始作俑者，到时候百口莫辩，一生一世都要背负杀弟夺位的恶名。

另外，晋国局势看似初定，其实暗流汹涌。流亡公子都对君位虎视眈眈，群臣或主重耳，或主夷吾，斗争十分激烈。

此时贸然身入险境，后续情节无非两种。要么用铁血手段清洗反对派，双手沾满累累鲜血；要么被反对派关门打狗，死得毫无价值。

大开杀戒和冤枉送死都不是重耳想要的结果。他想要的，是尽量整合晋国的各种力量，然后再重新塑造出一个更加强大的晋国。

虽千万人，吾往矣，这是勇气；虽千万人，吾不往，这是智慧。

当初反击后党时，重耳的党徒和夷吾的党徒是天然盟友，双方可以风雨同舟，精诚合作；但当后党这个共同的敌人不复存在时，双方又开始申诉各自不同的利益需求。具体而言，一方想迎立重耳，另一方想迎立夷吾。

里克大权在握，他要迎立重耳，夷吾的支持者虽然心里不情愿，但也不敢公然反对；只不过当重耳明确表示不愿回国后，那夷吾的支持者就有了发挥的余地。

果然，屠岸夷回报朝廷后，支持夷吾的势力立刻活跃起来。他们不断向里克施加压力，吵吵嚷嚷要迎接夷吾回国继位。

关键时刻，里克优柔寡断、意志不坚的老毛病又犯了。

此时，他倘若挟剿灭后党之威，继续用铁腕镇压国内的异见分子，进一步疏导和汇聚民意，然后以拯救晋国危亡的名义，再次迎接重耳回国主持大局，重耳归晋的可能性可以达到九成。

对于一个政治玩家来说，有六成的把握就要放手一搏，遑论九成？

里克不是不明白这个道理，只是以他原本的性格而言，狭路相逢勇者胜注定只能偶发地灵光一闪，通常情况下是难以做到的。万一手否[①]赶上了剩下的那一成呢？

里克厌了，他心里盘算：内政动荡，外事堪虞（晋国没有国君的局面拖得越久，就越给其他诸侯国带来了干涉的机会。事实上，当时齐桓公就正在以晋国内乱为由，率诸侯联军讨伐晋国），重耳若不回国主持局面，世人还以为我里克是弑君自专，我又怎么担当得起？得赶紧找个人回来挑担子，要不就选夷吾得了？

夷吾得知骊姬一党被赶尽杀绝后，心中对继承君位也怀有一份念想。等到里克派人来迎接他回国继承君位时，夷吾心中压抑多年的欲望被瞬间引爆了，恨不得缩地千里，一步就跨回晋国去。

老谋深算的郤芮扯住他的衣襟，沉稳地说："不忙。"

夷吾一个趔趄差点儿没刹住车，急不可耐地问："啥？为啥？"

郤芮仔细地分析了一下晋国目前的局势："重耳先行获得邀请，为什么不回国继位？他不想当国君？不是。他心中忌惮局势晦暗难明，怕入晋国容易出晋国难罢了。"

换个角度接着说："晋国局势虽然凶险，但也并非龙潭虎穴，倘若公子能够内结重臣、外交强邻，取得内外支持，回国继位亦非难事。"

夷吾的理智稍稍复苏："重臣强邻之言是何所指？"

郤芮凑近夷吾说："现在晋国的朝政皆由里克和邳郑把持，公子必须首先取得他们的支持，才能约束群臣，培植效忠于自己的政治基础。不过这样还不保险，必须借助秦国之力作为后应，威慑国内的反对势力，防范于万一。如果这些条件都具备了，公子尽可放心回国。"

夷吾又问应如何收买里克和邳郑并拉拢秦国。

郤芮说这很简单，拿晋国的土地和财赋使劲贿赂就是。施贿虽然会使晋国的整体利益受损，但你夷吾好歹可以得到晋国；而如果不施贿，晋国的一根毛你都得不到。

夷吾深以为然，于是致函里克与邳郑，主动提出分别拿汾阳和负葵之地作为

---

① 湖南方言。否音 pǐ。意为不顺利，运气不好。

酬谢；同时，遣使奔赴秦国，以晋国迎立之事相告，请秦国鼎力相助，约以事成之日，拿晋国的河西八城相赠[①]。

夷吾为什么要选择秦国来做这笔交易呢？这就需要稍微介绍一下当时秦国和晋国的地缘关系（温馨提示：阅读下述内容时请务必参看地图）。

两周交替之际，秦国忠于王事，不仅获取了诸侯的名分，还被周王室授权开发渭河平原的土地。

假如能够完全占有渭河平原，那秦国就能拥有一块至关重要的战略基地（后世的经验证明，渭河平原就是秦国统一天下的基础）。

可问题是，当秦国越过陇山开始自西向东一点一点占据渭河平原时，身处黄河以东太行山以西（即河东）的晋国也没闲着。

晋国在整合了山西盆地南部后，向西向南跨过黄河，向西控制了黄河以西直至洛水的渭河平原东部（即河西），向南则控制了黄河与秦岭之间的崤函通道。

崤函通道是渭河平原与中原互通的必由之路，日后秦国会发现它很重要。但是目前秦国不可能想那么远，因为他们连渭河平原都没有完全占有，就不得不为了避免与强大的晋国发生正面冲突，而被迫将拓展的脚步停止于洛水西侧。

从眼下的局面分析，秦、晋分割了渭河平原，秦国获取的面积甚至比晋国还大。表面上看秦国占有优势，实际上却不是这么回事。

渭河平原的自然条件足以支撑一个大国繁荣强盛，河西又是秦国挺进中原的方向。因此，秦人自涉足渭河平原开始，就很清楚地意识到，秦国要想生存壮大，就必须囫囵吞下渭河平原。

也就是说，即便用核心利益和重大关切这样的词语来形容渭河平原之于秦国的重要性也意犹未尽。一句话，渭河平原就是秦国的生命之源，没有完全占据它，秦国就永远底气不足。

而晋国已经拥有了山西盆地这样优越的核心区域，所以河西之地对于晋国来说，即便失去它，晋国依然不失为一个一等一的大国；而一旦拥有它，晋国就锦

---

① 河西八城是笼统的说法。确切地说，其中包含了河西、河南的五城以及河东的三城，即史籍中所谓的“东尽虢略，南及华山，内及解梁城”。

上添花，东可以庇护山西盆地和崤函通道，西可以随时威慑秦国，打击戎人。

这种战略上的不平衡，致使秦国处心积虑想要得到河西之地，以便把疆域推进到黄河一线，即秦国和晋国之间的战略平衡线。

需要指出的是，由于目前晋国尚未充分开发河西，所谓的控制也只是采取了占据几个城邑外加羁縻一些当地政权的方式，所以秦国要想谋取河西还算相对较为容易。

当时，被后人称为春秋五霸之一的秦穆公（前659—前621年在位）文修武备，积极进取，国力不容小觑，趁晋国内乱而干涉晋国还是绰绰有余的。

夷吾避祸的梁国就在河西，与秦国交通很方便。他之前选择逃奔梁国，也就是图着以后借助秦国的力量来归国，因此现在很自然地就向秦国求援了。

而通过扶持流亡公子以制约他国，原本就是春秋时期盛行的外交斗争技巧；何况对于秦国来说，制约的国家是战略对手晋国；更何况，夷吾开出的报酬如此丰厚，是秦国梦寐以求的河西之地。

那秦国还有什么理由对夷吾的请求爱搭不理、推三阻四、三思而后行吗？

当然有。

秦穆公是一个处事十分严谨的人，在接见夷吾的使者后，他决定先派公子縶前往翟国和梁国，分别考察一下重耳与夷吾的为人，然后再决定到底支持谁归国继位。

毕竟，一则河西八城的最终归属目前只存在于理论之中，夷吾兑不兑现还是个未知数；二则不怕不识货就怕货比货，万一重耳开出的价码更加诱人呢？

公子縶跑到翟国，对重耳说公子您的机会来了，“得国常于丧，失国常于丧。时不可失，丧不可久，公子其图之”。意思就是劝重耳趁晋国国丧之际，赶紧回国夺取君位，同时也若有若无地表明了秦国对他的支持之意。

重耳听取了狐偃的意见后，对公子縶再三逊谢道：“昔日父亲去世，我不曾亲临哭丧，此乃不仁不义之举；如今承蒙秦君错爱，但我又有何面目立于晋国的庙堂之上呢？”说完，只跪拜而不磕头，然后站起来哭泣，退下后也不再私下回访公子縶。

公子縶又跑到梁国，对夷吾说了类似的一番话。

夷吾欢天喜地地告诉郤芮："秦国要帮助我了！"

郤芮强调道："应该用厚重的礼物去酬谢帮助你的人，不要吝惜财货！"

于是夷吾出来见公子絷，跪拜磕头，站起来也不哭泣，退下后又私下访问公子絷，重申了河西八城之诺，另外塞给公子絷黄金八百两、白玉制作的装饰品六双，卑躬屈膝地恳求他务必在秦穆公面前多多美言。

公子絷回到秦国，将所见所闻一一奏报于秦穆公。

秦穆公不假思索地认为：重耳为人有礼有节，只跪拜而不磕头，是表示不敢贪图继承君位；站起来哭泣，是表示爱他的父亲；退下后不私自拜访，是表示不汲汲于私利。相比之下，夷吾那个没肝没肺的家伙差得远了，还是支持重耳更加合适。

公子絷窃窃私笑。

秦穆公问他何故。

公子絷敛颜道："您是怕晋国以后不够强大吗？"

秦穆公越发摸不着头脑了。

公子絷解释说："重耳贤于夷吾那是毫无疑问的。可是，如果重耳继位，晋国将会更加强盛，以后肯定会反过来威胁到秦国的利益。既然如此，您为什么不支持夷吾继位呢？支持夷吾的话，不但可以搞乱晋国，还便于秦国驾驭晋国呀！"

秦穆公恍然大悟，随即派军护送夷吾归国。

公元前650年，四月，正在晋国北部的高梁攻打晋国的齐桓公闻讯，也停止军事行动，派隰朋与秦军以及特意前来的周公宰孔会合，共立夷吾为君，史称晋惠公。

晋惠公即位后忽然发现了一个问题。当初自己为了争夺君位，许诺割让河西八城给秦国，这个口子是不是开得太大了点儿？秦国如果真的得了这些城邑，无疑将与晋国平起平坐，非但断了晋国继续向西拓展的可能，还将不可避免地成为晋国在区域称霸的最大对手。

为此，晋惠公愁眉不展，于是召集群臣商议此事。

吕甥认为，晋惠公居于梁国时，晋国非晋惠公之晋国（那时晋惠公还只是个公子，没有享有晋国），所以晋惠公许诺割让城邑不过是慷他人之慨罢了；如今晋惠公既已入主晋国，则晋国乃晋惠公之晋国，怎么还能割让呢？

等等，等等，我还从来没有看见过这么诡异的逻辑，让我慢慢捋一捋。

先前可以割让，因为那不是晋惠公的晋国；现在不能割让，因为这是晋惠公的晋国。吕甥你的意思是说，先前的晋国和现在的晋国，它们压根儿就不是一个晋国对不？

有才！太有才了！哎，我说吕甥你怎么不调到洛邑当周王去？当个晋国大夫实在太憋屈你了。

里克认为，信义为先，晋惠公不可食言。

晋惠公脸色酡红。

郤芮认为，这些城邑乃晋国先君苦心经营所得，不能轻易割让。而且以晋国的实力，即使反悔，秦国难道就能凭武力把这些城邑抢过去不成？

亮明观点之后，进入辩论环节。

里克说，既然知道这些城邑是先君所遗之地，当初为什么要答应割让？如今出尔反尔，触怒秦国，招致的损失只怕还要超过河西八城的价值。

晋惠公脸色青白不定。

郤芮大声呵斥里克坚持割让城邑，不过是为了逼迫晋惠公兑现汾阳之地而已。话说当时晋惠公确实迟迟没有兑现许诺给里克和邳郑的汾阳和负葵之地。

晋惠公面部充血。

里克满脸尴尬。

半晌，晋惠公提出折中方案：要不割一两个城邑打发秦国算啦？

吕甥表示反对：割一两个城邑，晋国仍然不算守信，秦国也仍然不会满意，问题还是得不到解决。干脆一个城邑也不割！

晋惠公茅塞顿开，脸放异彩，当场拍板定议，随即派遣邳郑出使秦国，通报晋国国务会议的决议。

邳郑木然领命而去。

我记得自己第一次读史至此的时候，对晋惠公安排邳郑使秦很不理解。

因为我依稀记得书的前面好像说过，当晋惠公还在梁国做一天和尚撞一天钟的时候，曾经表示要将一个什么地方赏给邳郑，以酬谢他的拥立之功。

那么问题就来了。晋惠公既然要反悔割地于秦，必然也就会反悔酬地于邳郑，偏偏晋惠公还要派小债主邳郑去说服大债主秦穆公一起免掉自己的债务。

晋惠公，我没说错吧。你简直比吕甥还有才。吕甥，不好意思，有一个比你还牛的家伙来洛邑了，你还是回去做大夫吧。

邳郑窝着一肚子火来到秦国，当着秦穆公的面大骂晋惠公卑鄙无耻。与会的秦国官员看得目瞪口呆，一个国君的特使在这样高级别的外交会晤中，做出这样有失体面的举动，真是骇人听闻。

秦穆公也心有戚戚，不过强忍着没当场发作罢了。

有了这一层同仇敌忾的背景后，秦穆公与邳郑忽然相见恨晚，要不是双方尊卑有别的话，估计早就宰鸡饮血，结成八拜之交了。于是，这对异国君臣制订了一个复仇的计划。

就在邳郑出使秦国的当口，晋国又出事了。这一次，里克充当了政治斗争的牺牲品。

里克自晋惠公归国后就一直相当压抑。当初他同意接晋惠公回国继承君位本就不情不愿，觉得自己给晋惠公送了个天大的人情。没想到晋惠公即位后，重用郤芮、吕甥和郤称等一班私人，渐渐将他排挤到了边上。

非但如此，晋惠公还将封赏汾阳之地的许诺抛到了九霄云外，大有苟富贵，定相忘的味道。

反过来，晋惠公对里克也心存芥蒂。

里克的原意是支持重耳，虽然迫于形势迎立了自己，但怎么保证里克以后不会与身在翟国的重耳暗通款曲呢？如今不许汾阳之地，里克定然怀恨在心，其投重耳必矣。

晋惠公不由得动了杀机。

再接下来的故事就变得很平淡了。晋惠公派人以奚齐、卓子和荀息之死问罪于里克。

我不知道当里克费尽心血忙活了大半天后，突然发现他一手造就的受益者竟然反攻倒算到自己头上时，会有什么反应。换作是我，我一定会气得当场吐血身亡。

里克反诘道：“倘若不是我剿灭后党，哪有你们今日的荣华富贵？欲加之罪，何患无辞。我虽死不服！”

来人冷笑。这都什么时候了，还不服气？服也得死，不服也得死，难道你还能通天达地反了不成？

里克悲愤交加，自刎而死。

实事求是地看，里克这个人虽然并不讨人喜欢，但也并不引人憎恶。无论是选择国君继承人时的摇摆不定，还是剿灭后党时的手段狠毒，我都可以负责任地说，里克没有存心作恶。

但是，这并不代表我欣赏里克，我多多少少还是鄙视他的。

机枢之臣却无中兴之功，糊涂着生，窝囊着死，这不仅是里克的悲哀，也是晋国的悲哀。

不过话说回来，晋惠公这种背信弃义、过河拆桥的做法更让我不齿。人家里克怎么着也是你的恩人，如果他先前一口咬定不同意迎接你回国，你如今还是一条在梁国晃荡的流浪狗。

里克被杀的时候，邳郑和秦国回访晋国的使者冷至正在蹦蹦跳跳往晋国赶路。

走到国境一看，里头一片白色恐怖。作为里克同党的邳郑，或入或留，心中颇费了一番踌躇。

最终，邳郑认为不宜躲避。倘若一走了之，一者坐实了自己畏罪潜逃的罪名，二者打乱了与秦穆公商定的复仇计划，三者殃及了留在绛城的儿子邳豹。

邳郑一咬牙，硬着头皮进了晋国。

冷至拜见晋惠公，转达了秦穆公的口信：秦、晋既为姻亲之国（秦穆公的夫人是申生的姐姐），就应当互相理解，互相关照。河西八城的芝麻小事，不提也罢。为了加强交流联系，请晋惠公派郤芮、吕甥和郤称回访秦国，大家多亲近亲近。

晋惠公一听，心里爽翻了。原来秦穆公这么傻，河西八城就这样轻而易举地赖了过去。行！要交流感情还不容易？派吕甥他们仨够了吗？要不让他们组个团包机过去，在秦国住上一年半载？

郤芮等三人站在一旁，犹如百爪挠心，满头大汗。

哎，你们这是咋啦？有公费出国的机会还不想去？这不是你们的一贯作风嘛！

郤芮等人不停地转动着脚尖，侧过脸来偷偷地瞟了我一眼，皱着眉头欲言又止，一肚子说不出的苦。

哦，我明白了。

原来，邀请郤芮等人回访秦国，竟是秦穆公和邳郑复仇计划的一部分。

当初晋国君臣商议河西八城的时候，不正是郤芮等人力主拒不割让的吗？因此，秦穆公想将郤芮等人诱至秦国，然后三堂会审，将晋国的流氓行为昭告天下；同时，秦国派军护送重耳回国，邳郑则在内部接应，双方齐心协力把晋惠公这个死不要脸的家伙给做了。

不过，郤芮、吕甥和郤称这三只洞庭湖的老麻雀，在晋国政坛摸爬滚打多年，什么使诈的、玩阴的没见过？秦穆公的这点儿小心思倒还没瞒过仨人的眼睛。

于是，他们暗地里帮晋惠公解读了一下秦穆公的内心世界，并警示晋惠公提防邳郑里通外国，图谋不轨。

晋惠公恍然大悟，隔天便找个借口把泠至打发走，然后抢先一步举起屠刀，把邳郑和七舆大夫[①]抓到衙门，咔嚓咔嚓满门抄斩。

只有邳郑的儿子邳豹仗着青春无限，一个铁人三项逃到了秦国。秦穆公不忘与邳郑的战友情谊，当即高官厚爵将邳豹收用。

邳豹义愤填膺地对秦穆公说："晋君大失民心了。他背信弃义，不按约定划给您城邑，杀死里克，忌恨周围的人，晋国朝野本来就很不满意。如今他又杀死我的父亲和七舆大夫，他在国内的支持率快要触底了。您如果讨伐他，他必定会被驱逐出晋国。"

秦穆公缓慢而沉稳地说："晋君失掉民众怎么还能杀这么多人？况且他的罪责不到受死的地步，民众就不会造反。罪足以死的人，不会留在晋国；留在晋国的人，说明罪还不足以死。胜败变化无常，有杀身之祸的人都离开了晋国，谁还能把晋君赶出国呢？你还是等我从长计议吧！"

---

① 分别叫共华、贾华、叔坚、骓歂、纍虎、特宫、山祁，他们都是里克和邳郑的党徒。

邳豹打小学的是体育专业，对秦穆公这番文绉绉的大道理一知半解，不甚明了。

邳豹不知道，秦穆公对晋惠公的恨其实比谁都深重。他现在保持如此优雅的淡定，只不过是在积蓄道义上的政治资本，并寻觅一个对晋国下手的机会罢了。

秦穆公坚信，只要有了晋惠公这样生命不息的人在，晋国就绝不会让秦国等待太久。

那么，就让我们和秦穆公一起，静候局势拨云见日的那一天吧。

接下来的两堂课，海棠老师预备稍微打乱节奏，讲述一件经典往事和一段离奇命运，后排打麻将的同学不要错过精彩内容哦！

假虞灭虢

同学们，中午好！

请打开一张现代中国行政区划图，找到河南省的三门峡市。再换上一张地形图，观察从华山脚下的潼关县到三门峡市这一段黄河沿线的地形环境。你们可以发现：

黄河北岸的中条山和南岸的秦岭从潼关县开始慢慢向河道收束，至三门峡市时达到极致。

在三门峡市附近，黄河河道狭窄且水流平缓，因而形成了两个天然的优良渡口，即太阳渡和茅津渡。它们是古代沟通山西和河南的战略通衢。

过了三门峡市再往东，黄河就要一头扎进莽莽殽山（秦岭支脉），恢复其奔腾咆哮的本色，在形成一系列壮观美景的同时，基本上也阻绝了南北的交通。

事实上，三门峡市不仅仅扼守着南北交通要道，假如我们换个角度，从东西走向来考量的话，其地缘重要性还要跃升一个台阶。

因为，它同时还扼守着沟通渭河平原与洛阳盆地的崤函通道的中段，是一个典型的“十”字形交通枢纽。

好，让我们再打开一幅春秋中前期的行政区划图，把上述文字中的现代地理概念转换成古代地理概念。

渭河平原大致是秦国的疆域，潼关既是渭河平原的东大门，也是崤函通道的西侧入口。

从潼关进入崤函通道后，左侧是黄河（黄河再往左是中条山，翻过中条山就是晋国盘踞的山西盆地），右侧是人烟稀少、尚未王化的秦岭河南段。

走到崤函通道的中段，会途经三门峡市。

过了三门峡市继续往东走，当感到小腿抽筋不止的时候，会到达洛阳盆地，也就是周王室的大本营。

最后把眼光定格在三门峡市所在的位置，缩小比例尺，仔细看。

在三门峡市黄河与秦岭之间的河谷地带，西周初年这里是周召分陕之陕地，东周以后是随周王室东迁而搬迁至此的西虢国的南半部国土，亦称南虢。

南虢的黄河对岸，亦即中条山与黄河之间的河谷地带（今平陆县所在），是虢国的北半部国土，亦称北虢。

北虢北面中条山的山麓上，有一个姬姓诸侯国，叫虞国。

我们今天的故事，就是要从虢国和虞国说起。

故事的背景是，晋献公主政期间，大肆扩张国土，奄有河东之地，晋国的边境线翻越中条山，直抵黄河北岸。但是，因为虢国的存在，晋国没有掌握从山西盆地进入洛阳盆地的最便捷通道。晋献公对此如鲠在喉，不除不快。

另外，虢国与出身曲沃系的晋献公有世仇。当年曲沃伐翼时，虢国一直是翼城方面的忠实盟友，屡屡出兵攻击曲沃，大大延缓了曲沃代翼的进度。因此，如今的晋献公政权把虢国视为威胁晋国安全的消极因素，伺机报复。

若想拔除虢国，理论上并不太难。因为就在虢国的北边，有一条名为颠轸坂的通道南北横贯中条山。晋军在此处向南翻越山麓时可以节省可观的人力物力，使得中条山对虢国的屏蔽效果大打折扣。

可是很不幸，颠轸坂并不是无主的路，它恰好途经虞国境内，因此又被称为虞坂。晋军若想通过颠轸坂，除了攻占虞国，便只能从虞国借道。

问题是，虞国和虢国的关系向来比较紧密。如果晋国攻打虞国，虢国会从背后给予虞国支援；而如果晋国从虞国借道攻打虢国，又很难想象虞国会同意。

要破解如此的两难困境，最关键的就是要具备一个清醒的头脑。

两种选择看似都很困难，但若细致地比较一下，从虞国借道的难度显然要低于攻占虞国。也就是说，假如晋国打定主意要拿下虢国的话（这其实是句废话），从虞国借道是一个最经济也最可靠的选择。

晋献公接下来要做的，就是想办法说服虞国在晋国攻打虢国的军事行动中至少不要为难晋国，让晋军无阻碍地经由颠轸坂抵达北虢。

那，想个什么办法好呢？

公元前658年的一天，晋献公在朝堂上召集群臣商议国事。大臣陆续就位后，发现晋献公脸上流露出怏怏之色，显得心事重重。

就在群臣俱各猜测之际，晋献公突兀地问道："我每天夜里都睡不着觉，谁知道这是什么原因哪？"

说实话，这种症状起码可以找出一百个原因来，鬼才知道晋献公为什么失眠呢！

有一位大夫思维非常敏捷，应声答道："国君睡不安稳，恐怕是心爱的侍妾不在身边吧？"

晋献公白了他一眼，心里说，老子有那么饥渴难耐吗？

荀息走上前，细声问道："国君莫不是为虞国和虢国的事忧愁吧？"

晋献公浑身一震，眼光随即因为兴奋而变得迷离起来。他向荀息作了一揖，并拉着荀息的手匆匆走进内殿，乍一看，一副欲火奔腾的样子。

先前作答的那位大夫和他的伙伴都惊呆了，后宫的侍妾还有那么多，你晋献公拉着荀息进内殿这又是何苦啊！

进了内殿，晋献公切切地吐露衷肠，请教荀息的高见。

荀息提出拿屈地产的宝马和垂棘产的玉璧（这两样都是稀世的珍品）贿赂虞君。

晋献公却贪恋宝物，不肯出手。

荀息笑了笑说，没关系，如果能够借道成功，这些送走的宝物只不过相当于在虞国寄存一段时间而已，有什么舍不得的？

同学们请注意荀息的这句话，它里面隐约提示到了未来晋国将对虞国采取的外交手段。

晋献公读懂了荀息的话中之意，心里对于施贿这一节想通了，但又忧虑虞国一个叫宫之奇的大夫。因为这个人素有见识，很可能会看穿晋国的计策。

荀息进一步分析道："宫之奇这个人，心性确实明达，可是性格却很懦弱，而且和虞君从小在一起长大。心性明达，说话就会简约；性格懦弱，就不能坚决进谏；从小和虞君一起长大，虞君虽然和他亲昵，但也不会把他的话太当回事。所以，即便宫之奇识破晋国的智谋，虞君也不会听信。至于虞君本人，就更不用担心了。眼前的利益和日后的祸患，只有中等智慧以上的人才能考虑周全，而虞君显然只是个中等智慧以下的货色。"

晋献公频频点头，随即派荀息携带宝马和玉璧出使虞国。

荀息向虞君奉上宝物之余，还端出了另一件筹码。

以前山西境内有个冀国，它曾经攻打过虞国，晋国就着扩张之便把冀国灭了[①]，算是为虞国报了一箭之仇。

于是荀息往事重提，希望虞君念及旧情，借道给晋国。

或许是被巨额的好处费迷惑了心智，或许是怀着知恩图报的朴素心理，又或者是不敢违拗强晋的意志，总之，虞君非但同意了荀息的申请，还主动要求派虞军作为向导，先行出击攻打虢国。

宫之奇果然进行谏阻，虞君也果然没有听从他的意见，虞军随即就攻击了北虢。

公元前 658 年夏，里克和荀息率领的晋军与虞军会合，攻占了北虢的首府下阳。

至此，黄河以北再无虢国。而晋国则控制了太阳渡和茅津渡的北岸渡口，与南虢隔河相望。

失去了北虢后，虢国是这样一个状况。

首先，它的实力受到了很大的损害。北虢不但是虢国的宗庙社稷和政治中心

---

① 冀地后来就成了郤芮的封邑，故史籍中又把郤芮称为冀芮。

所在，还是南虢的藩屏。以北虢作为国防前线和以黄河作为国防前线，其安全形势当然不可同日而语。

其次，虢国没有采取有效的补救措施。非但没有反击北岸，也没有设法把虞国重新拉回自己的阵营，以图谋虢虞联手御晋。

那么，此时的虢国在忙活些什么呢？

据《左传·僖公二年》载："虢公败戎于桑田。"桑田是个古地名，约在今河南省灵宝市境内，并不是虢国的地界。

虢公丑国难当头，竟然还有心思越境去和戎人打群架，我真不理解他为什么不把这份力气花到晋国身上去。

虢人在危机面前如此从容淡定，可能与他们对战略形势的判断有关。

北虢固然延伸了虢国在北方的战略纵深，但因为它处在山麓的底部，确实很难抵挡来自虞国方向倾泻而下的攻击；而退守黄河南岸看似很窘迫，实际上敌人要想依靠木船从北岸渡河发起攻击也殊非易事。

虢国大概认为，晋国吞并了北虢后，已经心满意足，可能会止步于黄河北岸；就算晋国还有继续南侵的打算，也会因为黄河天堑的阻绝，不得不花费很长的时间来做战役准备，虢国凭河固守，无须日日枕戈待旦。

这样的考虑，我们不能说它不中规中矩。只是，有些时候形势的发展并不中规中矩，一些意外的特殊情况往往会导致局势突然生变，从而把之前的周详考虑统统变成天方夜谭。

说突变，突变就来了。

就在晋国和虢国隔河对峙期间，远在渭河平原中部的秦国忽然发起了一波蛙跳式的军事行动。初出茅庐的秦穆公派遣一支远征军，入崤函通道而东进，攻击了虢国东部茅津渡附近的茅戎。

秦穆公出兵的名义是驱逐戎人，但真实的目的应该还是考察从渭河平原通往洛阳盆地的路径。解读完秦国的战略意图后，晋献公万分紧张起来。

因为，秦人如果抢先攻占了南虢，就绝不只是方便秦国进出崤函通道那么简单，他们不但会很大程度上阻断晋国与周王室联络沟通，还有可能利用太阳渡和茅津渡攻击晋国南部。

所以，晋献公的当务之急，就是赶在秦国之前，拿下南虢。

于是，距离第一次伐虢之战三年后，晋献公又一次吹响了战争的号角。这一次，晋国准备故技重施，依然假道于虞。

宫之奇再次劝谏虞君，他的说辞非常精彩。

宫之奇说："虢国在虞国的外围，两国是相互依存的关系，就像嘴唇和牙齿相互依靠一样，要是嘴唇没了，牙齿还不得打冷战啊？晋国灭亡虢国后，肯定会继续灭亡虞国！"

虞君不以为然地说："晋国和虞国是同宗（都是姬姓诸侯），晋君断然不会谋害我的。"

宫之奇据理力争道："虞国的开国君主虞仲只是周文王的伯父，虢国的开国君主虢仲却是周文王的兄弟。就亲缘关系而言，虢国与晋国比起虞国与晋国来说，近得多。如今晋国连虢国都想灭掉，又怎么会怜惜虞国呢？再说了，虞国与晋国的亲缘关系，难道比晋君（指晋献公）与桓庄之族（指曲沃桓叔和曲沃庄伯的后代）的亲缘关系还要近吗？桓庄之族有什么罪过，晋君连对亲人都大开杀戒（指晋献公曾依士𫇭之计，大规模诛杀宗室），更何况对别的国家呢？"

虞君狡辩说："我祭祀时用的祭品丰盛而清洁，神灵一定会庇佑虞国。"

宫之奇嗤之以鼻："神灵没那么容易打发，他们只会依据人的德行来施与恩泽。设想一下，假如晋国攻占了虞国以后，用美德作为祭品来供奉神灵，神灵难道会把今日您供奉的祭品吐出来吗？"

窃以为，宫之奇的话说到这个地步，就算是头猪也应该能明白借道给晋国的利害关系了。

然而，如果我们真把虞君看作一头猪，想必猪都不会同意。因为，他实在是比猪还愚蠢，竟然把宫之奇的苦心孤诣当作了耳边风。

宫之奇失望透顶，自知虞国在劫难逃，便带着族人离开了虞国，临行前哀叹："虞国以后别指望再举行腊祭（旧历十二月举行的祭祀），晋国以后也无须再向虞国借道，因为这一次晋国就会灭掉虞国。"

宫之奇的预言虽然凄苦悲情，但绝非夸大其词。

公元前 655 年，八月，晋军大部队经由虞国抵达下阳，然后强渡黄河，包围了南虢的首府上阳。

十二月的首日，上阳陷落，虢公丑仓皇逃往洛邑。虢国至此全部沦为晋地。

晋军凯旋，中途趁势就攻取了虞国。

关于虞国的遗物，晋国是这样处置的。

虞君被逮捕，后结局不明。

虞国有个叫百里奚的大夫被逮捕，后来作为晋献公女儿秦穆夫人的陪嫁品被送往秦国。

虞国的土地由晋国接管，赋税上缴洛邑，祭祀得以保留。

至于当年晋献公送给虞君的宝马和玉璧，则又被虞君亲手牵着捧着原封不动地送回了绛城。

荀息指着呆若木鸡的虞君问晋献公："吾人计谋如何？"

晋献公开怀大笑："大功告成！马还是我的马，只是口齿老了几岁而已！"

关于百里奚不得不说的故事

同学们，中午我们利用休息时间讲述假虞灭虢的往事时，曾提到了一个叫百里奚的人。

按照全日制学校考试大纲的要求，关于百里奚这个人物的解构是必考内容，十分重要。

所以，老师现在牺牲晚自习后的时间来继续上课。课程不会很长，只要三四个小时就够了，坐在末排打麻将的帅哥美女请自重。

百里奚退隐江湖已经很多年了，老师第一次听闻他的传说，还是在遥远的20世纪90年代。让我想想，让我想想……

那时候，老师还是个中学生，也和你们一样，早上长睡不起，晚上视睡如归，充满了对学习的刻骨仇恨。

有一天下午放学后，学习委员在班主任的指使下，监督我背诵文言文。

我对学习委员说："首长，我实在是背不出哇。外面天都黑了，看在同窗的分儿上，你就放兄弟一马吧！”

学习委员的眼泪夺眶而出，拉着我的手委屈地说：“兄弟，你以为我想啊？班主任撂了狠话，你要是背不出，咱俩今晚谁都别回家。呜呜，这不是坑爹嘛！”

两个爷们儿惺惺相惜，情不自禁地抱头痛哭。以至于很多年后，我都无法忘记那篇让我悲痛欲绝的叫作“生于忧患，死于安乐”的课文。

课文的起首是一句这样的话：“舜发于畎亩之中，傅说举于版筑之间，胶鬲举于鱼盐之中，管夷吾举于士，孙叔敖举于海，百里奚举于市。”

意思就是说：本来，舜是修理地球的，傅说是泥水匠，胶鬲是鱼盐贩子，管夷吾是劳改犯，孙叔敖是渔夫，百里奚是人肉市场上的货。不过，他们后来都飞黄腾达了。

这六个人里面有一个其实已经在本书中有过详细介绍，相信大家都还记得，那就是管夷吾，尊号管仲。

这句课文既然把百里奚和管夷吾相提并论，那么我们至少可以得出一个这样的结论：百里奚之前和管夷吾一样窘迫，后来和管夷吾一样彪悍。

而这，其实也就是百里奚大致的人生轨迹。

百里奚，男，生卒年月不详，楚国宛地人，姜姓，百里氏，名奚，字井伯。

故事一开始极其俗不可耐。

宛地乡下，一个叫杜氏的妇人在破旧的农舍里，把家中仅有的一只老母鸡杀了烧菜，旁边的灶台内正用门闩生火煮小米饭，瘸腿的木桌上还摆放着一些腌菜。

杜氏这么大操大办，并非为了庆祝节日，而是为了给丈夫百里奚饯行。

百里奚一心想让老婆孩子过上温饱的生活，吃完了这顿一年中最丰盛的饭菜后，他就要动身去远方寻找未来。

一家人围坐在一起，愁肠百转，却又强装笑颜，千言万语欲说还休。

终于，百里奚拿着一根竹杖依依不舍地走出了家门。

杜氏拖儿带女，眼泪汪汪地倚在门口，声嘶力竭地大喊一声：“孩儿他爹，你可要早点儿回来呀……”

百里奚边走边想，人不出门身不贵，要走爷就走远点儿。于是一发狠跑到了当时号称繁华满地的齐国。

谁知，在齐国晃荡了几年后，却依旧没有挖掘到人生的第一桶金，这位年近不惑的农民工兄弟渐渐沦落到了靠乞讨度日的地步。

每逢月圆之夜，百里奚总免不了蹲在栖身的小山岗上仰头清啸：世界上为什么总是缺少发现美的眼光啊呜——呜，真惆怅！

百里奚不知道，怀才其实就像怀孕一样，时间久了别人才会发现。就在他开始怀疑人生的时候，命运已经迎来了第一个转折。

齐国有个叫蹇叔的人，偶然遇到百里奚，觉得这个叫花子骨骼特异，相貌清奇，殊非凡夫俗子，便主动上前搭讪了几句。

三言两语下来，蹇叔就被百里奚的谈吐折服，于是与百里奚结为兄弟，并把百里奚收留在家中。

蹇叔的家境并不宽裕。百里奚在蹇家白吃白住，时间长了也不好意思，于是主动承担起养牛的杂务，把一众牲口伺候得熨熨帖帖，俱各欢畅，继续住在蹇家，也就好意思了。

可是，百里奚并不满足于这种安稳却没有前途的生活。因为，他来齐国打拼的目的，是至少要救赎老家妻儿的穷苦；如果运气再好一点儿，做个官，发个财，当然更加求之不得。

公元前686年冬，齐国发生政变，公孙无知弑齐襄公而自立，随即面向社会发榜招贤。

之前一直求仕无门的百里奚想去试试。

蹇叔说不行，公孙无知来路不正，且国外还有数位公子虎视眈眈，一看就知道是个短命鬼，投靠他不是自己找死吗？

果然，仅仅隔了一个多月，公孙无知被大夫雍廪逮住放血。百里奚庆幸不已，继续仰望星空，脚踏实地。

公元前675年，周王室发生了子颓之乱。这位叫颓的王子，发动政变把侄儿周惠王赶下台，然后屁颠屁颠地自立为王了。

子颓兄有一个穷极无聊的兴趣爱好——玩牛。

之所以称之“玩牛”而不是“养牛”，那是因为，牛在王子颓眼中，早已超出了“牲口”和“食材”的含义，上升到了“宠物”与“玩伴”的地位。

一般人家里要是有头牛，无非就是饲以草料，驱以劳作。王子颓不这样，他一口气养了几百头牛，通通用人吃的粮食饲喂，还是亲自动手，绝不劳烦下人。

浑身牛骚的百里奚兴奋地对蹇叔说，听闻周王对养牛献牛的人都有重用，要不我去洛邑那边谋个养牛的差事得了。

蹇叔说算了吧，周王不务正业，不会有好下场的，你去了也是白搭。

百里奚觉着是这个理，只得悻悻作罢。

果然，仅仅隔了不到两年，王子颓被郑厉公逮住放血。百里奚虽然又逃过一劫，但心里却怎么也高兴不起来。

十几年前，他在养牛，十几年后，他还在养牛，除了养牛就是养牛，一点儿长进都没有，再这样耗下去，只怕老家的黄花菜都凉了。

百里奚彷徨萧索，却又无计可施。

蹇叔知道百里奚求仕心切，也有心助他一把，想起自己在虞国还有个海外关系，于是对百里奚说，虞国的上卿宫之奇是我故交，我们一起去投奔他如何？

百里奚现在整个人都快憋死了，听说还有这么条出路，心里直怨蹇叔怎么不早说。

于是哥儿俩打个包袱直奔虞国，百里奚也就此迎来了命运的第二个转折。

到了虞国后，宫之奇还是很仗义，当即把百里奚推荐给虞君。

虞君但闻得一股牛骚扑面而来，打心眼儿里有点儿瞧不起百里奚，只是碍于宫之奇的面子，也不好直接将他扫地出门，便让百里奚做了一个小官。

蹇叔察言观色，见虞君态度勉强，敷衍了事，不像是个有为之君，就劝百里奚另投明主。

百里奚苦着脸说，老弟我实在是穷怕了，跟着虞君混即便不能大富大贵，总好过以前两眼茫茫的日子吧。

蹇叔说既然你心意已定，我也不勉强，那你好好干吧，我要回老家宋国耍耍，咱有事再联系。

百里奚坚定地点点头，从此开始了人生的第二次创业，相信一个五年规划后，他就能过上三十亩地一头牛、老婆孩子热炕头的中产生活。

就在百里奚刚刚脱贫致富的时候，发生了一个叫“假虞灭虢”的事件。

当时，晋国的南边由北至南分布着两个比邻而居的诸侯国——虞国和虢国。晋献公想灭了虢国，可又怕虞国不配合，于是给虞君送上厚礼，请求借道征伐虢国。

虞君目光短浅，利令智昏，竟然答应让晋军越境而过，从而导致虢国灭亡。

谁知晋军在返程的途中，顺道又把虞国给灭了。虞君收受的贿赂还没焐热，一转手又一个子儿不少地回到了晋国。

“假虞灭虢”这个故事常被用来告诫小朋友不要贪图眼前的小利，但对于我们的男主角百里奚来说，却意味着命运的第三个转折。因为虞国灭亡之时，他被晋国俘虏了。

那时候处置战俘的标准做法有两种，一是用作人殉，二是用作奴隶。晋献公听说百里奚有本事，就想让他为晋国效力。

说句良心话，这种待遇用破格抬举来形容都显得太苍白，用恩同再造还勉强搭边。不料百里奚念念不忘与虞君的际遇，不由分说地拒绝了晋献公的美意。

晋献公热脸挨上了百里奚的冷屁股，不禁怫然大怒，当即将其贬为奴隶。

恰在此时，秦穆公向晋国求娶夫人。晋献公怨恨百里奚拒不仕晋，就惩罚性地把他作为女儿秦穆夫人的嫁妆送往秦国。

百里奚不甘心自己就这样被埋没，半路上冒险从送亲的队伍里逃了出来。

在外面东奔西走了这么多年，到头来不但一无所获，反而每况愈下，孤独和耻辱深深地折磨着百里奚。我相信此刻他一定非常想念故乡的妻儿，那里是他的家，他虽然没有给家带来富贵和荣耀，但家永远是他温馨而宁静的港湾。

于是，百里奚毅然踏上了去往楚国的归途。

不巧的是，就在百里奚跋山涉水进入楚国时，被楚国的边民当作外国间谍抓住。

百里奚一没身份证，二没护照，自然无法辩白，于是仍旧被当作奴隶在楚国养牛。假如不出意外的话，过不了几年，楚国的土地里就会多出一具籍籍无名的尸骨。

然而，你们都看到了，海棠老师说的是假如。真实的情况是，百里奚的第四个命运转折，已经在快马加鞭地从秦国飞奔而来。

秦穆夫人到达秦国后，秦穆公当然要查阅一下晋国陪嫁的礼单。当翻看到百里奚的名字时，秦穆公一蹦而起，简直不敢相信自己的眼睛。

不会吧？像百里奚这样无论放到哪里都抵得上五个师的角色，竟然也有人舍得把他作为奴隶随意打发？玉帝哥哥和观音姐姐，你们不要太关照秦国好不好？

秦穆公抑制不住心头的狂喜，赶紧让人把百里奚召进来，欲一睹为快。

侍者战战兢兢地回答说百里奚已在半路逃走了。

秦穆公此时的感觉，就如同跳高运动员在腾空的瞬间被当头一棒打回地面似的，几欲晕厥。他拍案大骂，你们这群白痴，还不赶紧把百里奚找回来！

于是，秦国的各种侦缉力量倾巢出动，偷偷摸摸展开了一场规模巨大的人肉搜索。举国的威力真不是盖的，就在楚国毫无察觉的情况下，秦国竟然找到了百里奚的下落：正在楚国养牛。

那么秦国该如何把百里奚从楚国弄过来呢？我觉得有以下五个选项。

一、摩萨德模式。派遣小股特种部队千里奔赴楚国，利用正常人想象不到的隐蔽和伪装手段无限接近百里奚，然后以迅雷不及掩耳盗铃之势搞定楚国的看守，赶在楚国正规军反应过来之前，将百里奚抢运回秦国。

二、山姆大叔模式。草拟一个百里奚问题处置方案，提交给秦国主导的国际组织讨论通过。然后以该组织的名义对楚国实施无限期经济制裁。待楚国的药品和粮食消耗殆尽后，发动多国各兵种联合作战，一举推倒楚国政权，扶植亲秦国势力。接着与楚国的新政府就能源开采、地区防务、金融合作等诸多项目达成一揽子协议。最后在楚国驻扎若干秦国部队，用一架直升机把百里奚堂而皇之地运回秦国。

三、小白模式。连续三个月每天组织五百万人大游行，严重抗议楚国野蛮迫害社会贤达百里奚的卑鄙行径，强烈要求楚国反动派顺应时代潮流，尊重全世界人民爱好和平的共同意愿，主动将百里奚送到民主与正义的乐土——秦国。

四、天顶星模式。首先由某知名教授在国内刊物上发表论文，从历史和法律的角度论证百里奚的表舅妈的堂姊子的前夫的街坊的网友是秦国人，然后倒推论证百里奚也是秦国人。论文呼吁国际仲裁法庭将百里奚判归秦国，并将百里奚目前所在的楚国地域也划作秦国的领土。然后，暗藏官方背景的秦国民间团体在仅限于国内的主流媒体上反复宣传造势，愚弄外国留学生兼混淆国际视听。倘若楚国还是不从，就派几个肢端神经末梢坏死的二愣子到楚国驻秦国办事处大门前剁手指。要是楚国仍然不从，秦国就把问题移交给住在隔壁的亲兄弟来处理。

五、暗黑天顶星模式。你确定不把百里奚还回来是吧，轰，一颗大蘑菇扔过去，人我也不要了。

秦穆公没有这么多花里胡哨的想法，他透过现象看本质，决定将百里奚买回来。

见旁人露出疑惑的神情，秦穆公解释说，别忘了，百里奚现在只是个奴隶，而奴隶与市场上的一头猪，是没有任何本质区别的。

精辟！

然而，就在秦穆公将白花花的银子大把大把往旅行包里塞时，大夫公孙枝（秦籍晋裔）站出来说，大王，您的立意很好，但细节不够精巧，要赎买百里奚，根本用不着如此浪费。

这下，轮到秦穆公疑惑不解了：为啥？难道百里奚不值这个数？

秦穆公，这个我知道是为什么，就让晚生代替公孙枝来回答您吧，没有看懂公孙枝话语中玄机的人也可以过来听一听。

公孙枝的话涉及一个谈判的技巧，但他没有说透。为了方便演示，我们不妨首先做个假设，把秦穆公、楚成王和百里奚分别想象成农贸市场里的买主、卖主和一只待售的猪。

场景一：

秦穆公漫不经心地溜达到楚成王的摊位前，对百里奚赞不绝口："哇塞，竟然有鹿卖耶！听说鹿肉吃了能滋阴壮阳，五千两银子卖给我好吗？"

楚成王大吃一惊，原来这是一只鹿哇，我还以为只是匹马呢，惭愧惭愧。于是对秦穆公说："哪来的吃货！这么暴殄天物，你几天没吃啦？这只鹿我只是牵出来摆摆造型而已，不卖不卖！"说完，拉着百里奚三步并作两步赶回家，自己杀了吃。

场景二：

秦穆公漫不经心地溜达到楚成王的摊位前，对百里奚百般挑剔："我去！这么老的狗也拿出来卖。接种过狂犬疫苗没？注射过自来水没？喂过瘦肉精没？做过农药残留检测没？保证没问题是吧？谁信你！喏，这里是五分银子，我爱买不买。”

楚成王大吃一惊，原来这只是一只狗哇，我还以为是只羊呢，惭愧惭愧。于是对秦穆公说：“大爷您可真识货！这只狗练过气功的，别看它老，吃了不尿床，您就赶紧牵回家吧。您老运气可真好，今天算是赚大了！”秦穆公牵着百里奚刚一转身，攥着五分银子的楚成王就“biu”的一声闪进人群不见了。

上面这两个虚拟场景所揭示的现实意义就是：君欲取之，必先毁之。秦穆公，您听明白了吗？

秦穆公恍然大悟，于是派人带了五张黑色的公羊皮去拜访楚成王，说是要把一个擅自逃脱的贱奴赎买回去杀了以儆效尤。

楚成王一乐，心想这秦穆公什么档次，竟然和一个奴隶杠上了，行行行，本王成全你。

于是，楚成王本着娱乐至死的精神，举行了一个盛大的交接仪式，让秦国使者把百里奚装在囚车里带走了。

囚车将近秦都雍城，秦穆公已亲自在城外等候。

及至相见，秦穆公忽然觉得有点儿失望，因为眼前这个叫百里奚的人，实在是老得不成样子了。

秦穆公淡淡地问：“敢问先生口齿。”

百里奚也淡淡地回答：“不过七十而已。”

秦穆公带着揶揄的口气说：“可惜太老咯！”

百里奚满不在乎地一笑：“倘若要我上山搏虎、下水杀蛟，不错，那我确实是老了；倘若要我谋划国事、参详军机，我倒还觉得自己很年轻哩。想当年，姜子牙年过八十，仍被周文王拜为尚父，卒鼎定周室；如今，我遇到您，不是还要早上十年吗？”

百里奚，你好样的！不过你别和姜子牙比。人家佘太君百岁挂帅，孙悟空五百岁西天取经，白娘子一千七百岁下山谈恋爱，姜子牙他算个啥呀？

秦穆公羞愧难当，赶紧恭恭敬敬地将百里奚迎进城，就秦国的内外形势深入交谈了三天，越发敬佩不已，当即把军国大政托付给百里奚。

百里奚再三辞谢说："我的才具其实比不上我的朋友蹇叔。当年我想侍奉齐君无知，蹇叔劝阻了我，我得以躲过了齐国发生政变的那场灾难；后来我想侍奉周王子颓，蹇叔又劝阻了我，我才没有跟着子颓一起被杀；再后来我侍奉虞君，蹇叔也曾劝我另择良木而栖，我没有听从。我两次听从蹇叔的话，都得以逃脱险境；只不过一次没听，就遇上了因虞君亡国而遭擒的灾难。您说蹇叔是不是很牛？"

秦穆公头如捣蒜，立马派人带着厚重的礼物去宋国迎请蹇叔，让他和百里奚一道执掌秦国朝政。而百里奚的老婆杜氏，也带着孩子辗转千里寻了过来。

百里奚早年颠沛流离，历尽坎坷，足迹几乎遍及大半个中原。这份经历使他目睹了底层百姓的辛酸苦楚，也对各地的风物民情和山川地理知之甚悉，为他后来树立良好的官风和政绩都打下了基础。

作为顶级高官，百里奚虽一朝荣显，却没有得意忘形，平时"劳不坐乘，暑不张盖，行于国中，不从车乘，不操干戈"。

这种接地气的朴素作风，赢得了士民发自内心的赞许和尊重，以至于百里奚在世之时，"(秦穆公)举之牛口之下，而加之百姓之上，秦国莫敢望焉"；逝世之日，"秦国男女流涕，童子不歌谣，舂者不相杵"。

作为大国之相，百里奚运筹帷幄，安内绢外。秦国能够具备逐鹿中原的实力、秦穆公能够名列春秋五霸，百里奚都功不可没。

据《史记·商君列传》载，百里奚死了几百年后，一个叫赵良的人还在秦相商鞅面前赞颂百里奚，说百里奚"相秦六七年，而东伐郑，三置晋国之君①，一救荆国之祸(此事于史不详)。发教封内，而巴人致贡；施德诸侯，而八戎来服。由余闻之，款关请见②"。

史学界在追溯秦国的大一统之路时，秦穆公是绝对不可能绕开的一个重要节点。大家有这样一个共识，即秦国称霸西戎，与晋国精彩对决，直至成为中原政

---

① 即三次拥立晋君。第一次是护送公子夷吾归国继位，第二次是把被俘的晋惠公释放回国，第三次是护送公子重耳回国即位。

② 由余原本为西戎政权打工，因慕秦穆公贤明大度而投奔秦国，是秦穆公时代有名的中兴之臣。

局中举足轻重的参与者，都是在秦穆公治下完成的。

而这些历史功绩，固然离不开董事长秦穆公的雄才大略，但也少不了总经理百里奚的聪明才智。故学者称许秦穆公的功业时，往往以任用百里奚为其大端。

看来，秦穆公以五张羊皮换取百里奚的这笔交易，真是慧眼如炬、一本万利，我们不服都不行啊！

同学们，百里奚的命运之旅讲到这里就先告一段落了，下一堂课我们继续解读秦穆公和晋惠公之间的恩怨情仇……歪歪你说什么？秦穆公这么有投资眼光，炒不炒股？炒哇！他怎么不炒？他就住在陕西省宝鸡市凤翔县，你放暑假去找他学几招哈……

三十年河东，四十年河西

晋惠公对外拒不履行交割河西八城的诺言，对内大肆清洗以里克为首的反对派，搞得晋国政局紊乱，士民抱怨，连老天爷都看不下去了。

次年，晋国水旱不调，粮食收成锐减。晋惠公焚香祷告，拜祭风雨诸神，并号召晋国富户和海外晋侨踊跃捐纳余粮，共度时艰。

余粮收了一些，粮荒稍得纾缓。但诸神受了晋惠公的香火，却个个麻木不仁，仍旧今年雨一直下，明年九个太阳，反正什么凶猛来什么，别提倒腾得有多欢畅了。

耗到第三年，晋国已是赤地千里，饿殍遍野。晋惠公一天到晚还勉强有个两干一稀，外面那些草民吃什么？难不成叫他们学蝗虫啃树？你见过人那么大的蝗虫吗？

每天面对着一群饥肠辘辘、眼光莹绿的臣工，晋惠公就心里发怵，恨不得化作一阵青烟逃到九霄云外，将那些个雷公电母乱刀砍翻，然后剁成一块一块扔到人间大地去饲育他的子民。

愁哇愁，愁哇愁，问君能有几多愁，恰似一群……

怎么办？当然不可能眼睁睁地看着自己饿死，只好找别国买粮去。找谁呢？

当然是找存了隔夜粮的邻居。

晋惠公爬到楼顶四面八方一张望，傻眼了。

在晋国历任员外大刀阔斧的土地改革过程中，以前的邻居，要么变成了长工在晋国种地，正眼巴巴地盼着晋惠公发慈悲少收点儿；要么被赶到了某个穷山恶水垦荒，你找他要吃的，除非你吃他。

晋惠公转了一圈，站在朝西的方向不动了——那边住着个大户人家，名字叫秦国。

不会吧，晋惠公，难不成你想找秦国买粮？你可真是贱人多忘事，你还欠他几亩地没给呢！

晋惠公哭丧着脸说，我也没办法呀，失节事小，失身事大，现在不是讲面子的时候。

那你总得找个理由吧？即使你不要脸，秦国凭什么要卖粮给你？

晋惠公眼睛一转，吞吞吐吐地说理由其实不是没有，就前几年齐桓公在葵丘主盟那会儿，不是颁布了一个诸侯共同行为准则嘛，毋雍泉，毋讫籴（不准禁止出口粮食），毋易树子，毋以妾为妻，毋使妇人于国事。既然齐桓公都说了要“毋讫籴”，难道秦国可以不顾江湖道义、不守游戏规则、厚颜无耻地不卖粮给晋国？

……你、你、你，都别拉我，让我去“shǐ”！

晋国买粮的消息传来，秦国朝野都愤愤不平。特别是邳豹这个没了爹的孩子，声泪俱下地请求秦穆公趁晋国饿得东倒西歪之际，赶紧出兵攻打晋国，把晋惠公那个臭流氓给办了。

不过，秦穆公的主要谋士百里奚和公孙枝等人认为做大事者谋大局，仁者不乘危以邀利，智者不侥幸以成功。卖粮能体现秦国的人道主义精神，赢得天下诸侯乃至晋国人民的尊重；晋国倘若不知恩图报，将会更加失信于世人，到时候拿什么和秦国抗衡？

百里奚等人的这番见识发常人所未觉，确实是拨云见日、深谋远虑。秦穆公怦然心动，决定不计前嫌卖粮给晋国。

于是，中国历史上第一次有明确记载的内陆航道大运输开始了。

公元前647年冬，粮船从秦都雍城出发，沿渭水向东，进入黄河后逆流北上，然后进入汾水岔道直抵绛城。八百里航程中，水急滩多，变化无常，粮船首尾相连，络绎不绝，史称“泛舟之役”。

“泛舟之役”这个词的本意大概是用来形容航程艰险殊绝，不亚于一次劳师远征的军事行动。可是，假如我们真的就把它当成是一次含有军事意义的行动，也未尝不可。

因为，从渭水入河处（即秦国和晋国分界线的南端）往后河道两岸的地形地貌，基本上都是秦国未知的领域。借由这次运粮，秦国可以熟悉水文，考察这条水路上的重要渡口（如风陵渡和蒲津渡），观测沿岸可以用兵的场所，为日后的秦、晋争霸战做好准备。

战争目前看起来还比较虚无缥缈，填饱肚子却是实实在在的感觉。晋惠公吃着从秦国进口的粟米，大嚼特嚼，心里总算松了口气。

翻过年头，局势有了一个戏剧性的转变。撒泼的老天爷终于挪窝了，这一年晋国的粮食生产恢复正常，而秦国则遭遇了大荒。

本来以秦国的国力而言，储备的粮食足够应付这种意外情况。不过去年为了支援晋国，存粮都卖光了，秦国于是一下子陷入了窘境。

公元前646年冬，秦穆公本着互帮互助、礼尚往来的想法，派使者到晋国去买粮。

晋惠公召集群臣商议此事。

大夫庆郑认为：“背施无亲，幸灾不仁，贪爱不祥，怒邻不义。四德皆失，何以守国？”所以应该卖粮给秦国。

晋惠公若有所思。如果说秦国对晋国有输粮之恩，所以晋国要输粮以回报的话，那当年秦国还有拥立之功呢！晋国是不是应该尽快履行承诺，割地以回报呢？

大夫虢射则认为不应该卖粮。因为不卖粮，秦国固然会怨恨晋国；卖粮而不割河西八城，秦国依然会怨恨晋国。既然卖不卖粮都无法从根本上消除秦国的怨恨，那又何必卖粮呢？再说了，去年晋国有难，秦国非但不趁势来攻，反而输粮救济，这简直是愚不可及。今年晋国可千万不能学秦国犯傻了。

晋惠公若有所悟。欠一个是欠，欠一把也是欠，我欠别人的总比别人欠我的要强。况且秦国现在饥寒交迫，力不从心，就算晋国欠了它的，它就能把晋国搓长了、捏扁啦？

这么一想，晋惠公的灵台就瞬间清明，仿佛领悟到了人生的真谛，随即把秦国使者两手空空地打发走了。

秦穆公接到回报后气得两眼发黑。见过无耻的，没见过这么无耻的！老子就不相信这世界上没天理了。

和秦穆公一样义愤填膺的还有他老婆秦穆夫人。

秦穆公当年送晋惠公回国的时候，秦穆夫人曾经再三叮嘱晋惠公，要善待她亡弟申生的遗孀贾君，并且把被晋献公驱赶而流亡在外的重耳等公子都接回去。

晋惠公把迎接兄弟的话没当回事，对看觑兄弟老婆的话倒是上了心。有一天，他闲着没事跑去看望贾君。谁知不看则已，一看就出事了。

原来，眼前这个叫贾君的寡妇徐娘半老，倒也风韵犹存。晋惠公立时淫心大动，毫不斯文起来……

晋惠公，你知道人和畜生的区别在哪里吗？告诉你，畜生永远都是畜生，人有时候却不是人！

公元前645年，秦国粮食丰产，民众安定，饥荒遂得解。入秋后，秦穆公即誓师伐晋。

秦军将士怒气塞胸，根本不用秦穆公三令五申，一路军纪严明，奋勇杀敌，继而三战三捷，横扫晋国河西之地，然后东渡黄河，往绛城方向迅速挺进。

晋惠公又慌又乱，问庆郑该咋办。

庆郑没好声气地说，这都是您自己惹的祸，我怎么知道该咋办？

晋惠公有些愠怒，说你的话也太没大没小了吧？

拌了几句嘴后，晋惠公自知亏欠秦国太多，秦穆公这次肯定不会善罢甘休，与其窝在家里浪费时间喋喋不休地争论，还不如赶紧抄家伙去堵住秦军来得实在。

晋惠公于是用占卜来决定亲征的事宜。当卜到国君车右的人选时，庆郑得了吉卦。

晋惠公还在为刚才庆郑不敬之事怄气，就撇开卦象自作主张让步扬①为车左，

① 步扬乃郤芮之弟郤义的儿子，封邑于步地。

家仆从为车右，并选了一种名为小驷的郑马为战马。

庆郑虽然对晋惠公冷嘲热讽，但心里还是一腔公义，就劝晋惠公最好用国产的马代替进口的马。

因为，晋马更加熟悉主人的心性和战场的道路，可以指挥自如；而郑马外强中干，在陌生的环境里容易因胆怯而狂躁，到时候一旦失去控制，恐怕将祸及主人。

晋惠公只是不听。

九月，晋惠公与秦穆公相持于河东汾河南侧的韩原。

晋惠公派韩简（韩万之孙）侦察敌情。韩简回报说敌军总数少于我们，但勇于作战的人却比我们多。

晋惠公问为什么。

韩简分析说："您当年出亡梁国时依靠过秦国，回国继承君位时烦劳过秦国，晋国饥荒时又吃过秦国卖给我们的粮食。秦国三次施与我们恩惠而我们都没有报答，所以他们今天才兴师问罪。现在您非但不低头谢罪，反而暴力反抗，因此秦军无人不愤怒，晋军无人不馁怠。这样算来，秦军中勇于作战的人难道不是比我们多吗？"

晋惠公脸色绯红，强装镇定地说："话虽如此，可是如果我们现在不迎击，秦国就会以为晋国好欺负，恐怕以后会经常来犯。一个匹夫尚不可轻易受人侮辱，何况一个国家呢！"

说完，复派韩简去秦军大营下战书，书曰："昔君之惠也，寡人未之敢忘。寡人有众，能合之弗能离也。君若还，寡人之愿也。君若不还，寡人将无所避。"

秦穆公派公孙枝回复说："昔君之未入，寡人之忧也。君入而列未成，寡人未敢忘。今君既定而列成，君其整列，寡人将亲见。"

两边都绵里藏针。

《国语·晋语》在描述这番交涉时提到了一个小细节，即"穆公衡彫戈出见使者"。

"衡彫戈"就是横握着雕花的战戟。我们想象一下，在营帐里横握个大型武器行动肯定非常古怪、非常局促。秦穆公的这个举动，或许反映出他内心的怒气值，已经飙升到了相当充盈的程度。

废话说完，双方于十四日正式开战。

打仗无非就是刀光剑影，乒乒乓乓，没什么好说的。韩原之战最大的看点在于两位国君同途殊归的遭遇。

当时，晋惠公驾乘的小驷果然不幸而被庆郑言中，陷在泥泞里盘旋而不得脱。眼见秦军蜂拥逼近，晋惠公赶紧向不远处的庆郑呼救。

庆郑虽然忠直，但也是个不折不扣的死脑筋，在这样危急的时刻竟然二愣子精神发作，和晋惠公斗起气来。

他冲着晋惠公喊："您当初不听我的劝谏，又违背占卜而不用我做车右，为什么如今又想搭我的车呢？我庆郑的战车不值得委屈您来避难！"喊完，径自驾车找秦军厮杀去了。

晋惠公跳脚大骂，终因战车无法机动，不多时便被秦军俘虏。

就在晋惠公窘迫之际，秦穆公的处境也好不到哪里去。他的战车一不留神进入了韩简所部的包围圈，眼看难逃被生擒的厄运。

不过，秦穆公显然比晋惠公幸运。因为，晋惠公呼叫庆郑而庆郑不应；而秦穆公身陷重围，没有救兵可供呼叫，救兵却神奇般自己找上门来。

话说当时晋军的包围圈逐渐缩小，秦穆公身边就稀稀拉拉几个亲兵，力不能支，情况很危急。

忽然，一股秦军强力插入包围圈，个个瞀不畏死，浴血奋战，使的都是王八拳。晋军没见过这种不要命的打法，略一退缩，超级战士就簇拥着秦穆公冲了出去。

秦穆公有点儿纳闷。这股秦军怎么如此生猛，不像是寻常士兵啊！事后一调查，发现他们果然有点儿来头。

当初，秦穆公丢失了一匹宝马，找来找去，发现马被岐山脚下的一群乡巴佬给逮住吃掉了。

官吏一看这还了得，当即简化程序，全部执法人员临时就位，以最快的速度把这群冒犯国君且暴殄天物的愚夫莽汉抓起来，准备挨个儿杀掉。

秦穆公得知原委后说："畜生再珍贵总不及人珍贵呀！畜命怎能用人命来补偿

呢？我听说，吃了宝马肉后如果不喝酒，身体会受到损伤。”于是客客气气地赐酒给乡巴佬喝，喝完就赦免了他们。

这群乡巴佬很感动，后来听说秦穆公要攻打晋国，便踊跃报名参军，再后来发现秦穆公遇险，便奋不顾身地把他救了出来。

所以说呀，民心这个东西，还真是无价之宝，指不定什么时候就能把人从地狱拉回天堂。

韩原之战，以晋惠公被俘、晋军溃败收场。

秦军的损失也不小，继续东进已无可能。好在战果已经颇丰，秦穆公遂心满意足地押着晋惠公凯旋。

一众被俘的晋国头领披头散发，扛着晋军的帐篷跟随在后，仿佛给晋惠公送葬。

走到雍城一看，晋惠公蓬头垢面，秽气扑鼻，人不像人鬼不像鬼，说他们像条丧家狗吧，狗都耻于为伍。

秦穆公不管晋惠公像个什么东西，他头疼的是怎么处理这个东西。杀掉，活埋，还是杀掉了再活埋？

不久，秦国当局宣布了最终的审判结果：放晋惠公回国。

秦穆公你没搞错吧？晋惠公这个人渣死罪可免、活罪难逃哇！怎么着你也得给他数数牙齿、刷刷排骨、整整喷气式啥的，彰显一下人间正义嘛！就这样原状送回，观众那边不好交代呀！

秦穆公捋捋胡子告诉我，关于如何处置晋惠公的课题，看起来是一部江湖恩仇录，其实是一本国际厚黑学。

第一，为什么不杀晋惠公？

晋惠公在处理城邑和粮食事件时的无耻之尤，引起了秦国极大的愤怒，秦穆公确实有杀他的冲动[①]。

但是秦国从洛水以西打到河西，再打到河东，一路耀武扬威，又俘虏了终极大反派晋惠公本人，名利双收，已经达到了惩罚和教育晋国的目的。

---

① 《史记·秦世家》载：“将以晋君祠上帝。”

倘若斩杀晋惠公，不仅会令天下万邦为之侧目（当时周襄王就以晋惠公乃周王室宗亲为由，出面请求秦国免除晋惠公一死），还会激发晋国的刻骨仇恨。

熊耀华先生不是说过嘛，世界上最可怕的，一是不要命，二是不要脸。晋国作为当时的一等大国，一旦舍生忘死地找秦国拼命，秦国不死也要脱层皮。

左右一比较，还是不杀晋惠公对秦国更加有利。

第二，为什么不把晋惠公判个死缓转无期?

囚禁晋惠公无非也就是宣泄一下秦国臣民愤怒的情绪，获取一种短暂而虚幻的快感罢了，对于秦国的国家利益没有实质性的裨补。

首先，晋惠公作为一个异国君主，即使被囚禁，你也不能虐待他，要不然会败坏秦国的名声。

其次，囚禁晋惠公对晋国也是一种赤裸裸的侮辱，是一个晋国随时随地都可以信手拈来的对秦国宣战的理由。秦国不怕被贼偷，总怕被贼惦记吧。

最后，秦国刚刚结束粮荒，没必要白白养着一个禽兽不如的贱人，多浪费粮食。

第三，放晋惠公回去有什么好处?

好处多着呢!

对秦国的好处是：秦国可以迫使晋国兑现当年的诺言，用河西八城来交换晋惠公；义释晋惠公还能树立秦国威武之师、仁义之师的光辉形象，为秦国赢取良好的国际声誉。

对秦穆公的好处是：秦穆夫人毕竟心疼娘家人，恨晋惠公是一回事，但也绝没有想到晋惠公会沦为待死囚徒。听说秦穆公要把晋惠公宰了祭天，她带着几个孩子一连好多天在宫里寻死觅活，打砸烧抢，搞得飞沙走石、鸡犬不宁，再不消停的话，秦穆公也不想活了。

对晋惠公的好处是：让晋国人民好好瞧瞧，作为一个失败的典型，晋惠公有多么成功。

当年十一月，秦穆公和晋惠公在黄河、渭河和泾河汇合处的王城盟誓。以晋国交割河西八城，以及晋世子圉入质秦国为条件，晋惠公又回到了晋国。

韩原之战是秦晋争霸史上具有里程碑意义的重大事件。

韩原之战后，尽管河西还存在着一些弱小政权和晋国的个别据点，尽管晋国一直没有放弃对河西的重新渗透，但晋国终究再也没能尽数恢复河西失地。

秦国在势态上已取代晋国成为河西新的主人，并逐渐完成了对整个渭河平原的控制和整合，对晋斗争形势大为改观。

以占据河西为标识，黄河之险秦、晋已共有之，以往秦国核心区域单方面遭受晋国威胁的局面不再，秦国也开始具备了直捣晋国核心区域的能力。

这也就是说，秦国和晋国的关系接近于一种战略均势。

之所以说接近均势而不是达成均势，那是因为还有一个至关重要的因素未曾引进。这个因素就是崤函通道。

受限于史料记载残缺而疏漏，要想搞清楚目前崤函通道属权的详细分割很难。但我可以给出一个大致的范畴：战前晋国控制了全段；战后晋国肯定控制了东段（即从陕地往东），至于西段（即从潼关到陕地以西），被秦国控制的可能性非常大。

不过，在秦、晋争霸的格局中，西段的归属没有决定意义，崤函通道的核心价值几乎都集中在了东段。

因为，对于秦国来说，崤函通道是它进出中原的唯一通道，仅仅占据西段，秦国仍旧无法将影响力扩散到中原。

而对于晋国来说，崤函通道只是它进出中原的通道之一，跨越太行山也能进出中原；更何况，就算非走崤函通道不可，晋国也并不需要经过西段，它只需要从陕地开始走东段就行了。

由此，我们可以得出的结论是：即便占据了河西之地，秦国也只能算作渭河流域的一个区域性强国，尽管它不怵惧晋国，尽管它有实力挑战晋国，尽管它有机会冲破晋国对崤函通道的封锁。

反观晋国，即便失去了河西之地，它的核心区域（即山西盆地）却基本完好无损，根基稳固且不说，关键是它有能力逐鹿中原，而秦国不能。

所以，晋国应该算作一个中原大国，在发挥对周王室及中原诸侯影响力方面，它和秦国相比，仍旧具有代差的优势。

当然，就晋国而言，丧失河西之地终归不是件好事，至少在晋国不断扩张的历史上，还从来没有遭受过如此重大的挫折。

因此，韩原之败也促使晋国统治阶层痛定思痛，在国家政策层面做出调整，以期进一步扩充实力，在日渐严峻的国际斗争环境中占据较为有利的地位。

晋国的这一轮改革主要体现在三个方面，一是“作爰田”，二是推进国家行政体制郡县化，三是“作州兵”。

“作爰田”，简而言之就是实行换田而耕。

实行爰田制以前，晋国的基本土地制度是井田制，田地归中央政府所有，使用权则控制在地方权贵阶层手中，不准买卖，不准交换，农夫一辈子固定在一块田地里耕作。

这种状况导致了两个弊端。一是土地税赋经由地方权贵的层层盘剥，能够上缴中央政府的数量大大减少；二是即便同一个村社中面积相同的两块田地，也有远近肥瘠之分，农夫认为分配不公平，因而劳动积极性下降，导致劳动产量不高。

根除这种弊端的办法，无疑就是公元前361年商鞅变法搞的“废井田”和“开阡陌”那一套，彻底废除井田制，承认地方权贵对田地的私有（关于井田制的衰亡，后文论述初税亩时会有较为详细的解读）。

然而，历史总是渐进发展的。要公元前7世纪40年代的人具备三百年后的先进理念，显然不太现实。

晋国的爰田制其实可以视作井田制衰亡过程中的一个过渡阶段。它没有改变田地公有制，也没有改变农夫集体耕作的状态，但它把将田地安排分配给农夫的权力由地方权贵的手中收回朝廷，并且规定农夫可以以三年为一个周期，轮换田地进行耕作。

作爰田的好处很明显。中央政府直接控制了全国的田地和农业劳动力，提高了农夫的劳动积极性，减少了地方权贵对田赋的盘剥，而且对于国家的人口资源有了更加精准的了解，便于充分地征召兵役和徭役。

推进国家行政体制郡县化和作州兵是作爰田的配套或者说衍生措施。

因为爰田制削弱了地方权贵阶层的施政根基，朝廷必然需要寻找一个管理土地和人民的替代组织。这时候，原本就存在的村社机构终于熬出青天，开始发挥其与生俱来但又长期遭受压制的行政效能。

在扶植与强化村社机构的基础上，晋国兴起了郡县化运动。国君任命忠实可靠的人担任郡县长官，这些地方官完全听命于国君，成为国君直接控制村社的中介工具。

后来晋国实行三军六卿制度，国君的权力有所削弱，权贵势力卷土重来。但位高权重的六卿也没有推翻郡县化运动的成果，而是通过瓜分中央政府对郡县的控制权，从而达到了控制村社机构，进而控制土地与人民的目的。

很明显可以感知的是，郡县化运动虽然没有彻底进化为郡县制，但它的优越性已经把旧有的权贵封邑管理机制甩了好几条街。正是依靠这种先进的、科学的政治体制，晋国得以维持了春秋时代各诸侯国中最为长久的繁荣与强盛。

作爰田还直接催生了以作州兵为主要内容的军事改革。

实行爰田制后，朝廷将国防建设费用分摊到田亩上，然后以州（二千五百户为一州）为单位，由州长自行招募甲兵，以备战争之需。

由于田地的单位税赋长足增长，人力资源台账也更加清晰透明，所以晋国地方政府的军事组织和军事动员能力显著提高，晋国呈现出“甲兵益众”的效果，整体战争能力突飞猛进。

上面这番连篇累牍的大道理从宏观角度分析了韩原之战对交战双方，特别是对晋国的影响，有助于增进大家对秦、晋两国关系发展趋势的理解。

但是，在这个宏观走势的笼罩下，还有一些值得我们关注的细节。

第一个细节是庆郑的归宿。

庆郑时而高瞻远瞩，时而意气用事，晋惠公一旦回国，将会怎么处置他呢？这个问题，庆郑自个心里有数。

当时，大夫蛾析对庆郑说：“国君先前被秦军俘获，你难逃干系。现在国君马上要回来了，你还等什么，赶紧逃吧！”

庆郑答道：“我致使国君陷于敌手，而且没有为此殉死，这已经是大逆不道了。如果现在畏罪潜逃，令国家的刑律得不到伸张，那岂不是罪加一等吗？即便选择出逃，背负着这样的罪名，我又能跑到哪里去呢？我还是乖乖地等着受刑，让国君消消气吧！”

晋惠公回国后，蛾析和家仆从都为庆郑求情，说庆郑自甘就戮，显见其并非那种丧失了基本良知的逆臣贼子，并劝晋惠公让庆郑戴罪立功，以彰显人君的泱泱气度。

晋惠公不听，气咻咻地断然杀了庆郑。

对庆郑的处置方式，显示出晋惠公并没有对自己进行深刻的反省。

心平气和地想一想，秦、晋交恶都是晋惠公自己一手造成的结果，而且要是之前他听从了庆郑的建议，根本就不会发生后来的劫难。

换个角度说，金无足赤，人无完人。庆郑此人的长处和短处都很突出，发挥长处时让人恨不得一屁股吻死他，发挥短处时让人恨不得一巴掌踢死他。这样有性格有特点的家伙，最是考验领导的用人艺术。

晋惠公如果知人善任，能够扬长避短，完全可以用活庆郑。

只可惜，晋惠公没这个度量，也没这个眼光，揪着庆郑的辫子不放，把庆郑的才华连同性命一起葬送了。

第二个细节是河东三城的归宿。

前文曾经提到，晋惠公依靠秦国的支持而回国继承君位时，许诺割让河西八城给秦国，其中包含了河东的三个城邑。

这个承诺几经周折，最后得以落实。于是，秦国不但控制了河西，还在河东获得了一块立足之地。

然而，玩过抢滩登陆战之类游戏的人应该懂得，在敌军密布的滩头阵地上，进攻方仅仅依靠两三个据点是不可能长期维持存在的。

秦国和晋国之间的天然战略平衡线是黄河，双方划河而治是一种最为稳定的地缘结构，任意一方越过黄河而在对方势力范围内获取突出部的行为，都会遭受对方利用主场优势发动的倾力反击，直至重新回归平衡线为止。

所以，当秦国预测自己没有能力逼迫晋国从黄河沿线整体后退收缩时，河东三城被晋国收回就是大势所趋的结果。

既然保有河东三城难于登天，那存不存在一个妥善处置它们的方案，使得秦国赶在晋国暴力回收河东三城之前，将它们的效用发挥到最大呢？

答案是当然存在。最佳的处置方案就是把它们还给晋国，毕竟相较于被夺回去，主动送回去起码可以赚个人情。

事实上，秦穆公也正是这样想的。

秦穆公很清楚晋国的整体实力仍然占优，秦国目前能稳固黄河这条战略平衡线就算是功德无量，防止晋国入侵是比策划入侵晋国更务实的考虑。更何况，秦国还要从晋国借道进出中原。

因此，打造良好的两国关系，争取充裕的时间以进一步发展壮大秦国，是秦穆公的明智之选。

鉴于此，秦穆公继释放晋惠公回国后，又陆陆续续做出了许多改善两国关系的举动。

首先是于公元前 645 年冬赈济了晋国的饥荒（晋惠公这厮无德无义，惹得老天爷三天两头地折腾晋国），其次是于公元前 643 年夏把女儿怀嬴嫁给了入质秦国的晋世子圉，顺便把河东三城作为嫁妆还给了晋国。

秦穆公颇具战略眼光地善待公子圉，一心想要重塑秦晋之好。但公子圉显然辜负了秦穆公的一片苦心，不久就做出了一件让岳父老子瞠目结舌的好事，从而把另一位久违的人物推到了历史舞台的中央。只不过，那已是另外一个故事了。

“同学们，下课！”

歪歪同学怒气腾腾地站起来说：“海棠老师，搞了半天，晋国的君位争夺战又回到了原点。你是不是在玩我们？”

“我哪敢！晋惠公不是当选了吗？怎么说是回到了原点呢？”

“我还以为那个叫重耳的残疾人才是晋国的真命天子呢。他死哪儿去啦？你把他叫来聊聊。”

“他还在翟国打流。翟国离学校有点儿远，骑马过来估计得到下个月了。今天是情人节，老师这边还有点儿事，关于重耳的那点儿破事以后再说哈！”

人在囧途

晋惠公被秦国放生后，一直在很严肃地思考一个问题：造成他生活如此苦难深重的根源到底是什么。

是长得太丑？打死他他也不会同意。点太背？那他还从五子夺嫡中脱颖而出当了国君，你点不背你买彩票中个两块给我看看。撞了邪？你看他鹰眼钩鼻，满脸阴鸷，邪撞了他还差不多。

晋惠公冥思苦想了很久，突然觉得这其实都是一个人惹的祸。

一个人？是谁？还不是那个遭瘟的重耳。

很明显，申生、奚齐、卓子都死了，五子现在只剩下重耳和晋惠公夷吾，当初要不是重耳和他竞争上岗，他晋惠公哪里犯得着到秦国求神拜佛，欠下一屁股人情债还不清？

现在，虽然他晋惠公与重耳一君一臣名分已定，但谁能保证那些不怀好意的西方大国不利用人气偶像重耳来对晋国内政上下其手、里外通吃呢？

看来，不除掉重耳，他晋惠公就甭想有好日子过。

想清楚了这一节，晋惠公便觉得豁然开朗，一下子找到了生活的方向，于是立即派京城名捕勃鞮赶赴翟国刺杀重耳。

听到勃鞮梅开二度的风声后，狐偃对重耳说："以往我们之所以选择到翟国避难，是因为翟国离晋国很近，又愿意保护我们，便于您随时回国争夺君位。如今，形势不同于以往，继续待在翟国观望已经没有意义，您应该寻求一个大国的庇护才行。齐桓公垂垂老矣，心里怀念当初的盛况，谋求和远方的诸侯搞好关系，我们去投奔他，一定会得到他的支持。"

一众幕僚都很赞同狐偃的观点，于是重耳决定远走齐国。

临行之际，重耳对他在翟国娶的老婆季隗说："晋国的杀手须臾且至，我不得不逃，你就留在这里尽心抚育两个儿子（伯鯈和叔刘）吧。以后我若是有了出头之日，一定会回来接你；要是过了二十五年我依然杳无音信，你就改嫁吧！"

季隗痛哭："大丈夫志在四方，我不敢强留。不过我今年已经二十五岁了，二十五年后就是五十岁，到时候年老色衰，还嫁个屁的人哪？你尽管放心，我一定会等你回来。今生今世，我生是你的人，死是你的鬼！"

上面这段对话听起来很悲情。一个男人迫不得已抛妻弃子，不知何日才能再次相见，临行前与爱人依依惜别，端的是感人至深。

可是，我却觉得很好笑。

重耳，你大难临头扔下老婆孩子就跑，这个我也不怪你，反正那时候的男人都这德行。可是你跑就跑呗，干吗还要与季隗约个二十五年的期限？

你要是真心爱她，抱定了渡过难关后再来找她的决心，就应该让她等你一辈子。你要是真心爱她，自知此行路途遥迢，只怕难有再见之日，就应该劝她趁年轻赶紧改嫁。

可是你让季隗独守空房，等你二十五年。你到时候回来了还好，要是没回来，谁愿意娶一个五十岁的老奶奶？换作是你，你愿意不？

原来所谓情话，不过就是说一些连自己都不相信的话，却指望对方相信。啊呸！

重耳一行人逃离居住了十二年的翟国，刚摆脱杀手的恐怖阴影，不料立马又陷入了另一个困境，没盘缠了。

盘缠本来还有，不过从翟国仓促奔逃之时，替重耳掌管钱财的头须，意志不坚，席卷所有的钱财溜回了晋国。

重耳主仆只好一路求施问舍，且驻且行，迤逦往齐国而去。

好不容易抵达卫国，卫文公却因为当时正面临邢国和狄人的入侵，无暇加以礼遇。

重耳等人既疲且饿，狼狈而走。

行至五鹿（卫国地名）时，重耳等人饥肠辘辘，腹鸣如鼓，发现有几个农夫在田垄上吃饭，就觍颜上前乞食。

农夫鄙夷地说：“你们这么多人又不缺胳膊少腿，干吗不自己挣钱买吃的。我们几个庄稼人，要吃饱了才有力气干活，哪有多余的食物分给你们？”

重耳大窘，一片飞红从脸颊蹿到了肚脐眼。他鼓起勇气，讪讪地说：“既然如此，能不能送我们一个盛食物的瓦罐？”

一个农夫大概觉得眼前这个不太像乞丐的乞丐很有趣，就恶作剧地扔过去一块泥巴，戏谑地说：“这个可以烧制成瓦罐，嗟，拿去吧！”

站在近旁的魏犨再也忍耐不住了，奋力从空空如也的丹田中挤出一口真气，冲上去夺过农夫吃饭的瓦罐——没有自己掏饭吃，也没给重耳掏饭吃——就在地上摔得粉碎。

重耳也忍无可忍，挽起袖子就要打人。

狐偃赶紧架住重耳，温言劝慰：“得饭食易，得土地难。土地是国家的基础，现在有人送土地给公子，这是上天的赐予，您何不拜而受之呢？”

重耳敛容称是，再拜而受。

农夫四仰八叉，哄堂大笑。

又往前走了不知道多远，重耳等人已经饿得眼冒金星，实在是挪不动腿了，于是东倒西歪地停在一棵大树下歇息。

可是歇息毕竟不能当饭吃，待元神稍微平复，众人饥火燎腹，只得勉力采摘些野菜煮食。

重耳含着无盐无油、又苦又涩的野菜，实在是无法下咽，想起茫茫未知的前程，只觉得万念俱灰。

忽然，一股淡淡的肉香飘入重耳的鼻孔。重耳摇了摇晕沉沉的头，他觉得这应该只是自己饿昏了所产生的幻觉。

香味由远及近，重耳猛地睁开眼，只见介子推擎着一小钵肉汤慢慢移过来，进献给自己食用。

重耳把肉汤抢在手里，气都不换，一口干掉，然后问介子推：这荒郊野地哪来的肉？怎么这么好吃？还有没有？

介子推皱着眉头说还有，他的大腿上还能再割一点儿。

重耳潸然泪下，执着介子推的手说：“亡国之人连累先生若此，何以为报？”

介子推朗声道：“臣等惟愿公子早归晋国，供奉驱驰，死且不顾，岂望回报哉？”

在卫国发生的这一幕，就是贯串于重耳等人投奔齐国整个路途中的基本故事情节。如此循环反复若干遍后，重耳终于活着站到了齐桓公的面前。

齐桓公对重耳打回老家去的想法很感兴趣，不但好吃好喝地殷勤招待，还将女儿姜氏许配给了重耳，聊以安慰重耳旅途中那颗孤寂的心。

重耳见齐桓公如此厚待，心中自然欢喜，有了中原霸主的支持，归晋之事似乎指日可待了。

理论上确实是这样，一点儿破绽也没有。

重耳适齐的第二年，齐桓公死了，诸子为争夺国君之位互相杀伐，诸侯国群起干预，致使齐国元气大伤。

及至齐孝公继位，齐国又被牵扯到一系列国际纠纷之中，一超独大的局面逐渐瓦解，楚国开始全面介入中原事务。

等到七年后的公元前638年，重耳等人已经基本看不到借由齐国返回晋国的希望了。

不过，重耳似乎也没有另外寻求别国帮助的意图。至于原因嘛，则还是应了那句老话，叫英雄难过美人关。

前面说过，他眼下有了一个叫姜氏的齐国女人。而当时的齐国女人大致就相当于现在的重庆女人，那真是有口皆碑，面子也有，里子也有，是个男人都受不了。

重耳打算在齐国老死，可是他手下的晋国旧臣不干哪。

他们原本都是人人称羡的官老爷，一辈子躺着不动也衣食无忧，之所以愿意抛弃荣华富贵而追随重耳亡命天涯，就是因为图着心中那点儿再造乾坤的念想。

如今，重耳每日耽于酒色，墨突不黔。晚上找他商议归国之事吧，他正在亲切接见姜氏；白天找他商议归国之事吧，他正在梦中亲切接见姜氏；好不容易等到他醒来吧，天又黑了。

重耳是齐国的贵客，自然可以醉生梦死。可是狐偃等人作为重耳的私人门客，每天除了牵马遛遛，就是骑马遛遛，你让他们情何以堪？

终于，狐偃等人再也无法忍受这种浪费生命、埋没理想的无聊生活了，他们准备背着重耳商量下一步的行动方案。说是背着，其实也不是背着，反正重耳整天关着门自娱自乐，你特意找他汇报个工作反而要吃闭门羹。

这天，狐偃等人隐聚在临淄东门外一片浓密的桑林里开会。

大伙猛发了一阵牢骚后，决定骗重耳说出城打猎，然后不管三七二十一，挟着重耳投奔意图称霸中原的宋国。计谋议定后，大伙都是心怀爽朗，畅快而回。

谁知，隔墙有耳，狐偃等人的计划被一个采桑的少女无意中听见了。事情还偏有这么巧，那个少女恰好是姜氏的婢女，所以拐个弯又让姜氏知道了。

听说有人要拐骗自己的老公，姜氏会不会报案呢？我真替狐偃等人捏一把汗。

姜氏用实际行动表示，我们太小看女人的心智了。

听了婢女的报告后，姜氏当即杀了她，以防止消息扩散，然后把事情的原委告诉重耳，并且劝说重耳振作起来。

重耳一则确实不知密谋，二则无心继续奔走，就敷衍了事地说："没这回事。人生但图安乐而已，我这辈子守着你就行啦！"

姜氏说走吧走吧，贪恋妻儿算什么英雄好汉？

重耳仍旧无动于衷。

老公这样不争气，姜氏也不动怒，只是暗地里和狐偃等人取得联系，联手做下了一个局。

一天晚上，姜氏陪重耳饮酒，再三举杯相劝。重耳开怀畅饮，不久就酩酊大醉，昏昏睡去。

姜氏把早已等候在外的狐偃等人叫进来，合着衾裘将重耳抬上马车，绝尘而去。

姜氏倚门相望，良久不息。

狐偃等人恰如鸟出樊笼、鱼入深渊，载着重耳马不停蹄地一口气跑出老远。

重耳在梦中感受着车的狂野震动，有如惊涛拍岸，卷起千堆雪。等到醒来一看，美丽温柔的姜氏却变成了一帮大老粗，重耳不禁雷霆震怒，顺手抄起一支戈就要找狐偃拼命。

旁人一齐相劝。重耳掷戈于地，恨恨地说："此番离开齐国，有成则已，不然定当将你生吞活剥！"

狐偃讪笑："此番离开齐国，倘若事有不济，狐偃将身死无处，哪里还轮得到公子动口；倘若马到功成，公子当列鼎而食，狐偃这身腥臊臭肉，公子只怕不愿动口。"

重耳咧嘴欲笑，忽然想起刚才自己还暴跳如雷，于是又把面孔板了起来。

赵衰郑重地说："我们素知公子胸怀大志，所以愿意千里追随，冀图名垂青史。如今夷吾无道，国人引颈而待公子归国，还望公子不要辜负了大家的一片期望啊！"

魏犨也在一旁嚷嚷："大丈夫当建功立业，怎可贪恋儿女欢爱？"

重耳脸上一阵红，一阵白，回头望望来路，再看看周围一张张坚毅的面孔，终于激起了心中那股沉寂已久的豪气。他朝着众人团团作揖，然后甩动马鞭，驱着马车向前奔去。

重耳等人沿着济水一路向西，渐渐进入了曹国地界。

曹共公觉得有必要召集群臣开个会，商量一下要不要接待重耳。

曹共公的历史形象相当猥琐。不过，从他意识到要开会研究的这个举动上，我认为他也许并不那么差劲。因为，如何对待像重耳这样的流亡政客，实在是一个需要开动脑筋才能准确回答的问题。

重耳这个人，你可以说他不名一文，因为他现在上无片瓦、下无寸土，要是没人资助，甚至连顿饱饭都吃不了；你也可以说他奇货可居，因为他本身是个猛人，手底下还收纳了一帮凶猛的小弟，要是假以时日，前程或将不可限量。

换句话说，现在交好重耳，就要冒马上和晋国当局交恶的风险，不过，一旦重耳日后乌鸡变成了彩凤凰，那就将获得加倍的回报。

简而言之，重耳就是一只股票，有人看跌，也有人看涨，投资的时候要小心谨慎，万一亏了的话可不能埋怨政府。

商讨会上，曹共公拒绝接纳重耳，不过他的理由没有抓住重点。因为他觉得，要是天下列国来往的公子都一一接待的话，那以曹国这样的家底子，招待费还不得严重超标哇？

曹国大夫僖负羁认为不妥，就劝谏说：“重耳贤德素著，且重瞳骈胁，主公不可以等闲公子视之。”

曹共公忽然欢呼雀跃：“重瞳寡人见识过，未知骈胁如何。快把重耳安置到馆驿中，寡人要看他沐浴。”

僖负羁准备提醒曹共公一句，重耳据说是个男的，不过看曹共公那副猴急的模样，话到喉头又生生咽了下去。

嘿嘿，曹共公，我刚才还表扬过你来着，你怎的三句话不到就露出马脚了呀？

重耳远道而来，正自风尘仆仆，闻得馆役备汤水请浴，于是欣然应允，解衣就浴。

洗到舒爽处，突然外面人声嘈杂，曹共公带着几个妃子和太监轰地闯了进来。

重耳大窘，站在澡盆里不知所措，要张口骂人吧，又觉得自己光着身子实在是没有底气。

曹共公等人围着澡盆团团站定，把重耳当个标本般观赏指点，评头论足，半晌方才嬉笑而去。

重耳心头万马奔腾，他真想就着这盆洗澡水把自己淹死算了。

待得装束齐整，重耳主仆就要立即起身走人，转徙他国。

这时，僖负羁前来拜访，并献上一盘食物，食物下面还压着一块玉璧。

原来，僖负羁认定重耳必将飞黄腾达，见曹共公对重耳颇多失礼，深恐重耳掌国后遂行报复，便欲私相结纳，早些拜好码头，免得将来城门失火，殃及池鱼。

重耳受食物而辞财物，再拜称谢道："承蒙大夫惠顾，重耳聊解腹中饥饿足矣，何须贿以珠玉？"

僖负羁诺诺，心知重耳胸怀大志，便再三致意而退。

未几，重耳等人奔赴宋国。

宋国此时的境况并不好。就在当年的十一月，宋国在一场与楚国的大战中折戟沉沙，大败而回。一心想要继承齐桓公霸业的宋襄公本人也遭受箭创，伤情颇为严重。宋国整体陷入低谷。

宋襄公听闻重耳贤明，又是大国的公子，便有心结纳，以引为日后的奥援，于是按照国君的礼仪规格隆重接待了重耳。

可是，客气归客气，眼下要宋国送重耳回国却不太现实。宋国司马公孙固（宋庄公之孙）与重耳关系不错，就实话实说把宋国的困难剖析给重耳听，然后劝重耳另择高明。

重耳一看这架势，确实无法从宋国获得更多实质性的帮助，心中也理解东家的难处，于是辞别而去。

宋襄公馈赠八十匹马，礼送出国。

重耳出宋国而至郑国，郑文公不以礼遇。

郑大夫叔詹劝谏道：重耳主仆都是英雄之辈，日后极有可能入主晋国，故应予以礼遇；倘若不以礼遇，就应及时击杀，勿使今日之怨尤成为后日之祸患。

郑文公反其意而言：重耳飘摇不定，礼之何恩，杀之何怨？遂下令任其自行无害过境。

重耳过郑国而不入，驱车来到楚国。

楚成王亲自接见重耳，并在欢迎宴会上施以“九献”之礼。

古代饮酒名目繁多。“献”就是古代的一种饮酒礼仪，它是指主人向客人敬酒，客人回敬，主人再敬的这样一个过程。

这个现在看来平淡无奇的敬酒过程，在古代却蕴含着尊卑贵贱的识别意义。“献”的次数越多，就表示主人对客人越是尊敬。

当然，也不能无休无止地“献”。“献”的次数最多为九次，称为“九献”。它代表着最崇高的敬意，一般适用于国君会晤或周天子接见前来朝贺的大臣。

此时，楚成王施以“九献”之礼，那就摆明了是把重耳当晋君看待。

如此一连几个月时时饮宴，楚成王与重耳彼此相惜相敬，相处甚欢。重耳见楚成王仁义慷慨，便暗暗将楚国认作了自己归晋的依靠。

可是，事情并没有重耳想象的那么简单，不久后主宾之间的一席对话，使重耳觉得他的计划有必要做一些调整。

事情的原委是这样的。

在一次饮宴的时候，楚成王别有深意地问重耳：“倘若公子能够返回晋国的话，准备拿什么来回报寡人哪？”

重耳没有一点儿思想准备，但马上反应过来说：“子女财帛，君王固有之；羽毛齿革，贵国固属之。我也不知道用什么东西来回报您最为合适。”

楚成王摇摇头说：“即便这样，公子总得有所回馈吧！”

考验重耳智慧的时候到了。假设你是重耳，你怎么回答？你总不能说那楚成王想要什么你就给什么吧？万一楚成王要的是你老婆呢？

当然，如果你顺着我自问自答的这种思路去考虑的话，那就证明你是大俗人一个，命中注定只能在基层奋斗一辈子，勉强混个从九品退休。

请看重耳是怎么回答的。

他很镇定地说：“假使仰仗您的支持，重耳得以复国，万一将来晋、楚两国交战，在中原相遇，我一定会主动让军队退避三舍（一舍等于三十里），以报答您今日的恩遇；如果这样还得不到您的谅解，那我就拼尽全力，和您较量一番。”

这么霸气外露的言语，要不是史籍凿凿，我根本就不相信是一个流亡了十九年的六十岁老头儿说出来的。

楚成王一愣，转即哈哈大笑，丝毫看不出愠怒之色。

这次对话后，楚成王和重耳都开始重新评估对方。

楚成王一开始可能认为，支持重耳复国可以获取现实的巨大利益，譬如使重耳承诺晋国支持楚国称霸中原等。但眼下看来，重耳的志向远远超过了楚成王的预期，重耳执掌的晋国也绝不会甘心居于人末。

不过，楚成王觉得似乎也没有必要将重耳就此斩草除根。如今周王室纲纪不振，列国争强，有志于中原的英雄豪杰难道还少了去？与人方便就是与自己方便，朋友满天下总比四面树敌更加有利，既然已经堂堂皇皇地将重耳迎了进来，那又何妨客客气气地将他送出去？

重耳则认识到，天下没有免费的午餐，楚成王既然暗示楚国不会不计回报地支持自己，那自己就要警惕楚成王藏在身后的那张牌，绝不能一时轻忽留下什么把柄落在楚国手中。

总之，借由楚国返回晋国，或许并不是重耳唯一的选项。

就在重耳心意动摇的时候，晋国形势出现了对重耳有利的变化。

公元前 638 年夏，晋惠公病危。

消息传到秦国，晋世子圉不淡定了。他自认为在秦国受到轻视（这个想法源于三年前梁国被秦国所灭，梁国是公子圉母亲的娘家），在国内又无大臣援助，如果晋惠公就此一命呜呼，晋国恐怕会另立世子以继承君位。

想到这里，公子圉暗暗滋生了逃回晋国，争夺君位的念头。不过他估计此行的风险很大，回国后的光景暂且不说，能不能从秦国逃回去就是个天大的未知数。为此，他决定探听一下老婆怀嬴的想法。

公子圉把当前的局势摆开分析给怀嬴听，然后小心翼翼地问她要不要跟着一起偷渡到晋国去。

怀嬴是那种女生外向的典型代表，听到老公说要背叛老爸，非但不愠怒，反而宽慰公子圉说：“您作为晋国的世子而屈居秦国，想要回国不正是理所应当的吗？寡君[①]让婢子[②]侍候您，是为了照顾您的生活起居，并没有别的意思（意指没有暗暗背负监视公子圉的使命）。所以，我虽然不敢抛弃君命而跟随您逃走，但也绝不会泄露您归国的秘密。您就放心大胆地走吧！”

于是，公子圉怀着复杂的心情，毫不犹豫地逃了回去。

次年九月，晋惠公死，公子圉即位为君，史称晋怀公。

公子圉的冒险计划看似得逞，事实上其含金量要打个大大的折扣。

秦穆公扣押晋国世子为人质，固然含有要挟晋国的意味，但更重要的意图其实还是培养晋国下一任君主对秦国的良好感情，深化两国未来的交流与合作。

这个意图一开始或许看起来不那么明显，但自从秦穆公把女儿嫁给公子圉后，那就应该变得一目了然了。

因此我们可以断定，扶植公子圉执掌晋国是秦穆公的既定方案。也就是说，即便公子圉自己不逃，秦穆公有朝一日也会主动把他护送回去。

然而，公子圉和他老爸晋惠公一样，政治目光短浅而又心性贪婪，没有考虑得这么深远，情急之下，做出了让秦穆公失望继而愤怒的举动。

这个举动的影响是，使得秦穆公彻底丧失了和晋怀公继续进行合作的信心，并萌生了寻求另一位合适的投资对象的想法。

合适的投资对象并不难找，他就是秦穆公曾经触手可及的晋国流亡公子重耳，现在正身处楚国，引颈西望久矣。

公元前637年冬，一位秦国特使朝着楚国的方向呼啸而去。重耳苦苦等待的最佳机会终于来临了。

就当时的国际形势来看，秦国无疑是最有可能帮助重耳归晋的国家。

首先，秦国有实力和晋国抗衡，并且稍早前还有过俘虏晋惠公的记录。

其次，秦国在地理上毗邻晋国，可以很方便地干涉晋国事务。

最后，秦穆公对现任晋君心怀怨恨，有主动支持重耳复国的意愿。

这三个条件分开来找很容易，但要集中在一个地方出现却很困难，想不到踏

---

① 指称本国的国君，即秦穆公。

② 庶妻的自称，说明怀嬴不是公子圉的夫人。

破铁鞋无觅处，得来全不费工夫。

重耳仿佛感觉到青春在身上奔腾，热血在鼻尖澎湃，连哈出来的口气都要清新多了。

然而，他现在不能在楚成王面前表露出一心想要投入秦国怀抱的迫切愿望，毕竟人家楚国在他潦倒的时候待他为上宾，做人不能光认奶不认娘。

他只能装作很矜持、很淡定、很若无其事地对楚成王表示，自己抱定楚国的大腿就够了，不一定要劳烦秦国出马。

楚成王是见过世面的人，对于这种口是心非、欲纳还拒的表达早已习以为常，干脆主动说破楚国与晋国天悬地隔的现实困境，恭恭敬敬地将重耳送上了去往秦国的路途。

平心而论，楚成王对待重耳时是很有雄主风范的。从一开始礼遇重耳于草莽之中的睿智，到接下来求取回报的坦率，再到最后礼送重耳的果断，整个过程中侃侃切切，从心所欲，非常豪迈豁达。

重耳跋山涉水到达秦国，主宾俱是欢喜无限，双方都信誓旦旦地表达了真诚合作的意愿。

当然，小插曲还是有的。秦穆公提出要把女儿文嬴嫁给重耳，另以四名宗室女子陪嫁，而陪嫁的女子当中，晋怀公的老婆怀嬴竟赫然在列。

怀嬴虽说是重耳的侄媳妇，然以当时的伦理考究之，改嫁给重耳当老婆却没有问题。

在人口极度稀少、生育存活率极度低下的春秋时代，让年轻妇女守寡是一种伤天害理、惨无人道的行为。因为这样做等于闲置了妇女宝贵的生育能力，扼制了人口的繁衍增长，于法于情都是行不通的。

所以，那时候人们的婚育观念自由放任，伯父娶侄媳妇并非是禽兽不如的无耻行为。

但问题是怀嬴既没有和晋怀公离婚，晋怀公也没有死，那重耳收纳怀嬴算是什么？这真是一个让人崩溃的难题。

重耳心知秦穆公在借机报复晋怀公，也很清楚自己现在正有求于人，不能和秦穆公唱反调，可是他依然接受不了这种疯狂的婚姻关系，第一反应便准备打包推辞掉。

追随重耳的晋国旧臣读懂了这桩政治婚姻里的利害攸关，于是绞尽脑汁劝说重耳忍一忍。

重耳克服不了心理障碍，坚贞不屈，誓死不从。

狐偃决定帮重耳捋清楚这把麻纱，他对重耳说："公子如今重返晋国，是准备北面称臣还是准备南面称孤？"

重耳怒目而视，要称臣的话他犯得着在外面东奔西走十九年吗？

狐偃很满意，接着说："公子如果准备北面称臣，那怀嬴就是您的国母，您自然不能坏了君臣大义；如果准备南面称孤，那怀嬴就是您仇人的老婆。怎样对待仇人的老婆，您应该懂的。"

重耳豁然开朗，觉得自己于公于私都必须答应秦穆公的这个要求。

讲到这里顺便普及一个历史小常识。

上面提到文嬴出嫁时，有四名秦国宗室女子陪嫁。在春秋时代，这种女子陪嫁的现象归属于媵制婚姻的范畴。

媵制婚姻的基本含义如下。

诸侯国君迎娶夫人时，女方往往会把新娘（譬如叫小凤）的一个侄女和一个妹妹打包嫁过去。要注意的是，侄女和妹妹到了男方家庭后，不是做仆人，而是给国君做小老婆。

与此同时，女方的两个同姓诸侯国，各会出一名宗室女子陪嫁，并且每位宗室女子也都有一个侄女和一个妹妹相从。

这样算下来，诸侯国君迎娶一位夫人，同时会收纳九名女子，这也是媵制婚姻的标准做法。当然，周天子迎娶夫人时，规格会更高一点，一次性要收纳十二名女子。

在这九名女子当中，小凤明确是要当夫人的，地位最为尊贵，而其他八名陪嫁的媵女只能做妾。可是，媵妾的身份要比普通的妾高贵。

因为按照周礼的规定，诸侯国君终身只能迎娶一次夫人，一旦小凤死在国君前头，又或者中途被国君休弃，那么国君不得续娶夫人，只能依次从媵妾中提拔一人做夫人，而普通的妾并不具备候补为夫人的资格。

媵制婚姻是春秋时代诸侯国对外以联姻来改善国际关系、对内区分嫡庶身份以稳固传承制度的重要举措。

只不过，随着周王室权威的衰败，以周礼为基础的媵制婚姻有时候也没有得到严格的贯彻执行。例如，有的国君数次迎娶夫人，或迎娶夫人时超过九女的限制，各种违规不一而足。总之，规则是普遍的，现象是特殊的。

就秦穆公嫁女而言，还有一个值得提及的细节：怀嬴改嫁后史称辰嬴。

按照春秋时代女子命名法则，怀嬴本来可以跟从重耳的谥号“文”而改称为文嬴。但是，作为陪嫁的附属品，怀嬴不可能和作为主嫁的那个姐妹顶牛。既然那个姐妹摘取了文嬴的称号，那怀嬴自然只好另外选择别的称号。

至于她为什么最终被称为辰嬴，有种说法是因为她死后获得了一个“辰”字的谥号。

重耳当上门女婿的事暂且放在一边。晋怀公得知重耳抵达秦国后，心中也是惴惴不安，于是使出了釜底抽薪的计策，颁令凡晋人追随重耳逃亡在外者都要限期归晋，逾期未归者处以灭族的惩罚。

这一招非常毒辣。大家想想，假如重耳没有了狐偃、赵衰等一帮文臣武将的辅佐，那不就成了光杆司令？还混个毛哇！

晋国旧臣中追随重耳的，当属狐毛、狐偃兄弟最引人注目，不仅因为兄弟俩自己本事了得，还因为他们的父亲狐突是朝中元老。

晋怀公希望狐突能够率先垂范，把两个抗拒朝廷的儿子召唤回来，于是亲自上门做策反工作。

不料狐突老而弥坚，掷地有声地说：“二子忠于重耳，犹如朝臣忠于国君，即使他们逃回来，我都要以不忠不义的罪名亲手处决，又怎么会吃了饭没事做主动把他们召回来呢？”

晋怀公气急败坏，竟然把这位德高望重的老臣给杀了。

对此，国内舆论一片哗然，朝野人人自危，不少实权派开始暗地里谋划发动政变，策应重耳回国。

秦穆公相时而动，一方面与晋国的栾枝和郤縠等人秘密联络，一方面调遣兵力，即时助重耳伐晋。

重耳与秦穆公一道将兵驻扎在黄河西岸，明天，他就要从这里渡河，朝着魂牵梦萦的绛城进发。

奔腾咆哮的黄河水裹挟着泥沙滚滚南去，带给人一种时空流转的沧桑与悲壮。重耳如同一根笔直的标杆般挺立在陡峭的河岸上，透过蒙蒙水雾极目远眺。

对岸就是他的故乡晋国，那里的土地雄奇秀丽，左手一指太行山，右手一指是吕梁；那里的人民勇敢勤劳，男儿不怕千般苦，女儿能绣万种花。

当他离开的时候还是年华鼎盛，再见面时却已是苍髯白发。虽然冷酷无情的时间已将浮生世事涂抹得难以辨识，但重耳的心中依旧慷慨激昂。

这世界上只有回不了的过去，没有到不了的未来，上天既然给了你一个机会，你就不要嫌弃机会来得太晚。

重耳，让我们从这里开始，一起见证又一个奇迹的诞生吧！

青春秘籍

公元前636年正月，渡河之日。秦国士兵鲜衣怒马，刀枪明晃，在秦穆公的指挥下依次登船，军容甚是严整。

这一切让重耳看着觉得很惬意，尽管春寒料峭，朔风呼啸，但他分明感到有一蓬热火将胸膛烧得滚烫。抬望眼，前程无限美好，仿佛花团锦簇的绛城已经触手可及，他真想竖起中指冲着黄河长啸一声：我重耳又回来啦！

从联翩的浮想中回过神来后，重耳满不在乎地令人将他昔日行走江湖时盖过的席褥和用过的炊具统统扔掉，对流亡团队中那些脸黑体瘦、浑身老茧的人也态度倨傲了起来。

马上就要翻身做主人了嘛，这些个邋遢老旧的东西，实在是有碍观瞻，破坏心情。须知他重耳的目标是直奔晋国国君之位，和丐帮帮主一点儿关系也没有。

狐偃默默地将这一切看在眼里，心中十分酸楚。酸楚不是缘于对流亡途中的痛苦回忆，而是缘于对日后前程的隐隐担忧。

呃，我说他二舅，您外甥经过九九八十一难，马上就要立地成佛了，您跟着他好歹也可以混个罗汉当当，怎的忽然如此沮丧呢？

狐偃苦着脸摇摇头。重耳富贵还未到手就先忘记了贫贱，谁知道他日后做了国君，会不会如弃敝屣，将追随他的一帮晋国旧臣扫地出门呢？自古鸟尽弓藏，兔死狗烹，与其相见，不如怀念，干脆就此别过，还能保全以往的一段恩义。

想到这些，狐偃放声大哭起来。

重耳觉得哭声很不和谐，不悦地问道："吾亡也十有九年矣。今将反国，夫子不喜而哭，何也？其不欲吾反国乎？"

狐偃抽抽搭搭地说："炊具是用来盛食物的，席褥是用来睡觉的，您却把它们全都扔了；手脚上有老茧，脸色发黑的，是劳而有功的人，您却对他们如此怠慢。现在我也有理由被您怠慢，心中说不出的哀痛，所以哭了。况且我背着马龙头和马缰绳跟随您巡行天下时，为了让您返国曾多次采用伪诈欺骗的手段，犯下了很多罪过。如今我自己都感到厌恶自己，又更何况您呢？"

说完，跪倒在重耳面前，把祭祀用的玉璧还给重耳，以示诀别之意。

重耳慌了，晋国的君位还没挪到自己的屁股下呢，就要先损失一名得力干将，那怎么行？于是赶紧承认错误，声泪俱下地说："你为我取得了国家，而不和我一起去治理，就好比为我树立了社神，却不和我一起去祭祀一样。这怎么行呢？如果我回到晋国后，有不与你同心的，请河伯做证！"

说完，重耳把玉璧投入河中，向河神郑重起誓他将与众人不离不弃，同享富贵。狐偃这才暗暗地松了口气。

重耳在演戏，看戏的却不止狐偃一人。

介子推将刚才发生的一幕尽收眼底，心中也十分酸楚。不过，他不是幽怨于重耳，而是伤心于狐偃。

在介子推看来，重耳归晋的最大意义是为了拯救国家和人民，做臣下的只管做牛做马、尽忠尽力就够了，史书自会为你留下几行记录。似狐偃这般旁敲侧击、悲情戚戚，与邀功请赏又有何异？十九年来，他们与重耳夙兴夜寐，备尝艰辛，但是大家同舟共济，又有谁叫过一声苦？如今胜利在望，反而患得患失，实在是有乖人臣之道，有失君子之义。

由此，介子推对狐偃生出许多鄙视，当即和狐偃离得远远的，准备混在三等舱里渡河。

尽管临行前发生了一些波折，但大军还是顺利地渡过了黄河。

在这支队伍里，无论是秦国人还是晋国人，都对晋怀公恨之入骨，因此整体士气十分高昂，一路高歌猛进，连破令狐、桑泉和臼衰三个城邑。

晋怀公心急如焚，赶紧将老爸的托孤重臣郤芮和吕甥派往庐柳坐镇，以当秦军。

郤芮和吕甥这两位是我们的老朋友，好久都不曾出来联欢了，这一次会给我们带来什么惊喜呢？

如果你以为郤芮和吕甥会脑筋短路，带领晋军扑上去和秦军白刃相接，然后杀身成仁，那你就错了。

他俩虽然为人贪婪、目光短浅，但是并不傻。能在你死我活的官场中混到现在这个级别，别的可以不会，明哲保身和见风使舵的本事那一定是烂熟于心、臻于尽境的。

眼见秦军兵锋猛锐，郤芮和吕甥高挂免战牌，龟缩在庐柳城里摆出一个防御姿态，等着秦军来攻坚。

这样的局势对于重耳和秦军来说非常不利。因为他们必须从河西提取补给，而补给线上，横亘着一条滔滔黄河，不是随便可以渡着玩的。所以，重耳迫切地需要与晋军速战速决。

但晋军死守不出，敬请秦军自便，这可怎么办呢？重耳的心情就像天边的乌云，低沉而阴郁。

秦军将领公子絷是一位经验丰富的指挥官。他认为战争是一门心理评估艺术，一支军队实力的强弱绝不仅仅在于军械的精良，还在于士兵的斗志、在于主将的谋略与决心。想搞定郤芮和吕甥，其实并不一定要打攻坚战，或许只需几句话就能解决问题。

就目前的形势来说，晋怀公视重耳为心腹大患，但这并不等于说晋怀公害怕重耳这个人。因为重耳既不是克塞，也不是凹凸曼，就算打针吃药也不可能单枪匹马杀进绛城去要了他晋怀公的性命。

晋怀公真正害怕的是以重耳为中心所会集的力量，以前他想通过连坐之法召回狐偃和赵衰等晋国旧臣，就是瓦解这种力量的一种尝试。

如果说，重耳带来的威胁，一开始还只是存在于理论中的话，如今却表现出了铿锵的质感。因为，他争取了到秦国的支持，而很显然，以晋国目前人心涣散的衰败局面，无论比拼肌肉抑或比拼气势，都绝不是秦国的对手。

看准了这一点后，公子絷决定恐吓或者说开导一下躲在庐柳城里的那两个家伙，于是派人将一封信送了过去。

公子絷在信里表达了如下两点意思。一是秦国不推翻晋怀公誓不罢休，二是欢迎郤芮和吕甥投明弃暗，秦国可以既往不咎。何去何从，你们两位看着办。

郤、吕二人高度紧张，拿着信简再三权衡。

因为，如何回复公子絷不仅关系晋国的命运，而且关系他俩自己的生死。晋国的命运反正是身外之物，上一点下一点无须斤斤计较，但自己的生死可就是一锤子买卖，绝对不能拿来开半点儿玩笑的。

晋国眼下打不过秦国，这是个明白无误的事实。也就是说，郤、吕二人如果负隅顽抗，或许可以在庐柳守上一年半载，但迟早还是难逃一死。而要想活命的话，唯一的出路就是投降，公子絷已经承诺不判处他们的死刑。

如此看来，公子絷信中所谓的何去何从，其实就是要求郤芮和吕甥在指定的时间里和平起义，否则后果自负。

可是，老油条就是老油条。在我们看来要么死硬到底，要么肉袒以降的丁字路口，郤、吕二人硬生生地走出了第三条路——弃守庐柳，退据郇城。

这样做既给了秦军一个台阶，又给了晋怀公一个交代，还给自己留下了进一步权衡观望的余地。

当然，这种聪明只能算作小聪明。因为它没有从根本上改变秦、晋两军的实力对比，只不过是把解决问题的时间过程拉长了一点而已，所以我们倒也无须担心战场形势会发生颠覆性转变。

秦军兵不血刃地拿下庐柳后，士气大振，趁势又向郇城掩杀。

重压之下，郤芮和吕甥再也没有心思耍花样，只得打开城门，自缚请降。

随后，狐偃与秦国代表以及郤、吕二人在郇城举行三方会盟，以协调下一步的行动方案。

紧接着，重耳入主晋军大营，取得了对晋军的实际指挥权。

鉴于重耳拥有了独立战斗的能力，而晋怀公手底下已经所剩无几，秦穆公遂挥师反旆，把夺取最终胜利的喜悦留给重耳独享。

消息传到绛城，晋怀公火急火燎，遍问群臣，求取御敌之策。

大臣中有的巴不得晋怀公早点儿下课，有的认为晋怀公气数已尽，因此一个个支支吾吾，推三阻四，谁都不肯站出来说上只言片语。

绛城束手无策，重耳却已马不停蹄地攻陷曲沃。晋怀公自知大势已去，仓皇逃到了高梁。

晋怀公脚底抹油，绛城顿时陷入了无政府状态。晋国暗中归附重耳的官员终于重见天日，于是颇有不少人组团到曲沃迎接重耳。

这一来引发了群体效应，晋国大臣无论之前是左派还是右派还是忽左忽右派，如今都争先恐后地装出一副等到花儿也谢了的憔悴样子。

重耳在曲沃一下子收罗了这么多官员，他的前敌指挥部差不多都能组织一个临时政府了。当然，更为关键的是，这也意味着绛城旧政权空心化，已经唾手可得了。

接下来发生的一幕，很多影视中都有过类似的展现。载歌载舞的老百姓箪食壶浆，鲜花飞溅，欢呼滚滚；总司令意气风发，频频挥手致意，指挥王师鱼贯入城。

就这样，重耳轻车快马地即位为君，史称晋文公。这一年，他已经六十二岁高龄了。

说他高龄，并非夸大其词。

我很清楚地记得，有消息称：国民党在大陆统治末期，中国人的平均寿命只有三十五岁。

春秋时期中国人的平均寿命几何，我们不得而知。但从物质生活和医疗救治水平的角度去考量，当时的人均寿命无论如何也不会超过20世纪40年代。

再者，按照古人早婚早育的风俗习惯来推算，六十岁起码是一个做曾祖父的年龄了，前提是他如果还活着的话。

然而，如果顺着重耳的足迹审视一下可以发现：他四十三岁流亡翟国，五十五岁流亡齐国，六十一岁流亡秦国，一路蹦跶，活力四射，哪有半点儿衰老疲敝的模样？

所以，这就引出一个极为严肃的问题：人怎样才能保持年轻。

对于不同阶层的人群来说，保持年轻的方法各不相同。

做工的就不必说了，他们一天到晚锻炼身体，一日三餐饮食清淡，想不年轻都难。

当差的因为忧国忧民，日理万机，身体极易出现早衰症状，所以要吃饱玩好，务必注意劳逸结合。

唱戏的因为致力于文艺的繁荣昌盛，任重道远，只能在脸上拉皮埋线，受点儿皮肉之苦也在所不惜。

至于想和初恋天荒地老海枯石烂的热血青年，如果能吃到传说中的唐僧肉，实现梦想也并非没有可能。

“海棠老师，有没有一种方法，简单方便，男女适用，老少咸宜，不用花钱买，也不用费力学呢？”

“这个嘛，也是有的。保持年轻的终极秘诀，其实就是要拥有一颗不安分的心。”

年轻是一种难以衡量、难以评估的东西。

有的人认为年纪小是年轻，有的人认为身体棒是年轻，有的人认为心态好是年轻，对于这三种观点，我都不认同。

人活在这个熙熙攘攘的世界上，会认识形形色色的人，会遭遇五花八门的事。有的人阻止自己与外部环境协调变化，循规蹈矩，故步自封；也有的人会随着这种不断变化的外部环境跌宕起伏、辗转腾挪。

对于前一种人，不管他现在是四十岁，三十岁，还是二十岁，我都觉得已经不再年轻。因为他的生活模式不会再有变化，看着他的今天就能知道他的昨天和明天，他的人生已经走到了尽头。

对于后一种人，不管他现在是五十岁，六十岁，还是七十岁，我都觉得依然年轻。因为他在不断地调整自我、突破自我，他的人生还有无尽可能。

以重耳为例。当年骊姬乱政，诸公子遭受迫害，假使他也如同正直厚道的申生一般谨小慎微、逆来顺受，那他早就变成冢中枯骨了。如果这样你还硬要说重耳和年轻有什么关系的话，最多也就是“这么年轻就死了”。

在流亡路上，重耳遭遇追杀，遭受羞辱，几经困厄，急转的形势和残酷的现实一次又一次地打击他、折磨他、玩弄他。

假使他觉得这就是上天给他安排的命运，挣也挣不脱，逃也逃不离，于是自暴自弃，丧失了继续斗争的勇气的话，那他人生的休止符就将画在他曾经停靠的某个国家，他留给世人的印象也不过是个东奔西逃的老匹夫罢了，哪还会横空出世成为雄姿英发的春秋霸主晋文公呢？

所以说，人不能安分守己，要抗争，要超越，要充满革命激情，绝不能停止追求的脚步。

只有这样，他才能不断地给人以眼前一亮的清新感觉，他才能不断地散发无所不能的迷人气息，他才能不断地让人信任他、依赖他、服从他。

也只有这样的生命，我们才可以称为年华不老，青春永驻，生生不息。

最后的疯狂

晋文公即位后立即派人赶赴高梁，借了晋怀公肩膀上的一样大件回来，接着向秦穆公汇报战果，顺便捎了一堆名优土特产过去。

过渡性的工作干完后，晋文公就要热火朝天地实施理政治国计划，将心中的宏伟蓝图付诸实践了。在他眼中，满是收拾金瓯一片，分田分地真忙的动人场景。

不过，此时的晋国，表面上看一片开业大吉的兴旺气象，其实一个可怕的阴谋已经在紧锣密鼓地筹划之中。

阴谋的幕后黑手不是别人，正是在郇城投降重耳的郤芮和吕甥。他俩准备纵火焚烧公宫，然后趁乱刺杀晋文公。

要解释郤、吕二人叛乱的原因很难，这是一个复杂的心理分析过程。

郤、吕二人作为晋惠公和晋怀公的心腹，以前挖空心思、变着法子要将重耳置于死地而后快。重耳对他俩的仇恨，那真是有如滔滔江水，连绵不绝，又如黄河泛滥，一发而不可收拾。

搞笑的是，如今角色置换，重耳成了晋文公，郤、吕二人成了晋文公的臣子。昔日势不两立、不共戴天的敌对双方竟然站到了同一个屋宇下，那份尴尬可想而知。

晋文公稍微轻松自在一点儿，毕竟他现在处于优势地位，尽可以不显山不露水，一天到晚不动声色地看着郤、吕二人。

郤、吕二人猜不透晋文公的想法，心里发毛哇，宁愿晋文公给他们来个连降九十级，贬为庶民回家种红薯。总之只要坐实他们的不死之罪，就好过目前这种忐忑不安、担惊受怕的非人的生活。

“海棠老师，公子絷不是曾经答应保障他俩的人身安全吗？”

“叽叽，你太天真了！”

如果是秦穆公做出的承诺，晋文公或许会卖他一点儿面子；如果是晋文公自己做出的承诺，以重耳的人品而言，我相信他也不会反悔。

公子絷才什么级别？

他能代表秦穆公还是能代表晋文公？他只不过是一个工具而已。

工具的概念是什么？

工具的概念就是，做对了是上司的功劳，做错了是自己的罪过。

晋文公如果要杀郤、吕二人，大大方方推翻公子絷的错误决定就是，一点儿心理障碍都没有。

上面这些分析是郤、吕二人思想斗争的真实写照。而晋文公诛杀晋怀公，则使得他们进一步坚定了自己的想法，即晋文公果然开始秋后算账了。

既然如此，难道坐以待毙？

不可能。狗急了都要跳墙，兔子急了还要咬人，何况是两个在晋国经营多年、根深蒂固的卿大夫？

郤、吕二人找来了一个叫勃鞮的公公，准备派他去执行刺杀晋文公的任务。

勃鞮这个人本书不是第一次提及，他之前抛头露面已经很多回了。

勃公公是个武功高手，年轻时循着欲练神功必先自宫的法门练就一身绝技，对付女人不行，对付男人端的是万分凶残。晋惠公和晋怀公前后两次捕杀重耳，派的就是此人。

当着郤、吕二人的面，勃鞮满口答应，保证绝不辜负领导的期望与重托。

郤、吕二人经略国家的本事没有，搞起政治斗争来却是轻车熟路。为了保证一举成功，他们还暗中策动党羽，聚集兵甲，只等公宫火起，就让黑白无常敲锣打鼓来迎娶晋文公。

我可以负责任地说，假使郤、吕二人的计划得以顺利实施，晋文公十有八九是难逃一死的。

郤、吕二人乃三世老臣，门生故吏遍布朝野，政治动员能力非常强大，可以调动的资源也很多。一旦他们铆足了劲儿叛乱，初来乍到的晋文公在没有秦军就近支援的情况下，急切之间根本无法应付。

因此，用危在旦夕来形容晋文公现在的处境是一点儿都不为过的。

可是，人算不如天算，郤、吕二人足以改变历史进程的阴谋竟然很快就泄露了出去。

拯救晋文公的，是叛乱三人组的执行委员勃鞮。

勃鞮这人虽然下面少了一根筋，但智商一点儿也没有受到影响，他知道要想在阴暗凶险的政治旋涡里生存下来，最重要的一条行为准则就是别站错队伍。

勃鞮是个公公，而公公的荣华富贵只有一个来源，那就是国君。只有死心塌地地忠于国君，才是做公公的前途所在。

更何况，晋文公外有秦国支持，内有狐偃和赵衰等一班精英效死，即便杀了他，作乱的人也终究不会有好下场。

倒不如立即前往晋文公处揭露郤、吕二人的阴谋，不但可以消除前愆，还可以用首告之功作为进身之阶，一举数得，何乐而不为？

晋文公得知勃鞮求见，又回想起了昔日遭受追杀，狼狈逃亡的辛酸往事，气不打一处来。于是派人传话出去："蒲地那一次，国君令你次日前来杀我，你连夜就赶来了；后来我逃到翟国，国君令你三天后前来杀我，你才过了两天就赶来了。你速度倒是挺快的哈！我招你惹你了，你对我有这么深的仇恨？如今我那只被你斩断的袖子还在，你赶紧给我滚吧！有多远滚多远！"

勃鞮既不畏惧，也不难堪，对着传话筒说："小臣以为您回国之后，已经懂得君臣之道了呢，搞半天原来还是不懂啊！那敢情您又得出逃了。执行国君的命令，讲究的是六亲不问，一心一意，全力而为。以前您只不过是个蒲人和翟人，国君要我杀您，我有什么理由不杀呢？再说了，当年管仲一箭射中齐桓公的衣带钩，衣带钩总比衣袖口要更加接近躯体的要害位置吧？而齐桓公非但没有怨言，反而任用管仲为国相，并因此称霸诸侯。您就不能学着齐桓公把气量放大点儿吗？如果您不能容忍我，我可以自己走人。只不过，到时候离开您的人肯定很多，绝不止我这样受过宫刑的小臣。希望灾祸降临时，您不要后悔！”

晋文公哑口无言，赶紧召见勃鞮，好烟好茶伺候，就此得知了郤芮和吕甥的全盘计划。

摆在晋文公面前的局势已经危险到了极点。想要绝地反击吧，又担心自己刚刚回国，根基未稳，强龙不压地头蛇。而且筹备过程中倘若叛党听得风吹草动，提前发动袭击，辛辛苦苦十几年的晋文公就要一夜回到解放前了。

狐偃为安全起见，建议晋文公到秦国去避避风头，顺便请秦穆公派军来剿灭郤芮和吕甥等叛党。

晋文公审时度势，深以为然。不就是打个游击战嘛，他前前后后都操练十九年了，谁怕谁呀？

于是，晋文公稍作布置，乔装打扮，神不知鬼不觉地走小路跑到了黄河西岸的王城，并见到了秦穆公。

郤、吕二人不知晋文公金蝉脱壳去了秦国，过了几天仍然按照预定计划在公宫趁夜纵火杀人。勃鞮免不了也要虚张声势，上蹿下跳地掩饰一番。

一干人等加班加点，挥汗如雨，从半夜忙活到天亮，烧毁了许多公共财物，杀害了许多无辜宫人，唯独没有发现晋文公。

生不见人，死不见尸。

郤、吕二人此刻的感受，无比郁闷，无比紧张。

晋文公这老儿年纪一大把的，能跑到哪里去呢？

上下前后左右到处瞅瞅，忽然又感到脖子发凉，冥冥中觉得晋文公变成了一个来无影去无踪的剑仙，随时会从暗中激射而出，一剑取了他们的首级。

怎么办？不管晋文公是死是活，总之是不见了，如何给世人一个交代呢？郤、吕二人此刻的感受，其实与作乱前略无二致，一样进退维谷。

既然找不到，那就别找了，赶紧立个新君，把方方面面关注的焦点从晋文公失踪一事上转移开来。郤、吕二人也可以凭借拥立之功，稳稳当当地获取一点儿安全感，最近这种感觉太稀罕了。

那么，选谁作为新君呢？这看起来是个内政问题，其实却是一个外交问题。

重耳这些年流落江湖，做得最多的事情，第一是逃命，第二就是娶老婆，一路走来，生的孩子多得都能组建一个排级规模的童子军了。

不过，因为重耳才刚刚回国，这些公子都还跟着名分未定的老妈住在外公家。所以到底立哪国的外孙为晋国国君，就直接影响到了晋国与该国的外交关系。

而目前晋国局势动荡，外交关系实在是影响晋国政治走势的关键力量。

想来想去，郤、吕二人的目光落在了一个叫雍的公子身上。

公子雍不是重耳在外面撒的野种，而是重耳当年还在晋国做公子时，一个叫杜祁的妾为他生的儿子。公子雍眼下正在秦国混衙门，而且职务还非常显赫。

郤、吕二人搞政变，最害怕的就是秦国干涉，而迎立公子雍为君，可以很大程度安抚秦穆公的情绪，理顺里里外外的利益分割。

计议妥当后，郤、吕二人派勃鞮前往秦国迎接公子雍。

勃鞮本来还在发愁，如何将晋国的情况秘密通报给秦穆公和晋文公知道，现在假公济私，拿着郤、吕二人的手令堂而皇之地出发了。

渡过黄河就是王城，勃鞮和晋文秦穆两位国君一合计，嘿，正好可以演一出双簧，将郤芮和吕甥彻底捡抻[①]。

于是，勃鞮带着一封秦穆公亲笔签名的信折返晋国，邀请郤、吕二人亲赴王城，共商扶立公子雍大计。

郤、吕二人自勃鞮走后，一直坐立难安，计日以俟，眼巴巴地等着勃鞮快点儿回来，是死是活给个痛快。

就在这样焦躁的等待中，郤、吕二人的思维开始变得迟钝，辨识能力与防范意识都降到了最低水平，因而不可避免地由一个阴谋的筑造者渐渐沦为了另一个

① 湖南方言，“弄死、打败”的意思。

阴谋的构陷者。

接到勃鞮的回报后，郤、吕二人欣喜若狂，一刻也不想耽搁，哼着小曲蹦蹦跳跳地往秦国而去。

渡过黄河后，已有秦军在此恭候，车马护驾，里三层外三层围得严严实实地直奔王城。

郤、吕二人一看这安保级别，更加深信不疑了。啊，天空为什么这么晴朗，花儿为什么这么芬芳，鸟儿为什么这么欢畅，我们的幸福生活哇，一年更比一年强啊，一年更比一——年——强！

秦穆公接见来自晋国的客人。双方叙礼已毕，便开始谈论迎立公子雍之事。

郤、吕二人原以为秦穆公会拿晋文公失踪的悬案来责难他们，接着还会就同意公子雍回国开出种种严苛的条件。对这些，郤、吕二人都有充足的心理准备。

无论秦穆公骂什么，他们都说骂得好，心里默念“骂你老爸呀”；无论秦穆公要什么，他们都说要得对，心里默念“要你老妈呀”。

总之，豁下这张老脸，只要把公子雍迎回去，就一切好办了。

不料，秦穆公一点儿也没为难他们，正式谈判的第一句话就是：“新君即在此处，尔等可与之同归。”

郤、吕二人十分欢喜，心想这秦穆公倒也干脆，于是摆出一副枯苗望雨的神情说：“新君何在，愿求一见。”

秦穆公拍拍手说：“新君可出矣。”

只见帷幕后面，一个人双手交叉互抱，缓缓地踱了出来。

郤、吕二人正欲叩头行礼，忽然察觉气氛有点儿诡异，揉揉眼睛仔细一看，这哪里是公子雍，分明是晋文公重耳嘛！

太惊喜了！太刺激了！郤、吕二人浑身酥麻，一下瘫软在地，智商瞬间倒退五十年。

秦穆公亲热地给晋文公看个座，然后指着郤、吕二人的鼻子厉声大骂：“无耻小人！寡人与晋君待尔等何厚，不意尔等狼子野心，竟敢行此大逆不道之事！”

二人慌乱之中看见勃鞮正在一边狞笑，这才明白原来从头到尾被算计的恰恰就是他们自己，自卑与绝望的心情顿时如同海啸般铺天盖地而来，不知不觉人已经开始就地打滚，含混不清地嘶喊告饶。

晋文公稳坐高台，眼观鼻，鼻观心，好像这事与自己一点儿关系也没有，下面闹腾的不过是两只弼马温而已。

秦穆公怒气未消，喝令左右道：“来人哪，将此二逆推出去，乱刀剁了！”

四条猛汉应声而入，叉起郤、吕二人往外就拖。

晋文公忽然很平静地说：“慢。”

猛汉应声而止。

郤、吕二人两眼放光，又重新燃起了生存的希望。

晋文公头也不抬，温温吞吞地说：“剁细点儿。”

郤、吕二人眼前一黑，当即陷入了重度昏迷。

郤芮和吕甥一死，晋国的反政府势力也树倒猢狲散，顷刻间土崩瓦解。

晋文公松了口气，带着秦穆公赠送的三千名卫士，一年之内第三次横渡黄河，浩浩荡荡地回到了绛城。

浮华背后

郤芮和吕甥被剁的消息传回晋国后，绛城的那些叛逆余党都胆战心惊，唯恐下一秒晋文公就会派人前来抄家问罪。因此谣言四起，人心惶惶。

谁知，预期中的肃敌运动并没有变成现实。

晋文公回国后，立即颁布赦令，表示不会追究郤芮和吕甥的同党，大家尽可以放心大胆地继续上班，工资和奖金也会照常发放。

这这这，不可能吧？

郤、吕团伙妄图弑君篡国，犯罪手段极其残忍、犯罪情节极其恶劣、犯罪后果极其严重，放到其他任何地方不是炸油锅就是浸猪笼的，没理由就这样轻描淡写地一笔带过哇！

晋文公你真诚一点儿好不好？

应该说，晋文公在如何处理这帮乱臣贼子的问题上着实费了一番心思。

晋国自骊姬乱政以来，这么多年一直持续动乱，不仅蒸蒸日上的发展势头被打断，而且大有被秦国全面压制的危险。这样的情形是令晋文公痛心疾首的。

要想挽回晋国的颓势，当务之急就是要创造安定团结的国内环境，再也不能自相残杀损耗国力了。

自古成就非常之事者皆有非常之忍。别人要杀你，你以血还血，以牙还牙，这不过是匹夫之怒罢了，没什么好稀奇的；别人要杀你，你宽宏大量，既往不咎，这叫以德服人，只有心灵强大的智者才能做到。

晋文公就是希望通过摒弃私人恩怨，将晋国的旧势力感召到自己的麾下，同心勠力开创晋国的复兴之路。

赦令颁布后，一部分叛党麻起胆子战战兢兢地到衙门视事。但还是有相当一部分叛党心存疑虑，躲在家里不敢出门。

晋文公忧心忡忡，如何才能让这些进时如虎、退时如鼠的贱人相信，他是真的大人不计小人过，准备当个屁一样地放了他们呢？

一天，门吏通报说有个叫头须的人在外面求见。

头须就是重耳从翟国出奔时，盗走重耳全部财物，害得重耳一行沿路乞讨、几乎饿死的那个家伙。

听得此人求见，晋文公顿时无名火起，恨不得使出隔山打牛的绝招，冲着墙壁一掌将头须击毙。

暴怒之际，晋文公忽然想起自己现在正在收买人心，不能意气用事。于是硬生生地收回掌势，气咻咻地让谒者传话，说自己正在洗头，不方便接见。

头须对谒者说："洗头的时候心会倒过来[①]，心倒过来的话脑筋就会出毛病，难怪我不能被接见了。跟从流亡的是牵马效劳的仆人，可留在国内的也是国家的守卫呀（头须携钱财逃回晋国，但后来为迎接重耳回国也出了力气），既然这样，又何必怪罪留在国内的人呢？身为国君如果跟普通人结仇，那天下的仇人就不可尽数了。只是，一个国君倘若真的如此不得民心，治理国家只怕也是瞎扯淡吧？"

晋文公心里默念了一个字，也不知道是在骂谁，然后让人把头须放了进来。

---

① 古代没有淋浴，洗头的时候必须俯下身子，把头垂下去，形成胸腔在上而头在下的姿势。

头须还是老样子，留着八字髭须，一双小眼睛里闪烁着狡黠的光芒。

晋文公问道："你当年偷光了我的财货潜逃，如今怎么还有脸来见我呀？"

头须也不谢罪，反而问道："如今郤、吕余党奉赦旨而逡巡观望，您将安之以何策？"

晋文公心里一动，我就知道你小子没点儿鬼马心思是不敢来见我的。嘴里却是客客气气地向头须请教。

头须忽然收敛起进来时大大咧咧的神情，十分谦卑地说："臣昔日盗窃您的财物，致使您困厄于路，罪愆深重，天下皆知。倘若您恕臣无罪，与臣跨车马而同游于街市，大家一看，哟嗬，连头须那个遭千刀杀的浑蛋都被赦免了，那还有什么罪过是国君不能饶恕的呢？如此，郤、吕余党可尽释其疑矣！"

头须说一句，晋文公心里骂一句。等到头须说完，晋文公再次催动掌势，噼里啪啦双手互击，叫好不迭。

次日，君臣依计而行，于是朝野震动，叛党皆倾心归服，晋国翕然皆安。

彻底摆平郤、吕叛乱事件后，晋文公终于在国内站稳了脚跟。当然，这并不是说万事就绪了，目前还有两件重要的事情等着晋文公处理。一是确立夫人的问题，二是论功行赏的问题。

先看第一个问题。

《左传》中陆陆续续提到了九位晋文公的妻妾。

流亡之前，晋文公婚配了两个女子，分别是偪姞和杜祁。其中偪姞的儿子欢是晋文公的长子，后来做了晋文公的接班人。杜祁生了公子雍，因为晋国有不纳公子的传统，所以公子雍一直在秦国政坛发展，最后官至亚卿[①]。

流亡之时，晋文公先是在翟国婚配了季隗，季隗生了伯儵和叔刘（晋文公第二次自秦国返晋后，季隗亦返晋，伯儵和叔刘则留在了翟国）；然后在齐国婚配了姜氏；接着在秦国婚配了文嬴、辰嬴和其他三名女子，其中文嬴没有生育，辰嬴后来生了公子乐，公子乐长大后出仕于陈国（晋文公第二次自秦国返晋后，把秦国五女一起接了回来）。

---

① 依周礼，卿士分上、中、下三级，次者为中卿，又称亚卿。

《史记》中提到晋文公婚配了一名周女，生子为黑臀[1]。

此时，晋文公的夫人虚位以待，到底立谁为夫人最合适呢？

我猜大家心中约略有一个答案了。可我要强调的是，立她为夫人，晋文公很大程度上也是情非得已。

没错，这个女子就是文嬴。

文嬴最大的优势在于她背后有一个强大的秦国，正是依靠秦国的鼎力襄助，晋文公才得以几进几出，屹立不倒。

眼下，晋国政局略定，还需要秦国这位保镖兼保姆时时照看。晋文公立文嬴为夫人，有利于借助秦国之力，帮他平稳度过即位之初的危险期。

可是，晋文公心里有一份大国雄主的强烈愿望，他不会因为个人的感激之情而冲昏了对时局的清晰思考。

当年他流浪到楚国时，楚成王盛情款待之余问了句“何以报我”，结果他霸气十足地回了句“辟君三舍”“与君周旋”。可见他相当有骨气，有追求。

对于秦国，晋文公必然也始终保持着深深的忌惮。

秦国与晋国国力相近，地理相邻，天生注定就是要互掐的；况且，就近期的两国竞争态势而言，秦国下手不可谓不狠，一口气吞下河西之地，还干涉晋国君位之争，对晋国的威胁越来越明显。

以晋文公的雄才大略，他当然不可能把晋国的国运交给秦国控制。

所以，立文嬴为夫人，只是晋文公的权宜之计。这个举动不能掩饰秦、晋两国根本利益的冲突，也不能保证晋国恢复元气后不与秦国再度翻脸。

而事实是，仅仅七年后，秦国就在一次秦、晋联合攻打郑国的战役中背叛了晋国；而仅仅十年后，晋国就在殽山设伏，全歼了远征郑国的秦军，那一仗，几乎就是一场不对称的血腥屠杀。

或许有人会问，晋文公这样腹黑，就不怕人家骂他过河拆桥吗？

我只能说，问这种问题的人还太肤浅，不了解顶级政治玩家的特点。

---

① 此子出生时，其母梦见有神人在他屁股上点了一颗黑痣，故得名。《左传》中只提到晋国有个公子叫黑臀，但未明言他的母亲是晋文公的妻妾。

你凭什么骂晋文公过河拆桥？过河拆桥又有什么错？自古没有永恒的朋友，只有永恒的利益，为了晋国的强大，除了拍死秦国，晋文公还有什么别的办法吗？

晋文公，晚生说得对不？下面进入第二题。

论功行赏是一门领导艺术。虽然说老大重视、老大率先垂范、老大身体力行、老大英明神武、老大吉人自有天相永远是一个团队取得成功的先决条件，但下属的拼死拼命和血泪劳作也是不可或缺的。

所以，在摘取胜利果实的时候，这当老大的就要考虑呀，怎么样才能让底下那帮兔崽子继续为我卖命呢？

只有利益均沾，从自己的碗里匀出一杯羹来，四处打赏打赏。贼船你上了，杀人放火你干了，不义之财你也分了，那好，这辈子你只能跟定带头大哥我，水里火里不回头了。

具体来说，论功行赏的标准是什么呢？这就要视情况而定了。

譬如打仗，那就比谁砍的脑袋多。当然，你一个人把对方全砍翻那就是头功。

对于晋文公来说，铭感于心的人应该就是追随他流亡的晋国旧臣。

那么多年，那么长的路，那么深重的苦痛折磨；一起喝的酒，一起流的泪，一起沥血盟约的铮铮誓言。

这些患难与共的生死之交，又岂是后来那些望风归附的人可比。

于是，晋文公将狐偃和赵衰等从亡之人风光大赏，各个封疆裂土，托以心腹之重，委以机枢之职。望风归附者也不吝封侯赐爵，加倍恩泽。满朝文武，大秤分金银，大口吃酒肉，荣华富贵，不可尽数。

熙熙攘攘，利来利往。得到了的人，自然欢天喜地；没有得到的人，则难免欲火中烧。

这天，流亡团队中的一个叫壶叔的小跟班，念念叨叨找晋文公讨要封赏。他说："您三次封赏功臣都没有轮到我，请问我有什么罪过？"

晋文公心知自己犯了疏忽，脑筋一转说："别急别急！用仁义教导我，用德惠规劝我的人，应受上等赏赐；以行动辅佐我，使我终于获得成功的人，应受次等赏赐；克服矢石之难，立下汗马之劳的人，应受到三等赏赐；假如只是用劳力侍奉我，而没有弥补我的错误，那就只能受到四等赏赐。前面既然已经封赏过三次了，那你少安毋躁，马上就会轮到你啦！”

壶叔见晋文公亲口许诺，这才蹦蹦跳跳地满意而归。

有人醉心功名，却也有人视功名为草芥。在狂欢的盛宴上，一个身影静静地离开这喧嚣的名利场，头也不回地飘然而去。

他，就是介子推。

介子推，夏县裴介村人，生年不详。

介子推追随重耳流亡十九年，重耳困顿不堪的时候，他割股啖君；狐偃邀功请赏的时候，他耻与为伍。一路走来，介子推忠心耿耿，无欲无求，是一条风骨极其硬朗的好汉。

如今，圣君即位，晋国复兴在望，所有的辛酸苦楚都有了回报，他还要这高官厚禄作甚？封侯非吾意，但愿海波平，既然心愿已了，徒留无益，那找个白云缥缈的地方与世无争地生活岂不更妙？

于是，介子推不辞而别，背着老母进入绵山，并在深谷中结庐而居。

晋文公得知介子推归隐不仕，心中甚是惘然，遂亲往绵山寻访介子推。

进得山来，但见层峦叠嶂，草木森森，溪泉鸣跃，鸟兽窜伏，哪有半点儿人迹可循？晋文公只好在山下安营扎寨，调动大军满山搜找。

数日之后，人马俱乏，介子推依然只在此山中，云深不知处。晋文公的心都碎了。

介子推，你到底在哪里？

你可知道，我们想念你。

晋文公对着高山喊：

“介大哥——”

山谷回音：

“他在这里，就在这里，

只是你们找不到而已。”

晋文公对着森林喊：

“介大叔——”

松涛阵阵：

“他吃得饱，也睡得早，

你们别来烦他好不好？”

晋文公对着溪泉喊：

“介大爷——”

流水淙淙：

“这里没有，那里也没有，

为什么你们还不走？”

找！继续找！介子与我等约以生死，不找到他，我有何面目再见从亡诸君？

于是，大家抖擞精神，山洞里，树杈上，草丛中，沟渠下，翻箱倒柜地找。

冬眠的狗熊给挖出来了，幽会的兔子受惊了，临盆的野猪吓得把孩子缩进去了，介子推没被找到的消息也传回来了。

苍天哪，大地呀，哪位天使姐姐行行好，帮我找到介子推吧！

就在此时，有个脑膜炎在旁边嘀咕了一句：“介子推事母至孝，若举火焚林，其必负母而出矣。”

晋文公焦头烂额之际，想都没想就挥手说那还不快去。

苦大兵早已筋疲力尽，唯恐坐着说话不腰疼的晋文公又发动第三波搜索，听得有捷径可走，赶紧山前山后四面放火，眨眼间，烈焰冲天而起。

三日后，介子推终于被找到了，准确地说，是介子推的遗骸被找到了。在绵山深处一棵烧焦的柳树下，介子推与母亲相拥而死，很明显，他们生前压根儿就没有突出火海的意图。

晋文公捶胸顿足，放声痛哭，抚心自责，噬脐莫及。

是的，介子推就这样被活活地烧死在了绵山之上。

有人觉得他傻。后来的太学生哭着喊着都要千军万马挤独木桥，你介子推放着好好的官老爷不做偏要跑到山里当野人，这不是有病吗？

对于这种论调，我不完全赞同。

每个人活在世界上，都会有自己的追求。有的男人追求女人，有的女人追求男人，有的男人追求男人，有的女人追求女人，总之彼此间的人生观与价值观存在着很大差异。

介子推独持偏见，一意孤行，是因为他的心目中只有国家的兴盛与人民的幸福，天地可鉴，日月可表。

当这种理念走向极致的时候，介子推就会不惜用死来证明，他之前所有的努力与付出真的没有掺杂半点儿私心，你硬要以论功的名义赏给他荣华富贵，他不会觉得满足，只会觉得耻辱。

一个旧式贵族，毫无利己的动机，把晋国人民的解放事业当作他自己的事业，这是什么精神？这是赤子报国的精神！这是天下为公的精神！

对于介子推的这种人生逻辑与行为方式，我也觉得他傻。但我知道，其实是我做不到而已。

介子推死后，晋文公将绵山改称为介山，将介子推隐居的山谷命名为介公岭。又规定每年在介子推死难的纪念日，凡晋国人严禁烟火，只吃寒食。他终究还是忘不了介子推。

三十年后，有人偶遇介子推在东海之滨卖扇，自谓海外有仙山，则居于是焉。介子推不在江湖多年，江湖尽是他的传说。

后世为了纪念介子推，曾专门为他立庙，称英毅圣王庙。

庙宇所在清幽，建制古朴，然而 1942 年被倭寇纵火焚烧，现在已经残破冷落，十分萧索。

英毅圣王庙就在山西省晋中市灵石县境内的张嵩村，有机会路过的朋友应当前去拜拜，中国不能没有介子推这样的风骨。

血色残阳

这节课，我们要把目光投向许久未曾关注的齐桓公。葵丘之盟是齐桓公人生的巅峰，过了这一峰，再往后可就都是下坡路了。

我在前文中曾提及，齐桓公于公元前 651 年出兵干涉晋国内乱，并于次年与周王室一道扶立晋惠公。这是齐国首次强力介入西北事务，大概可以算作齐桓公最后的风光。

在齐桓公余下的岁月里，他主要致力于两个方面的事务，一是处理周王室的动乱，二是继续与楚成王争斗。

在这些过程中，我们可以明显地感受到，齐桓公领袖中原的方式方法越见扭曲，政治斡旋能力与军事打击能力也大不如前。

首先看齐桓公处理周王室动乱的相关情况。

公元前649年夏，也就是周襄王即位的第三年，洛邑遭受了周边戎族势力的联合攻击。戎人一度攻进王城，并纵火焚毁了东门，局势极度紧张。

此次戎人入侵这么猛烈，一个非常关键的原因就是：周王室出现了分裂。三年前在王位争夺战中输给周襄王的王子带并不甘心就此顺服，处心积虑勾络戎人，造成了这起京师震动的重大事变。

当时，秦、晋两国正处在斗而未破的微妙时刻，双方又都有进军中原的构想，于是联手展开了对周王室的救援行动。

秦军和晋军攻打戎人，解了洛邑的困厄，不过戎人似乎也没有受到太大的损失。因为最终的结果是，在晋国的调停下，戎人和周王室选择了媾和了事。

然而，戎人侵周既因王子带而起，那么只要王子带还在戎、周的中间地带继续游走，周襄王就甭想过上安生的日子。

果不其然，戎人罢战未久就卷土重来，对洛邑隔三岔五地袭扰。周襄王透过现象抓住本质，决定直接拿王子带开刀。

公元前648年秋，王子带为了躲避周襄王的打击，逃奔到了齐国。同年冬，齐桓公派管仲赴洛邑，调解周王室和戎人的纷争。

这是一个非常奇怪的举动。它怪就怪在，一向以攘夷为施政口号的齐桓公，竟然摒弃过往那种与四夷不共戴天的强硬风格，改走了华夷并存的温和路线。

这个急遽转变背后的政治考量足以引起世人的惊诧与深思。至少在我看来，它要么说明齐桓公无力根除戎人对洛邑的威胁，要么说明齐桓公无心根除戎人对洛邑的威胁。

这两种可能性虽说只有一字之差，但其中蕴含的战略势态都耐人寻味。

无力一说反映了齐国远程投送兵力和在陌生环境下作战的能力已不能达到从心所欲的地步。无心一说则比较阴暗，隐隐约约透露出了齐国养寇自重的意味。

齐国综合国力下降这一条较好理解。因为自葵丘会盟起，中原诸侯就不同程度地与齐国离心离德，齐国所能获得的舆论方面和实质方面的支持力度，肯定都有了不小的滑坡。

养寇自重的目的则是为了创造一个突显齐国重要性的氛围，利用周王室有求于齐国来加强齐国对周王室的控制。

说来说去，周王室其实就是齐桓公的一个工具。

当齐国逐步壮大时，需要打着尊王的招牌以占据道义的制高点；当齐国鼎盛时，会情不自禁地谋求突破周王室设置的种种限制；当齐国由盛转衰时，它已不可能重新换回低调的面孔，而只能变本加厉地刻意攫取与虚张声势。

这个判断是否靠谱，我们可以找到旁证，那就是齐国竟然收留了背叛周王室的王子带。

收留一个政权的反对派，其用意无非就是制约当权派。齐桓公容许王子带流亡齐国，暴露出了他直接插手周王室内政的野心。

当然，周襄王戎患当头，也不宜和齐桓公翻脸，对于前来斡旋的管仲，他还是给予了极高的礼遇，即以上卿的礼节设宴款待管仲。

管仲逊谢说："我只是齐国的下卿而已，怎么能当得起这样隆重的礼节？况且齐国还有天子亲自任命的国氏和高氏二位上卿，要是他们前来朝见天子，天子又用什么礼节予以接见呢？"于是受下卿之礼而还。

按照《礼记·王制》的说法，天下诸侯分为大国、次国和小国三等，其中"次国三卿，二卿命于天子，一卿命于其君"。

齐国受封为次国，共有三卿，国氏和高氏为天子所命，管仲为齐桓公所命。虽然管仲的品级低于国氏和高氏，但实际上掌握着齐国的权柄，说他是齐国朝臣中的天字第一号人物恰如其分。

面对周襄王的破格赏赐，管仲能够安于本分，固守人臣之礼，这份谦逊与谨慎当真令人肃然起敬。

我一直认为，齐桓公政治生涯的起伏与管仲密不可分。他早年之所以能够称霸中原，主要是因为管仲倾心辅佐；而他最后之所以晚景凄惨，则主要是因为管仲先他一步离开了人世。

少了管仲的规劝与谋划，齐桓公就像是在云顶翱翔的雄鹰突然折断了双翼一般，难逃轰然坠入尘埃的命运。

我们在解读齐桓公霸业的骤然衰亡时，应当充分考虑良臣凋谢带来的损害。而事实是，出使洛邑已是管仲的谢幕表演，三年后的公元前 645 年他就死了。

公元前 647 年春，齐桓公派大夫仲孙湫出使洛邑，意欲促成周襄王与王子带和解。

但是，仲孙湫在朝聘的过程中，一路察言观色，小心试探，发现周襄王对于王子带叛周投齐一事余怒未消，水泼不进，只好悻悻而回。

这件事深深地刺激了齐桓公。在他的认识中，齐国就是周王室的守护神，若非齐国挺身而出，满世界执法维权，漫说周襄王无法继承王位，就是中原也早就沦为四夷的乐土了。

这样说来，周襄王对齐国的居中调解如此抗拒，岂不是给脸不要脸？又或者说，难道因为秦、晋出兵伐戎，展露出到中原一试身手的能力与兴趣后，所以周王室发现了扶植秦、晋以替代齐国的可能？

作为春秋史上空前显赫的霸主，齐桓公早已习惯了上上下下左左右右的恭维和遵从，任何对齐国的轻忽都会令他焦虑万分。

当感受到楚、秦、晋三强向中原进军的咄咄锋芒后，齐桓公意识到单纯依靠尊王攘夷已不能维持齐国在中原一言九鼎的绝对控制力。因此，赶在三强发育完全之前把周王室紧紧攥在手心里，成了齐桓公最后的出路。

基于这种考虑，齐桓公决定改变策略，给周襄王一点儿颜色看看。

入夏，齐桓公与鲁、宋、陈、卫、郑、许、曹诸国君主在咸地会晤。会晤的主题有两个，一是商议帮助杞国抵抗淮夷的侵袭，二是商议如何安定周王室。

入秋，仲孙湫再次出使洛邑。只不过，这一次跟在他身后的，不再是擎着文书、挑着礼物的些许随从，而是一彪持抢操刀的军队。

周襄王问仲孙湫：你想干吗？

仲孙湫说您别紧张，我们家老板说了，鉴于目前戎人猖獗作案，叫俺带几个兄弟免费为您提供二十四小时全天候保安。

周襄王扳着指头数仲孙湫带来的小弟，数完手指头又数脚指头，数了百十个圈，硬是没数完。

大概因为没看到周襄王有赦免王子带的迹象，两年之后，齐桓公又以防范戎人入侵为名，组织了一次发兵入驻洛邑的行动。

然而，面对齐桓公的逼迫与暗示，周襄王并不妥协，依然坚定地将王子带拒之门外。直到齐桓公死去多年后，随着国际形势的逐渐转变，周襄王才网开一面，允许王子带回归洛邑。

这个细节说明在齐桓公政治生涯的后期，齐国与周王室之间的信任危机保持在高位运转，我们亦可以将其视为齐桓公企图在周王室内部扶植代理人的计划宣告失败。

其次看齐桓公与楚成王争斗的相关情况。

公元前656年，齐桓公通过召陵会盟，重挫了楚国入侵中原的计划。

楚成王迫于形势，不敢北上与中原联盟正面抗衡，遂采取了避实就虚的策略，转而向东边的江淮流域挺进。

在齐桓公的战略构图中，江淮诸国只是配合北方正面战场牵制楚国的侧翼战线，齐国配属于此的综合力量并不强。尤其值得一提的是，其中的江国和黄国仅仅也就是在召陵会盟的两年前才归顺齐国。

因此，楚国选择在这个方向出击，算是找准了中原联盟的薄弱环节。

公元前655年，因为齐桓公干涉周王室子嗣之争，周惠王指使郑文公背叛齐桓公，中原联盟出现分裂。楚成王趁此机会，令鬬穀於菟领兵吞并了弦国。

弦国是齐、江、黄三国共同的姻亲，它仗着这个关系而不把楚国当回事，灭国注定只是个迟早的问题。

弦国虽然很不起眼，但它的灭亡，却拉开了齐国侧翼战线崩溃的序幕。

公元前654年，齐国组织联军攻打郑国，楚国适时策划伐许救郑的行动，一举解了郑国之围。

这场较量中，楚国虽然不敢与齐国硬碰硬，但反击手段堪称犀利。齐桓公睁着眼睛遭了楚成王的算计，却也无意与楚国直接交手，唯一能做的就是等到明年再继续找郑国算账。

三年后，齐桓公主盟葵丘，面子上倍儿风光，骨子里却已经埋下了诸侯离散的病灶，从此渐渐走下神坛。

公元前 649 年，王子带引群戎攻打周襄王，一时天下诸侯侧目，齐、秦、晋三强均卷入其中。

楚国抓住这个空当，以黄国“不共楚职（即不归附楚国）”为由，出兵伐黄，并于次年将它吞并，之后又吞并了英国。

弦、黄、英三国之所以一溜烟地改了户口，固然因为其本身实力弱小，不堪一击，但更主要的原因还是齐国主导的中原联盟无法提供及时救援。

更详细一点地说，江淮流域不是中原联盟重点设防的区域，诸侯对保守它的兴趣不大，而且中原诸侯对维护齐国的霸权心生倦怠，协助齐桓公攘楚的积极性也日渐冷淡。齐桓公若想复制八国联军伐楚的盛况，将面临诸多困难。

至于具体有多难，我们稍后就能通过一个援救徐国的事件来细细体味。

总之，弦、黄、英三国的灭亡标志着齐国侧翼战线的彻底垮塌，齐桓公的当务之急，就是赶紧把江淮流域最大的国家（也是楚国东进路线上即将攻掠的下一个目标）——徐国拉入自己的阵营，以阻止楚国接近齐国的核心利益区。

而恰在此时，徐国给予了齐国热烈的回应。只是回应的方式令齐国非常尴尬，因为它入侵了杞国（禹的后裔的封国）。

徐国是淮夷政权，杞国是齐国近邻。按理说，齐桓公即便没事也应该逮住徐国打着玩，如今徐国祸害华夏政权，更应该毫不犹豫地痛扁之才对。

可是，在楚国不断进逼的形势下，齐桓公已没有了转圜的空间。驱逐徐国只会将徐国推向楚国的怀抱，导致齐国的地缘政治环境进一步恶化。

所以，齐桓公非但没有对徐国用兵，而且为了讨好徐国，做出了一个让人大跌眼镜的决定。

公元前 647 年夏，齐桓公召集鲁、宋、陈、卫、郑、许、曹等国在咸地会盟，商议徐国侵杞之事。

开完会后，诸侯在缘陵（约在今山东省潍坊市昌乐县）草草筑城，然后把杞国一迁了事，任由徐国侵占了杞国故地（约在今山东省泰安市新泰市）。

齐桓公此举虽然有着难言的苦衷，而且确实也收获了徐国的归附，但它对齐桓公本人政治威信的损害是难以挽回的。

因为，中原诸侯越来越清晰地看到，以前那个急公好义、担当天下的中原霸主也会为了一己之私而抛弃做人的基本原则，不惜牺牲华夏族群的利益去迎合异族的欢心。

对此，史籍中多有挞伐。例如，《公羊传》就说："卜无天子，下无方伯，天下诸侯有相灭亡者，桓公不能救，则桓公耻之也。"《穀梁传》亦言："桓德衰矣。"

齐桓公迁杞次年春，楚成王以徐国亲齐为由，兴兵攻伐。

齐桓公随即召集宋、鲁、陈、卫、郑、许、曹在牡丘会盟，重温葵丘之誓，商议联军抗楚救徐。

八国联军，阵容浩大，声势是搞起来了，但诸侯的斗志却不容乐观。

联军行进到匡地（约在宋国境内）后，因为畏惧楚国兵锋，诸侯再也不敢整体向前，只抽调了部分兵力赶赴徐国。

这种战法固然可以避免主力部队意外遭受重创，但显然也不可能将强大的楚军击退。于是，徐国的战火从春季延绵至秋季，双方就这样耗上了。

拖到后面，齐桓公逐渐感到吃力，遂遣偏师攻打楚军后方的厉国。

厉国属于楚国阵营，又地近楚国腹心，楚国不能不救，徐国方向的战事也就此得到暂时的纾缓。

然而，就在战局稍微缓和之际，联军内部却又出了乱子。宋国因为旧怨而攻击了曹国，暴露出中原联盟的裂痕。

齐桓公处理中原诸侯内讧的案例，我们曾经见识过一次。

公元前679年，刚刚在鄄地主盟的齐桓公同宋国一起攻打郳国。郑国趁宋军主力外出，就偷袭了宋国。齐桓公后来为此邀集诸侯攻打郑国，以惩罚郑国破坏联盟的行为。

但是这一次，宋国于楚患未靖之时在联盟内部挑起事端，史籍中却找不到齐桓公惩罚宋国的相关记载。很显然，此时的齐桓公已经焦头烂额，根本无暇进行内部整顿。

可是，齐桓公无暇，楚成王却有暇。一看齐桓公自乱阵脚，楚成王便毫不犹豫地再次伐徐，并在娄林取得重大胜利。

公元前644年夏，齐国十分罕见地单独出兵攻打厉国，以之作为对徐国的救援。

齐桓公自称霸中原以来，动辄组建诸侯联军开展军事行动，处处显示出周王朝执法者的优越与威权，结果也基本上是无往而不利。

既然联合出兵这种方式成本经济且效果显著，那为什么齐桓公会弃之不用呢？

对此，史籍中没有揭示具体原因。但这不妨碍我们做出最简单的推理。假设齐桓公有能力组建诸侯联军，他会不愿意组建？不可能，连山姆大叔都懂得群殴制胜的道理。

所以答案是，齐桓公当时在中原内乱以及诸侯离心等因素的联合制约下，已经丧失了随心所欲召集诸侯的能力。

当然，假如不出意外，以齐国的实力，单挑厉国应该还是十拿九稳的，中原霸主嘛，传统大国嘛。

可是，故事情节的演进有时候就那么惊悚、那么搞笑。齐军在厉国转悠了一圈，硬是没讨到任何便宜，打哪儿来又回哪儿去了（次年，齐桓公又单独攻打楚国的英国故地，以报复娄林之役，结果也是不了了之）。

更惊悚的还在后面。当年十二月，齐、鲁、宋、陈、卫、郑、许、邢、曹九国诸侯在淮地会盟，商讨帮助鄫国抵挡淮夷侵袭的议题。

淮地会盟无论从与会诸侯的数量还是从与会诸侯的实力来看，都堪称成色十足的中原群英会，其规模为齐桓公平生所罕见。

假如从这套班子里去掉一个邢国，那齐桓公曾经率领他们于公元前 656 年在召陵逼迫楚国向北方低头；再去掉一个陈国，齐桓公亦曾经召集他们于公元前 651 年在葵丘见证自己接受周天子特赐胙肉、弓矢和天子车马的巅峰时刻。

那么，如果认为齐桓公为了鄫国那点儿屁事就如此兴师动众是小题大做的话，你们就大错特错了。因为，接下来发生的一幕，简直令人不敢置信。

盟会结束后，各诸侯国响应齐桓公的号召一起帮鄫国筑城。按照众人拾柴火焰高的逻辑，这么多人一起劳作，城墙应该噌噌噌直往上蹿才对。

可事实不是这样。各国的役夫干活时，一个个三心二意，无精打采。

工程尚未结束，有天夜里，也不知是谁跑到附近的小山岗上朝着宿营地嘶吼了一声："齐国发生动乱啦！"

于是乎，大家立即精神抖擞，个个奋勇当先，不约而同地抛下筑城工具各自打道回府了。

等到太阳出来的时候，施工现场只剩下半截城墙，满地狼藉，还有空气中那挥之不去的混乱与颓丧。

值得一提的是，九路诸侯只有鲁僖公一个人没回国。

鲁僖公一个人没回国的意思就是说，他手下的人马回国了，而他本人没有。他到哪儿去了呢？被齐桓公扣押了。

齐桓公为什么要扣押他？因为淮地会盟期间，鲁国出兵灭亡了项国。齐桓公认为鲁国存心添堵，就把罪责都堆在了鲁僖公身上。直到九个月后，鲁国夫人声姜（齐女）与齐桓公在鲁国的卞地会晤协商，齐桓公才把鲁僖公放了回去。

淮地会盟的后续发展反映了齐国的虚弱和齐桓公领导下的中原联盟的种种乱象。想不到齐桓公在中原舞台上的最后一次公开露面，竟是如此意境萧索。

叙述完齐桓公晚年职业生涯的大致脉络后，接下来要讲的，是他个人命运的归宿。

公元前 645 年，管仲逝世，临死前，齐桓公亲自往视，并以身后之事相询。

所谓身后之事，一者谁来继任齐国的相国，二者谁来继任齐国的国君。说实话，这是两个任谁拿着都觉得烫手的问题。

先看看管仲接班人的问题。

当时，齐桓公殷殷地问："群臣谁可相者？"

管仲则恹恹地答："知臣莫如君。"

齐桓公急了，暗想：爱卿你这眼看就要永远活在寡人心中了，怎么还有心思玩棉花呀？

其实，管仲不给出正面回答，自有他的难处。

首先，共同托起齐桓霸业的隰朋、甯戚、宾胥无和鲍叔牙等名臣，能力虽然出众，但他们与管仲基本上属于同一个世代的政治人物，不适宜作为后任相国。

甯戚和宾胥无生卒年月不详，但公元前 645 年及往后的史籍中都找不到他们的事迹记录，想来已不在人世；隰朋与管仲同年逝世；鲍叔牙亦只多活了一年。

其次，即便是“桓管五杰”中目前看起来身板还相对硬朗的鲍叔牙，也不是标准的相国人选。

鲍叔牙这个人，刚正不阿，疾恶如仇，那真是对待同志像春天般温暖、对待敌人像冬天般残酷。

鲍叔牙既然负有如此贤名，兼具举荐管仲的私情，管仲为什么不反过来举荐他呢？

我只能说，管仲实在是参透了治国的精髓。

治理国家是一门学问，上古贤相伊尹对此有过极其精辟的论述——治大国若烹小鲜。

烹饪菜肴的时候，口味不能太清淡也不能太浓烈，需要把油盐酱醋调和起来使用；管理国家的时候，吏治不能松弛懈怠也不能操之过急，需要把好人、坏人、不好不坏的人、有时好有时坏的人统统整合到一起，因地因时地容忍他的缺点，用尽他的长处。

以鲍叔牙非正即邪的作风，忠臣固然可以当道，能臣未必可以容身。

你鲍叔牙有本事独善其身，你还能兼济天下？你总得凑个班子来帮忙处理那些错综复杂、烦琐碎屑的政务吧？朝堂上站着一水的道德模范，你就靠他们？阿、阿、阿嚏！

最后，齐桓公晚年逐渐昏聩，随着鼎盛时期的那批人才逐渐凋零，他的身边开始充斥各色各样的小人，大有佞臣当道之势。

管仲既没有十分合适的人选可以举荐，又想试探齐桓公对小人们到底亲信到了什么程度，所以故意把皮球踢还给齐桓公，看看齐桓公发自内心地属意何人。

果不其然，齐桓公随后就提到了雍巫、开方和竖刀的名字。

管仲心中一阵绞痛，这些正是他最不放心的人。

雍巫（字易牙），男，厨子出身。

齐桓公听说他精于美食，就开玩笑说自己天上地下什么东西都吃遍了，唯独没有吃过人肉，深以为憾。

雍巫听了也不作声，第二天就给齐桓公献上一盘蒸肉。

齐桓公没有在意，吃一口后发现这肉粉嫩如羊羔，但甘美过之，于是食指大动，一口气吃了个精光，回头再问雍巫这是什么肉，怎么这么好吃。

雍巫平静地说这是人肉。

齐桓公大惊，忙问是从哪里弄来的。

雍巫面不改色心不跳："是臣之子的。为了国君，小臣不敢爱惜儿子。"

齐桓公感动得稀里哗啦，遂将雍巫引为心腹。

开方，男，卫国公子出身。

十五年前，开方出使齐国，见临淄繁荣华美，就恳求留仕于齐。这人大概有些政务能力，最终成为齐桓公晚年的重臣。

齐国和卫国相距甚近，开方这么多年硬是没有回去探过一次亲。

竖刀（亦称寺人貂），不男不女，男人出身。

这个东西没什么好说的，就是主动割了茶壶嘴嘴，自绝于祖宗，然后恶补家政学，进宫把齐桓公服侍得熨熨帖帖，成了齐桓公的首席生活秘书。

管仲对齐桓公说，这三个人是奸佞之臣，切不可过分亲近。

齐桓公说，雍巫烹子以适君之口，是爱君胜于爱子；开方去卫国而就齐国，是爱齐胜于爱卫；竖刀自宫以事君，是爱君胜于爱己。这样的人还有什么好怀疑的呢？

管仲摇头说，人情莫爱于子、莫亲于父母、莫重于身，这三个人可以抛弃人之常情，又怎么能够期望他们忠君爱国呢？

齐桓公无言以对。

管仲再三叮嘱：我死之后您一定要将他们驱逐，否则齐国堪虞。

齐桓公木然点头。

再看看齐桓公接班人的问题。

一代雄主齐桓公有个众所周知的兴趣爱好，那就是贪好女色。

《管子·小匡》中记载了一段很有趣的对话，兹引述如下。

（齐桓）公曰："寡人有大邪三，其犹尚可以为国乎？"

（管仲）对曰："臣未得闻。"

公曰："寡人不幸而好田，晦夜而至禽侧，田莫不见禽而后反。诸侯使者无所致，百官有司无所复。"

对曰："恶则恶矣，然非其急者也。"

公曰："寡人不幸而好酒，日夜相继，诸侯使者无所致，百官有司无所复。"

对曰："恶则恶矣，然非其急者也。"

公曰："寡人有污行，不幸而好色，而姑姊有不嫁者。"

对曰："恶则恶矣，然非其急者也。"

公作色曰："此三者且可，则恶有不可者矣？"

对曰："人君唯优与不敏为不可，优则亡众，不敏不及事。"

齐桓公坦白承认自己好田（田即打猎），好酒，好色。好色到什么程度？他的表姐妹概不外嫁，全由他内部消化。

当然，对于一个国君来说，好色并不是什么见不得人的丑事。所以管仲很善解人意地安慰他说，为人君者，只怕优柔寡断和消极懒惰，好点儿色并不打紧，只要不得马上疯就行了。

管仲非但不反对齐桓公放纵性欲，还主动为他创造寻欢作乐的条件。

前文曾提及，管仲在临淄首创女闾，而这也正好满足了齐桓公的需求。《韩非子·外储说右上》就说了："（齐桓公）被发而御妇人，日游于市。"

有了齐桓公的大力支持与身体力行，无怪乎管仲可以把特种服务业搞得风生水起咯。

齐桓公既然如此好色，那么后宫自然非常充盈。

他先后有过三位夫人，即王姬、徐嬴、蔡姬。王姬和徐嬴早死，蔡姬则歪打误撞成了别人的老婆，这三位夫人都没给齐桓公留下子嗣。

另有如夫人六位，即长卫姬、郑姬、葛嬴、密姬、少卫姬、宋华子。

"如夫人"这个品秩乃齐桓公独创，专门用来封赏给那些平时极受自己宠爱，礼数与夫人无差别，但又没有被正式册封为夫人的妃子。

借这个机会我想提醒一下生活在21世纪的广大良家妇女同胞，倘若有人以"如夫人"称呼你们，千万不要以为别人是在赞美你雍容华贵，犹如一位夫人，人家是在变着法子骂你做了三儿。

六位如夫人俱有子嗣，长卫姬生公子无亏、郑姬生公子昭、葛嬴生公子潘、密姬生公子商人、少卫姬生公子元、宋华子生公子雍。

大凡雄主，除了拥有强烈的控制欲望，还会拥有不同程度的自恋情结。他们觉得自己是命中注定的天之骄子，具备超乎常人的能力，甚至连阳寿都要比别人多上几年。

或许就是在这种心理的支配下，齐桓公的潜意识里把确立世子当作是对他政治生命的一种威胁和对他政治成就的一种否定，因此在立储的问题上能拖一天就是一天。

然而，世子终究还是要确立的，齐桓公总有撒手人寰的那一天。如果说什么时候立不着急，那所立何人却是关乎齐国的长久兴衰，齐桓公必须要做一个选择。

鉴于上述六位公子俱为庶子，所以，作为长公子的无亏似乎在世子争夺战中占有半个身位的优势。

不过，齐桓公最早确立的世子不是公子无亏，而是次公子昭。[①] 这个决定得到了管仲的拥护，而且齐桓公还曾特意嘱托宋襄公，请他日后扶助公子昭顺利继位为君。

可是，自从管仲死后，雍巫、竖刀等人渐渐得势，公子无亏又重新成为储君的大热门。

雍巫、竖刀和公子无亏之间存在着特殊关系。雍巫起初是公子无亏老妈长卫姬的宠臣，经竖刀的引见才成为齐桓公的大红人。在雍巫和竖刀的极力劝说下，齐桓公口头答应他们，改立公子无亏为世子。

我们现在来梳理结一下齐桓公末年（具体指公元前 645 年管仲死后的那段时间），围绕着争夺世子这个稀缺资源，齐国政坛呈现出一种什么状态。

首先，除正牌世子公子昭，其他五位公子俱有夺位之意。

公子无亏就不用说了，兄弟里面他排行老大，兼具老爸的口头表白和雍巫等人的无限支持，想不动心都难。

余下的四位公子也不甘出局，他们紧紧抓住的一条理由就是，兄弟六个都不是嫡子。

虽说长幼顺序也是传承君位的一个指导方针，但这个方针所蕴含的法律意义

① 说早，其实也只是相对早，绝对还是晚的。《韩非子・难》篇云：“君老而晚置太子。”

毕竟不如嫡庶之分原则那么无懈可击。俗话说，人不为己天诛地灭，这年头，大伙为了解决个从九品都要钻墙打缝，更何况是竞选万人之上的国君呢？

其次，公子昭的世子之位原本就不稳固。

公子昭当世子的时间很短，在朝臣中树立的威信不够高，明里暗里投奔他的人也不够多，没有形成一个对政局有足够影响力的政治团体。

更关键的是，支持他的管仲死了，曾经中意于他的老爸也变心了，而最大的对手公子无亏却一转眼获取了老爸和重臣的支持。

所谓重臣，当然就是指雍巫、开方和竖刀三个人。

管仲死后，齐桓公依言将三人罢斥。可是，此时的齐桓公，年逾古稀，垂垂老矣，早已不是当年励精图治、意气风发的英雄模样。

在离开了雍巫、开方和竖刀的日子里，齐桓公食不甘味，夜不酣寝，口无谑语，面不开颜，正如清照姐姐说的那样，守着窗儿，独自怎生得黑？

对此，我们似乎无须苛责齐桓公。人的衰老是个不可逆转的自然进程，一个志得意满的霸主到了这把年纪，贪图安逸，自行其是，已属必然。

无趣的日子过得久了，人便会不自觉地寻求改变。对于管仲的忠告，齐桓公已无心记取，于是将雍巫等三人官复原职，日夜陪伴左右。

不久，鲍叔牙逝世，齐桓公的中兴之臣至此凋零殆尽。

雍巫等三人脱了束缚，便欺负齐桓公老耄，整天打着国君的牌子专权用事。凡齐国大臣，顺三人者，非富即贵；逆三人者，不死亦逐。齐国朝政，糜烂不堪。

我虽然不会斥责齐桓公晚年昏聩，但是我仍然感到深深的悲哀。小白哥哥，要不您早点儿出发到马克思爷爷那里去报到得啦？齐国人民心中的偶像是个英武伟岸的盖世英雄，我实在是不忍心看到您沉沦至此。

公元前 643 年九月下旬，齐桓公病倒，完全不能视事。这时，群公子对世子之位的争夺也进入到了白热化的地步。

雍巫等人为了帮助公子无亏夺取君位，便封锁了齐桓公重病的消息，并派兵值守公宫，不许百官和群公子觐见，一切奏闻均由他们的亲信传递。

未几，齐桓公病情急剧恶化。雍巫与竖刀为了杜绝情报泄露，将齐桓公寝宫中的内侍尽数逐出，塞断宫门。

这样还怕不保险，又把齐桓公的病室用砖石封砌起来，只在墙根处留一个小洞，由宫女爬进爬出传送饮食。

入冬后，齐桓公还没死，雍巫与竖刀却连饮食都不再供给，任由齐桓公自生自灭。

约在十月初的某天，一个宫女穿越孔道，见到了奄奄一息的齐桓公。

齐桓公挣扎着问："我饿得要死，渴得要命，你们为什么不给我送点儿吃的来？"

宫女无奈地说："雍巫和竖刀他们几个瓜分了国家，听说开方也把七百多社的土地和人口送给了卫国。现在外面一片混乱，连道路都十天不通了，根本就找不到吃的东西。"

齐桓公悔恨无比，凄然叹道："原来如此。唉，圣人的话实在是高明啊（意指管仲的遗言一针见血）！要是死后没有知觉还好，若有知觉，我还有什么面目见仲父于地下呢？"说完，以头巾覆面，不见了动静。

公元前643年，亦即齐桓公四十三年，十月七日，齐桓公在没有光亮、没有温暖、没有人陪伴的斗室中，抛下所有的荣耀与威严，孤独地死去。他活着的时候几乎拥有整个世界，他死的时候，却一无所有。

齐桓公死后，六个儿子立即展开了激烈的君位争夺战，把他们在饥渴交织中悲惨死去的父亲晾在一边无人问津。

六十七天后，储君之争稍有眉目，公子无亏暂时取得领先优势，他终于有时间腾出手来殡殓他的父亲。

当人们来到齐桓公的病室外时，不由得目瞪口呆。因为，目光所及，满地都是纷纷蠕动的蛆虫。再破开病室的房门一看，恶臭扑鼻，齐桓公的尸身上蛆虫沸滚，有如潮涌。

冬天的太阳惨白如纸，照着这个冷酷无情的小小庭落，人们神情恍惚，遍体生寒，仿佛已不在人间。

啊！齐桓公小白，这竟然就是你的结局。

诚如巴顿将军所说，一个将军最好的结局就是在最后一场战争中被最后一颗子弹打死。

对于一个霸王来说，或许最好的结局就应当像流星一般，猛烈绽放瞬间的光芒，然后骤然消逝，留给后人一个永恒的美丽印象，让人不停地赞颂、不停地崇拜、不停地迷恋，那该多好！

相煎何急

按照《礼记·曲礼》上的说法，天子死曰崩，诸侯死曰薨，大夫死曰卒，士曰不禄，庶人曰死。

齐桓公的行政职务是诸侯，但行政级别却是中原霸主，他的身份与权势即便是当时的一等强国也望尘莫及，就更别提那些挂着诸侯名头的蕞尔小国了。

所以，如果说齐桓公“薨”了，我觉得一点儿也不能显示出齐桓公的尊荣与显赫，用“崩然而薨”还差不多。你认为这个词语属于生造？那我不管，除非你能捣鼓个更贴切的说法出来。

总之，不论是“崩”还是“薨”，这两个字都比“卒”“不禄”和“死”来得有气势。“崩”的原意是指山峦破裂倒塌，“薨”的原意是形容成群的昆虫一起飞的声音，用它们来指代死，可以传递出一种肃重和惊乱的感觉。

可是，齐桓公“崩然而薨”后，临淄并没有出现想象中那种人皆缟素、满城哀哭的情景。周王室没有给齐桓公的家属送花圈、发唁电，那些曾经倚仗齐桓公庇护的诸侯也无动于衷，仿佛他们压根儿就不知道威震中原的齐桓公已经撒手人寰。

之所以出现这种诡异的情景，那是因为，齐桓公的死讯一开始就被雍巫等人严密封锁了。他俩这么做的目的，是想利用信息不对称的优势条件使长公子无亏捷足先登，夺取齐国的君位。

齐桓公生前草率处置世子的隐患终于逐渐演变成了一场灾难。

雍巫等人发现齐桓公已死后，他们第一时间决定，乘夜集合甲兵，先把公子无亏最大的竞争对手公子昭杀死，然后迅速占据朝堂，赶在熟睡的人们清醒过来之前，造成公子无亏主持大局的既定事实。

搞阴谋活动最紧要的就是保密，知道的人越少越好，行动的速度越快越好。乍一看，雍巫等人的安排有板有眼，成功的把握没有十成也有九成九。

可惜，准确地说，是只有九成九。他们缺少的那个百分点，是对局势的清晰判断。而少了这一点，他们和成功便永远还差一步之遥。

雍巫等人认定齐桓公之死除了他们圈子里少数几个人掌握，无人知晓。这一点儿没有错。公宫被他们把持日久，其他人根本就没有机会进去，更别说和齐桓公见面了。

可是，形势太有利有的时候也不是好事，因为顺风顺水的环境会麻痹人的神经，消减人的智商，降低人对局势判断的准确度。

我很怀疑，在雍巫等人的脑海里勾勒出的是不是这样一幅场景：公子昭毫无防备，合府死睡，他们率领着披坚执锐的甲士冲进去，一脚踹开卧室房门，然后威风凛凛地指着被窝里睡眼惺忪的公子昭大喝一声：呔！给我拿下。

事情如果真是这样的话，那我只能说，雍巫他们读的书也太少了点儿，实在不是搞政治的料。

他们以为封锁公宫就能闭塞别人的耳目，这其实是一个伪命题，因为有的消息根本就无法封锁。

什么消息无法封锁？封锁公宫这条消息就无法封锁。

大家不要怀疑，这句饶舌的话并不是我的笔误。

公宫被封锁是众人皆知的，没错吧？而这种极端异常的行为本身已透露出了太多信息。

你为什么不让别人见齐桓公？你到底想要干什么？大家都在这条道上混，别以为你的那点儿小心思人家不知道。

从这一点看来，雍巫等人欲盖弥彰，不知不觉中违反了阴谋活动的保密原则，因此即便占尽天时地利也难逃失败的命运。

对于齐桓公长期不能在公共场合露面的事实，很多人不但看穿了雍巫等人欲助公子无亏夺位的意图，而且隐隐猜到齐桓公死在旦夕，政局必有不测之变。

在这山雨欲来风满楼的敏感时期，朝中大臣尤其是众位公子都做好了应对各种突发事件的准备，不管吃饭还是拉屎都竖起耳朵严密关注公宫的动静，只怕连睡觉的时候也在枕戈待旦。

所以，雍巫等人要想完全打对手一个措手不及根本就不可能。

再说了，调兵捕杀公子昭这样规模的行动，又不同于在家里围剿老鼠，动静可大着，于是马上就传遍了全城。

公子昭当机立断，出城逃奔宋国而去。宋襄公早年曾受齐桓公所托，答应给公子昭罩场子来着。

雍巫等人没有捕到公子昭，看看天色向明，心中也是焦急万分。

他们的主要优势在于最早掌握了齐桓公的死讯，也就是说最早掌握了动手的时机，可以先发制人，对对手实施突然打击。

如今，突然打击没有收到预期效果，而己方的举动已经打草惊蛇，变相地暴露了齐桓公的死讯，局势的发展眼看就要脱离他们设定的轨道。

凡事先入为主。一旦其他公子趁他俩捕杀公子昭的空当占据了朝堂，矫诏一下，不明真相的围观群众一定会将他们当作乱臣贼子论处，那麻烦可就大了。

雍巫和竖刀赶紧掉转马头，火急火燎地向朝堂赶去。

赶到朝堂外一看，门口早已黑压压地挤满了大臣，为首的乃上卿高氏和国氏。他们大多数是前来打探消息的，当然其中也不乏高氏和国氏这样主动出面处置紧急情况的正直之人。

此时，齐桓公可能已经大行的消息传得沸沸扬扬，大臣们正自号哭议论，不承计较，看见雍巫等人过来了，都一拥而上，围住他们问个究竟。

雍巫等人骄横地说世子无亏现在就在宫中，大家不妨进去问世子。

这一下，群臣骚动了起来。为什么公子昭不是世子啦？齐桓公什么时候改立的世子？凭什么说公子无亏就是世子？为什么其他公子就不能当世子？现场吵吵嚷嚷，乱成了一锅粥。

雍巫等人摆出一副齐桓公早有意旨，只不过你们这些小人物不知道而已的架势。

群情更加激愤，尔等幽禁齐桓公于先，难道还想愚弄百官于后？

一位公子昭的忠实粉丝暴怒之际浑然忘我，竟然不顾年事已高，一边破口大骂，一边奋力突破层层人墙挤到雍巫跟前，忽地一个旱地拔葱腾空而起，用牙笏照着雍巫当头一击。

雍巫没料到老头子还有这一手，连忙举袖后退，让兵士上前跟朝臣们过招。于是一场抗议变成了暴力冲突。

那些朝臣手无寸铁，又没有修炼如来神掌和罗汉神拳之类的群伤技能，如何打得过如狼似虎的兵士。眼见得前面利利索索地被放倒了几排，后面的都连滚带爬着一哄而散。

待得逐尽群臣，天已大亮，幸喜朝堂尚且无人占据。于是雍巫等人迎出公子无亏，送上头把交椅坐定，底下甲士警跸，两厢人妖吹吹打打，一班宫女搔首弄姿，权当是登基典礼了。

虽然仪式简陋得有点儿过分，但因为事起仓促，公子无亏倒也不计较。问题是下面山呼舞拜的所谓文武百官其实就是雍巫等人的一众死党，稀稀拉拉站在空旷的大殿里，这让公子无亏觉得很空虚。

雍大厨师、竖大公公、开大公子，你们仨倒是多拉几个人来站班哪，你们看看现在这架势，跟个州府衙门有啥区别？

作为这场夺宫大戏的制片人兼导演兼主演，雍巫等人也很尴尬，看来自己对斗争的艰巨性和复杂性还估计得不够。如今之计，只有搬动高氏和国氏这样的资深老臣，看能不能打消群臣的疑惧和抵制情绪，顺顺利利地把场面支撑起来。

高氏和国氏的身份很特殊。他们位列上卿，但实际上齐桓公在世时专任管仲，并没有赋予他俩多大实权；可是你偏偏又不能小看他俩，因为他俩名义上是周天子钦点世袭罔替的齐国头号和二号大臣，在以“尊王”为基本国策的齐国还是拥有相当分量的影响力。

公子无亏只好派人召高氏和国氏前来相商。

高氏和国氏仲披麻戴孝，应召而至。

雍巫和竖刀一见慌了神，赶紧挡住两位上卿，让他俩除去孝服而后进殿。

哎，两位神仙不是你们自己请来的吗？为什么又是挡驾又是脱衣呢？难不成想无视生理特征强行耍流氓？

原来，凡事都讲究个好彩头。今天是公子无亏的吉期，似高、国二人这般穿戴，只会让本就冷清的局面更加荒诞可笑，那不等于往公子无亏受伤的小心肝上继续撒盐吗？

高、国二人怒目而视，厉声道：“未殡先君而拜新君，非礼也。吾等未知殿上所坐何人！”意思就是说，公子无亏连老爸死了也不管，我干吗要认识他？

雍巫和竖刀满腹话语被堵得严严实实，涨着紫青的老脸娇羞而退。

高氏和国氏也不进殿，就在大门外望空而拜，放声恸哭而去。

公子无亏见高、国二人非暴力不合作，更加六神无主，不知如何是好。

雍巫和竖刀其实心里也没底。不过事到如今，进一步未必是生，退一步绝对是死，要想半途而废是万万不行的，只能一条巷子走到黑了。

为了防范其他公子强行夺取朝堂，雍巫和竖刀调来无数甲兵，满满当当地排列在大殿的厢廊里。过了几天，还是觉得防卫不够坚固，又把宫里身长力大的侍女也叫来充数，胡乱发些武器，聊以壮胆。

无亏陛下，您不是嫌殿里太空虚吗，现在满了，您爽不？

驻留临淄的其他四位公子确实也在蠢蠢欲动。当年齐桓公属意的是公子昭，现在公子昭不在，凭什么你公子无亏就想癞蛤蟆吃天鹅肉？你不过也就这点儿能耐嘛，这国君之位你坐得我们也坐得！

于是，四位公子悉起麾下甲士，占据了朝堂的外围。

公子无亏恐寡不敌众，不敢攻出来；四位公子自忖没有必胜的把握，也不敢攻进去。

于是，大家就在朝堂内外剑拔弩张，修筑工事，饿了叫人送盒饭，累了在脚下打地铺，总之谁都不肯退让半步。

一晃几个月过去了，五位公子仍在大眼瞪小眼，一副精神抖擞、兴致盎然的模样。

哎，我说你们几个，是不是也太无聊了，你们家老爸还在床上挺尸呢，你们就这样不管不顾，良心都被狗给吃了哈！

旷日的对峙，旷日的难堪，旷日的折磨。齐国的公元前 643 年眼看就要在无边的混乱中踉跄而过，但转机也终于姗姗而来。

鉴于在可以预计的将来谁也弄不死谁，鉴于血拼到底只会带来各方都无法承受的后果，五位公子终于达成妥协：四个弟弟偃旗息鼓，承认公子无亏拥有优先继承权；而公子无亏也审时度势，承诺即位后与弟弟们和平共处。

于是，公子无亏以主丧的身份殡殓了亡父齐桓公，然后开始行使君权。斯文扫地的齐国朝堂总算是恢复了表面的平静。

之所以只是表面的平静，除了因为国内各个政治派别接受公子无亏主政实属无奈，还因为有一个关键人物对公子无亏主政并不认可，而他也正是目前唯一有机会翻盘的人。

这个人就是齐桓公的世子昭，齐桓公身后所有的一切原本都应该由他来接管。

自公子昭逃到宋国后，宋襄公便热火朝天地准备起兵攻打齐国，替公子昭找回公道，还齐桓公一个交代。

宋襄公在历史上是个颇有争议的人物。有人说他迂腐透顶，有人说他至仁至义。他到底是个什么样的人，大家自己慢慢斟酌品鉴。

有一点可以肯定的是，无论迂腐还是仁义，其实都共同描绘出了宋襄公的基本特点：他很单纯，不是个坏人。

在援助公子昭这件事上，宋襄公一方面是为了履行对齐桓公的诺言，另一方面也包含了他意欲称霸中原的政治理想。

从历史传承的角度上看，宋国是殷商正宗后裔的封国；从国家荣誉的角度上看，宋国是首屈一指的公爵国；从地理位置的角度上看，宋国是标准的中心之国。所以宋襄公自即位以来，就把继承齐桓公的霸业当作了自己人生的奋斗目标。

而齐国内乱，正好给了宋襄公一个主导国际事务，展示自我风采的绝好机会。你想想，要是中原霸主齐国的烂摊子都让宋国给收拾了的话，那宋襄公是不是倍儿拉风？

公元前 642 年，三月，宋襄公以平定齐国内乱为名，约集天下诸侯共同讨伐公子无亏。

宋国论实力顶多只是一个二流国家中的佼佼者，当然不可能登高一呼应者云集，因此天下诸侯多有不理宋襄公者，只有周边的曹、卫、邾三国答应出兵相助。

宋襄公并不气馁，依然斗志昂扬地率领四国联军奔赴临淄，大概在他心中，“仁义所在，无往而不利”这句话是根深蒂固的了。

公子无亏见宋国来攻，赶紧收缩兵力，让雍巫主持临淄城防，竖刀居中参赞。

且慢，吕家大少！打仗是天大的事，你搞个厨师充当前线指挥官，这不是瞎扯淡嘛！

我说雍巫，你那么冰雪聪明，咋地也不站出来虚情假意地推辞几句？你难道真的以为，不想做将军的厨师不是好裁缝？

还有竖刀，我知道你对自宫颇有心得，可公子无亏硬说你对军法也有研究，我实在不敢恭维。

果然，宋国联军还没到临淄城下，守军就出事了。

因为看到联军势如破竹，临淄的反对派燃起了重整河山的勇气，而投机派也嗅到了无限商机的味道。很快，高氏和国氏就设下一个局，将竖刀上面那个头也割了。

星火尚可燎原，何况是诛灭竖刀这样火爆的开局？于是，各大政治派别闻风而动，争先恐后拆公子无亏的台。

混乱中，平生包惯了饺子的雍厨师差点儿被别人给包了饺子，公子无亏则成功摘得了齐中废公的专属称号。临淄城中，死者枕藉，血流成河。

等公子昭跋山涉水跑到临淄一看，哟嗬，彩旗招展，锣鼓喧天，臣民列队相迎。

公子昭心满意足地回头对宋襄公说，得了，您请回，这里我自己搞定。

公子昭自以为一切尽在掌握，殊不知临淄的氛围又发生了变化。

为了争权夺利，齐桓公的六个儿子原本各有各的小算盘。当公子无亏顶在上面时，公子昭和其他四位公子在推翻公子无亏这一点上有共同的追求，所以能够并肩作战；可一旦公子无亏被踩在脚下了，其他四位公子却又不约而同地把排挤公子昭当作了下一步的奋斗目标（海棠表示，权力这个东西，真是翻脸不认人的最佳注脚）。

于是，四位公子联手向公子昭发动攻击。公子昭力不能支，仓皇出奔。那边厢，宋襄公前脚刚刚打道回府，还没来得及抽空洗个澡换身衣服，公子昭后脚就跟着进了门。

说句老实话，面对公子昭这样儿戏般的频繁叨扰，宋襄公非但不觉得厌烦，反而感到无比亢奋。因为公子昭越狼狈、越急促，甚至越是纠缠不休，就越能证明宋国在化解齐国危机问题上无可比拟的重要性。

这样一想，宋襄公顿时来了百倍的精神，当即挥师入齐。

公元前 642 年五月，宋军在齐国的甗地大败四位公子之从属。公子昭也就在宋军的扶持下顺利即位，史称齐孝公。

因齐桓公之死而引发的这场齐国动乱，最终以惨烈的内部损耗和宋国的强势介入而暂时宣告终结。

创业难于登天，毁业却易如反掌。短短八个月的争斗，众公子就将庄、僖二公的百年经营，桓公的四十年霸业，前后一个半世纪整整三代人四任君主的盈余，几乎挥霍殆尽。

齐国从此由中原霸主退化为一个中原强国，且在接下去近一百年时间里都没有值得炫耀的成就。

那么，当公元前 642 年的八月，齐桓公终于入土为安时，我们应该拿什么向这位春秋时代首屈一指的政治领袖致奠呢?

或许，探寻他的成败之路，为他风云变幻的人生做个粗线条的总结，可以算作对他的一种小小安慰。

齐桓公得以成为春秋时代的首任霸主，主要原因有三点。

第一点是齐国的传统优势。

两周交替之际，随着周王室的威严不断遭到破坏，人们的思想观念也经历了剧烈动荡，有实力的诸侯国开始突破最初的分封限制，各自着手拓展生存空间，整个东周大地上呈现出丛林竞争势态。

齐国作为西周武力最盛之国，地处中原东部边缘地带，背靠大海，面临泰鲁沂莲山脉，右揽河济二水，左拥纷纷弱邻，本土安宁，进可攻退可守，具备优良的地缘环境。

齐桓公即位时，坐享前三任君主的发展成果，无须太多努力就可以马不停蹄地将力量投送到中原。而当时的楚国才初具规模，晋国仍在上演六十七集电视连续剧《曲沃代翼》，秦国还忙着在西戎剿匪，中原正在隔三岔五地互殴。

因此，在争夺中原事务领导权方面，齐桓公具有先天优势。

第二点是齐桓公的尊王攘夷政策。

尊王攘夷满足了周王室和中原诸侯寻找安全感的需求，占据了道义的制高点，获得了周王室和中原诸侯的普遍尊重。

而且把中原诸侯间的无序混战以及中原诸侯抵御四夷的零散抗战置于齐国的统一管理之下，巧妙地把中原诸侯间的内部矛盾转换为华夷矛盾（邻里之间有什么不爽的，统统找四夷撒气），避免了中原诸侯因混战而白白消耗实力，又不动声色地以执法者身份取得了对中原诸侯的处置权（谁要是和又尊王又攘夷的齐国对着干，齐桓公就给他扣上一顶破坏团结的帽子，然后果断群殴之，别人挨了打还没话说）。

第三点是齐桓公的用人之术。

齐桓公本性贪图享乐，对于打猎、酗酒和玩女人都到了痴迷的程度。就这样一个人，倘若任性专断，原本也不可能有多大作为。

可齐桓公偏偏善于整合利用他人的智慧来为自己的统治服务。

首先，他搜罗了一个优秀的施政团队，管仲和"桓管五杰"就是其中的典型代表。

其次，他用人不疑，能够虚心听取不同意见。齐桓公不仅对管仲充分放权①，而且屡次在关键时刻按照管仲的提示，更改本意，采取了更富有建设性的举措。

最后，他理清了群臣之间的合作与制约关系。

管仲总揽政务外加"桓管五杰"合理分工夯实了齐国的权力秩序基础，然而更让人叫绝的，其实还是管仲与高、国二氏之间不对称但又保持平衡的对应关系。

细心观察可知，管仲出身死囚，位低（下卿）而权重，高、国二氏出身世家，位高（上卿）而权轻。这种设置显然是经过精心谋划而成。

管仲起初的背景如此卑微，又蒙齐桓公简命特擢，当然只能紧紧依靠齐桓公的支持来施展才华，故尽可以委以军国大政，而不必担心他心生不轨。

但高、国二氏背景如此显赫，兼具扶持齐桓公继位之功，如果假以实权，谁也无法保证他们不会反过来压制国君。春秋时代礼乐崩坏，早期权臣弑君的累累案例已对此做了生动的教谕。

所以，在用人和制人这个矛盾上，齐桓公是处理得相当精彩的。三卿中有权

---

①《韩非子》云："昔桓公之伯也，内事属鲍叔，外事属管仲。"

的无势，有势的又无权，大家既互相补阙又互相制约，最后只能都乖乖地做好本分工作，竭力为齐桓公效忠效劳。齐桓公也就可以在大把大把地收获政绩之余，马照跑，酒照喝，妞照泡了。

至于齐桓公霸业的衰亡，其本质还是因为以楚国为代表的其他边缘强国步步紧逼，改变了齐国之前赖以称霸的国际环境。

在进军中原的道路上，齐国发力最早，但这并不代表其他边缘强国就停滞不前；齐国用急公好义的形象来赢得中原诸侯顺服，也并不说明这种手段就是提升国力的最佳办法。

拿楚国为例，它以蛮夷自居，不搞遮遮掩掩的收买或羁縻政策那一套，对于周边的弱小政权，基本上都是毫不留情地吞而并之。

大家想想，同样一块土地上的资源，是控制在自己手上更方便使用，还是控制在盟友手上更方便使用？应该不难回答吧？

似楚国这般直截了当地野蛮扩张，虽然一开始会遭到全世界的谴责，可一旦它在拓殖地上站稳了脚跟，那拓殖地对楚国国力的强化效果，肯定就要优于一个附庸国或同盟国对齐国国力的强化效果。

因此，后发赶超的楚国最终把齐国拉下马，似乎只是个时间迟早的问题。

既然齐国的相对优势在不断缩小，那它之前所倡举的政治路线也总有撕去伪装的一天。

譬如尊王攘夷，其根本目的在于把周王室和中原诸侯绑在齐国称霸的战车上。此时，齐桓公对中原的控制维持在一种表面和谐的程度就足够了。

可当楚国等边缘强国相继显示出强势插入中原的趋势，而齐国仅仅依靠对中原的宽泛控制已无力阻止这种趋势向前发展时，维护齐国独霸中原地位的重要性就超过了维持齐国正义化身形象的重要性。

怀着对失去中原主导权的惧虑，齐桓公的施政理念开始扭曲，施政行为开始变形。

于是我们看到，为了牢固控制周王室，齐桓公不惜容留反叛周王室的王子带，并对自己曾经发誓要铲除干净的戎人采取了并存政策；为了布置抵挡楚国不断进逼的防线，齐桓公不惜牺牲华夏政权杞国的利益来讨好身为淮夷的徐国；为了刻意彰显自己中原盟主的权势未曾减损，齐桓公不惜小题大做而将重要的盟友鲁僖公长期扣留。

齐桓公这样做确实保留了一种虚假的繁荣，可是我们这些旁观者一眼就能看出，他的做法无异于杀鸡取卵、饮鸩止渴，注定是要陷入众叛亲离的境地，然后积重难返的。

齐桓公死后，他的五个儿子先后执掌齐国达四十四年，然而其中每次传承几乎都伴随着血腥的杀戮。

公元前 643 年，公子无亏即位，次年被杀。

公元前 633 年，齐孝公公子昭死，其子被开方（很奇怪这个人怎么没有跟着竖刀他们一起死掉）所杀。公子潘继位为君，史称齐昭公。

公元前 613 年，齐昭公死，其子公子舍继位为君，史称齐后废公（一看这名字就知道他不得好死）。

同年，公子商人杀齐后废公而自立，史称齐懿公。

齐懿公还在做公子的时候，与邴歜的父亲争夺田地，没有占到便宜，因而怀恨在心。

即位以后，齐懿公意图报复。其时邴父已死，可齐懿公不依不饶，令人把邴父的尸体从地底下刨出来，然后斩断双脚，赤裸裸地进行侮辱。

又有阎职的妻子美艳动人，齐懿公果断将其抢入宫中，据为己有。

干完这两件极不厚道的事后，齐懿公先生估计是被巨大的成就感冲昏了头脑，居然把邴歜任命为自己的车御，又把阎职任命为自己的车右，也不知道他在乘车时有没有感受到仇恨的小宇宙。

公元前 609 年五月，齐懿公在城南的申池游玩，邴歜和阎职则陪在左近洗天体浴。

洗着洗着，两人也不知何故起了争执。

邴歜抄起马鞭抽了阎职一下。阎职吃痛，当场就要发飙。

邴歜轻蔑地说："哟嗬，老子抽你一下你就受不了，那别人抢你老婆的时候，你干吗像个死人一样不吭气？"

阎职几欲气绝，半晌反击道："老子再窝囊，总比老爸被别人鞭尸砍脚的人强！”

一番骂仗下来，双方都恨不得吐血暴毙，然而盛怒之下却又找到了同病相怜的感觉，于是各自对齐懿公那一腔压抑已久的仇恨终于同时爆发了出来。

两人就地商议了一阵，随即将齐懿公杀死，抛尸于竹林之中，回到都城后在宗庙里给齐懿公的亡魂祭了一杯酒，接着就跑路了，也没见着谁过来阻拦。

齐懿公在位时荒淫无道，名声很不好，国人多有怨恨，这连累了他的世子。齐懿公死后，齐人将世子驱逐，然后拥立公子元为君，史称齐惠公。

稳定是发展的基础，似齐国这般肆意折腾，就算是万贯家财，也要三下五除二挥霍一空了。齐桓公倘若泉下有知，恐怕也不会安宁吧？

也罢也罢，中国人讲究死者为大，贬损齐桓公威仪的话，我就不多说了。

高端劫持

齐桓公死后，中原旧有的权力秩序瞬间解体，累积潜藏的新老矛盾也开始集中喷发。

郑国开始公然朝见楚国，邢国联合狄人与卫国互殴，郑国因滑国转投卫国门下而攻击滑国[①]，齐国亦和狄人结盟，各种凌乱不一而足。

这种崩坏的局面给天下诸侯带来了一个全新的课题。即随着齐国盛极而衰，中原必将再次陷入一种无政府状态。那么由谁来填补权力真空，由谁来高举中原霸主的大旗，势必成了令各大流氓怦然心动的挑战。

此时秦国和晋国仍在互相缠斗，均无暇做出大举东进的决策，楚国终于等到了自公元前 706 年楚武王熊通“欲以观中国之政”以来入主中原的最佳机会。

可是，欢欣鼓舞的不只楚国一家，实力相对较弱的宋国也在蠢蠢欲动。

宋国历来就是堪与郑、鲁、卫比肩的中原大国。眼下，之所以四国之中偏偏宋国起心图霸，那是因为郑国早已没落，鲁国关注更多的是他们引以为傲的礼法

① 滑国乃周公第八子的封国，国力弱小，位于郑国西部，曾常年依附于郑国。

那一套，而卫国则在卫懿公时代就已被狄人生生剥夺了大国的头衔。

至于与楚国相比，宋国也在某些方面拥有独特的优势。因为宋国本身就是中原的核心区域，而且它属于华夏族群，更易于融入中原的政治生态圈。

当然，宋国恰在此时情致勃发，除了时势造就的因素，还少不了宋襄公的志趣与选择。

想来宋襄公对齐桓公是充满崇敬的。

公元前651年夏，其父宋桓公还没来得及安葬，刚刚署理君位的宋襄公就巴巴地跑到葵丘去参与了齐桓公主持的会盟。

而后，只要是齐桓公号召的集体活动，宋襄公都一个不落地名列其中，并受到了齐桓公和管仲的赏识。

齐桓公和管仲生前委托宋襄公扶持齐世子昭，这让宋襄公感到了莫大的荣耀。于是我们随后就看到宋襄公不遗余力地协助公子昭反攻齐中废公无亏。

而平定齐国内乱也成为宋襄公名动江湖的一战，它带来的轰动效应足以显著提升宋国在中原权势排行榜上的地位。

因为在目前这一辈春秋人的记忆中，齐国差不多就是大周王朝的仲裁者，从来只有它满世界执法的份儿，至于谁反过来染指齐国事务，想一想都要道声阿弥陀佛罪过罪过。

有了这层背景，宋襄公想当然地就把平定齐国内乱当作了宋国成为超级强国的一个标志性事件，称霸中原的兴致也越发高涨了。

宋襄公以“新晋的超级大国”自居，可宋国的恩威尚未被及天下，称霸之举到底能够获得多大程度的认同还是个未知数。

因此，虽然在追逐霸业的道路上有时不我待之感，但宋襄公并没有急于邀集天下诸侯会盟。他觉得先召集周边小国搞个地区联盟以试探一下国际社会的反应更为恰当。

当然，试探各国反应只是一个谦虚的说法。在宋襄公的想象中，起码受邀与盟的小国应该是受宠若惊，疾趋而来，回国后大力宣扬宋盟主的文治武功，接着天下诸侯慕名归化，共襄义举，推选敬爱的宋襄公为中原霸主。

然而，理想很丰满，现实却很骨感。就在宋襄公浮想联翩之际，一盆冷水迎头浇来。

原来，宋襄公为了保证自己初次主盟一炮打响，特意回避了当时的各色大国，只邀请了曹、邾、鄫三个小国在曹国南部与盟。虽说规模与气势不那么蔚为壮观，但是小国容易招致，应该可以避免上次伐齐时遍邀诸侯而不至的尴尬。

可宋襄公万万没有料到的是，他煞费苦心组织的盟会还是被人砸了场子。

曹国作为东道主，看起来对宋国并不服气，各种礼数都很不周到。

更令宋襄公气绝的是，鄫国国君竟然迟到了。

盟会迟到可不比上班迟到。

上班迟到只关乎个人小节，而盟会迟到则是一种严重的外交事故。因为盟会的目的是为了寻求某种国家间的政治、经济或军事合作，与国家的生存和发展利益攸关。在这样的场合失礼将引起盟会各方的一致谴责，所以一般各国诸侯都会小心在意，避免因盟会迟到而造成的国际孤立。

当然，这并不意味着盟会时就绝对没有迟到的现象。譬如你是超级大国，那你迟到了也没人敢怪你，就像开会时上司总要迟到几分钟一样；又譬如举办方是个无足轻重的小国，你也尽可以爱去不去，就算迟到了东道主也不能拿你横啃。

问题是，宋襄公认为他组织的这次盟会别人没理由迟到。

为啥？

为啥你不知道？我可是刚刚平定了齐国内乱的炙手可热的武林新星宋襄公！实力差距摆在那儿，鄫国的傻 × 难道没长眼睛吗？

在这难堪的现实面前，宋襄公出离愤怒，继而迷惑不已。

对着镜子左瞧瞧右瞅瞅，大眼睛大嘴巴大屁股，这副长相也没招谁惹谁欠谁呀，为毛召集诸侯就这么难呢？不对，一定有别的原因，曹国和鄫国心不在焉，绝对是有所观望。

想通了这一节，所有的疑问便迎刃而解。

不错，曹国和鄫国之所以敢怠慢宋襄公，是因为中原武林的两大名宿齐国和楚国再次媾和，国际关系呈现出了新的格局。

齐国和楚国，一个领袖中原，一个独霸天南，因为各自扩张的需要，双方不可避免地在江淮流域发生了激情碰撞。

当齐国处于齐桓公治下的鼎盛阶段时，通过召陵会盟，迫使实力稍逊的楚国低头承认了齐国的江湖老大地位，中原诸侯纷纷唯齐国马首是瞻。

可是，齐桓公死后齐国陷入内乱，而楚成王继续励精图治。此消彼长之际，国际格局渐渐由齐、楚恐怖平衡变成了楚国后来居上。

中原诸侯处在两强的夹缝中左右为难，生怕长久以来南北并存的格局遭到破坏[①]，于是由陈穆公出面，邀集齐、楚双方及郑、鲁、蔡三国在齐地会盟，以盟约的形式重申了和平共处的愿望。

在这样的背景下，宋襄公要另起炉灶，把国际关系打乱了重新洗牌，注定只可能是一种一厢情愿的想法而已。

宋襄公犯糊涂不要紧，那些被他征召的小国可要抓狂了。

这就好比路边开场子的老板。一开始是阿 sir 前来收管理费。没办法，阿 sir 是官府的公差，与天斗与地斗咱也不敢和公差斗，含泪交了吧。

接着洪兴帮的来收保护费。没办法，官匪一家，洪兴帮就相当于地下小朝廷，只能视同公差对待，含泪交了吧。

最后，东兴帮的也想来捞点儿好处。老板痛不欲生。你说交吧，阿 sir 和洪兴帮会怪罪他结交烂匪，搅乱社会治安秩序；你说不交吧，东兴帮的矮骡子们也不是吃素的，一怒之下说不定哪天就会趁着风高月黑把他给卸了。挣扎到最后，还是扭扭捏捏地含泪交了。

所以，尽管曹国和鄫国都比宋国轻了几个重量级，却也只好选择了一条折中的办法：宋国主持的盟会去还是去，不过故意摆出一副吊儿郎当的样子，希望齐、楚、宋三方都能够理解他们的良苦用心。

然而，对于一心想要扬名立万的宋襄公来说，理不理解是一回事，接不接受又是另一回事。很快，宋襄公就指示邾国把鄫国国君抓住放鼻血祭神，然后又挥兵围攻曹国，总算挽回了一点儿颜面。

曹南会盟的窘遇使宋襄公得出了一个结论。即小国的心态其实还是取决于大国的干预能力，或者说小国的外交政策取决于大国的利益分配。他决定改变先前

---

① 召陵会盟后，齐、楚双方基本上只在暗中角力，没有爆发过大规模冲突，中原诸侯也最大可能避免了充当炮灰的痛苦。

利用盟会小国来打开霸业大局的做法，转而寻求大国的支持，准确地说是直接寻求齐、楚二国的支持。

公元前639年春，宋襄公给齐孝公和楚成王分别发去照会，邀请他们到宋国的鹿上来开个筹备会，共同商讨一下推举中原盟主的事情。

齐孝公欠着宋襄公天大的人情，自然不好意思拒绝；楚成王胸怀鱼龙之志，也乐得借此机会为楚国在国际上争取更大的权力份额。

宋襄公很高兴，搞了半天，浪费那么多表情，原来邀集大国开会反而轻松得多，由此可见宋国的面子绝不是一般大呀。

看着三位各怀心事的演员慢慢进入角色，我油然而生一种强烈的喜感。要知道，这三位大牌事先没有对过台词，也没有经过彩排，一上来就是现场直播，种种不期而至的状况必将层出不穷。大家不妨备好瓜子饮料静静围观。

齐、楚、宋俱是大国，他们凑到一起，理论上都具备担任中原盟主的资格。可盟主之位终归只有一个，怎么才能区分他们仨的尊卑顺序呢？

有人说，这还不容易，按综合国力排一排不就知道了。

对于这个答案，我原则上表示同意。因为他们仨之间既不存在亲戚关系，也不存在上下级关系，更不存在男女关系，比肌肉确实是一个公平公正的游戏规则。

可是，我们说的不算，因为作为东道主的宋襄公有他自己的想法，他认为得比爵位高低。

周武王当年按照公、侯、伯、子、男五个爵位等级来分封天下诸侯。宋国是顶级的公爵国，享有“作宾王家”的殊荣；齐国差一等，是侯爵国；楚国则逊到没边儿，只是子爵国。

所以这么一算起来，宋襄公就是当仁不让的尊者。说到底，宋襄公骨子里还是有一种自以为是且挥之不去的优越感。

待到三方聚头时，宋襄公向楚成王提出，所有依附楚国的中原诸侯都要掉转头来尊奉宋国。

齐孝公和楚成王对宋襄公目中无人的态度非常不满。不是说好前来筹备商讨推举中原盟主的事吗？这都还没商讨，你就先定了基调，敢情下次天下诸侯齐集之时，你就顺理成章地自动成了中原盟主是不是？

说到这里，我都忍不住想笑了。爵位这玩意儿太具欺骗性，是当不得真的。

这就像一个四品边官碰见了一个大内的七品小官，假如边官觉得自己高对方三级，因此非得要对方喊自己一声老爷，那岂不是滑天下之大稽吗？

同样，以爵位高低来确定尊卑顺序也是相当不靠谱。

当年周武王赐宋国以公爵之位，乃是安抚商朝遗属、稳定天下局势的非常之举，并非因为宋国实力过人。

论功勋，姜子牙的齐国不过是个侯爵国；论血缘，周公旦的鲁国也仅仅是个侯爵国。

所以说，宋国这个公爵的象征意义远大于实际意义，宋国的综合国力根本没有如同它的爵位那样冠绝春秋。

而楚国起初只是汉水之滨的小小部落，因为武王伐纣时去孟津凑了个热闹，后来被赐以子爵之位。

周武王分封天下建立了当时世界上最先进的生产关系，不过这个体系也有个明显的弊端，即爵位一旦颁赐，就永远没有晋升或贬黜的机会，这显然有悖于基本的哲学逻辑。

楚国以前的确不起眼，封个子爵甚至都有抬举之嫌；可如今的楚国是江湖公认的南天一霸，你还拿个子爵的帽子套住他，你你你，你有病啊？

对于宋襄公的倡议，齐孝公没有反对，楚成王也没有反驳。于是三方达成一致，约定稍后在宋国的盂地以乘车相会。

这里先解释一下，何谓乘车相会。

古代盟会分为两种形式，乘车会和兵车会。

所谓乘车会就是各国派几个当官的过来，大家坐在一起下下棋喝喝茶，完了搞个共同声明就散会。

所谓兵车会就是各国派几个当官的带兵马过来，下棋喝茶之余顺便搞搞阅兵式或军事演习。

盟会时到底采取何种形式主要看盟会是否含有军事目的。譬如齐桓公主持的召陵会盟就是兵车会，葵丘会盟就是乘车会。

叽叽你说什么？奥运会和敖包相会是兵车会还是乘车会？嗯，这种题目打死考官也不会出，同学们就不必深究了哈！

老实说，宋襄公勇于担当、敢为人先的心意本身是好的，不过他这种自高自大的表达方式给齐孝公和楚成王带来的感觉，是不切实际和缺乏尊重的。

只是，如果说齐孝公同意支持宋襄公，是因为宋襄公之前有大恩于齐孝公，并且齐孝公目前忙于收拾国内的烂摊子而无暇外顾才勉强就范的话，那雄心勃勃的楚成王竟然答应帮助宋襄公登上中原盟主的宝座，这又是个什么情况？

宋襄公天真烂漫，难道楚成王也跟着傻不拉叽了起来？给个理由好不好？

这个理由嘛，其实还是有的。如果大家够严谨的话，可以发现理由藏在前文一个不起眼的角落里。

没错，就是“筹备会”这三个字。

因为鹿上会盟只是个筹备会议，所有达成的协议只不过是表达一个意向而已，根本就不具备传统的法律效用，关键还得看正式会议上的表态。

但是，老谋深算的楚成王之所以答应帮助宋襄公，并不仅仅因为开空头支票省心又省力，还因为楚国长期被排斥在中原正统文化圈之外，平时极少有机会通过政治途径参与中原事务，这次正好可以利用盂地会盟来增强楚国在国际社会上的影响力。

至于到时候投不投宋襄公的赞成票嘛，以楚国的实力，难不成还有谁敢摁住他的手强行画押不成？

更犀利的是，楚成王盘算着给不知天高地厚的宋襄公一个深刻教训，具体来说就是偷偷夹带兵车入场，然后伺机劫持宋襄公，好好羞辱宋国一番。

“海棠老师，这次去盂地开会，大家说好只开商务车不开军车的。楚成王要是当着那么多老板的面儿耍阴招，以后还怎么和他们做生意？”

这个问题问得很有深度！有人或许认为楚成王的做法不是英雄所为，但我不觉得。

楚成王的这个思路，是一种典型的实用主义，不好看，但好用，很是值得推广。

一个人成功的方法有很多种，正所谓我走我的阳关道，你过你的奈何桥。

像洪七公一样光明磊落，走纯阳刚的路数，能练成降龙十八掌；像欧阳锋一样老奸巨猾，走纯阴邪的路数，也能练成蛤蟆功。后来，洪七公和欧阳锋在山洞里同归于尽，也没见得洪七公就占了一丁点儿上风。

就楚成王的计策来说，其精髓在于：宋襄公好大喜功，楚国劫之可以示威；劫而释之，又可以示德。

宋襄公被楚国翻来覆去地盘弄，必定尊严扫地。这样一来，中原诸侯谁还会瞧得起宋国？

相形之下，楚国威德并重，是不是就会显得分外迷人？

满心欢喜的宋襄公并没有意识到之前达成的协议只是个意向。从自居尊者到敲定盂地会盟的细节，这一切都给了宋襄公一个完美的错觉，那就是齐国、楚国都无心和宋国争夺中原盟主的位子。既然如此，那中原盟主的头衔还能往哪里逃呢？啊哇哈哈哈！

司马公子目夷警告宋襄公说："楚国是夷狄之邦，强暴且不讲信义，您还是带着兵车前去赴会保险一点儿。"

宋襄公一本正经地说："不行！我和他约定乘坐普通车子会面。约是我定的，如果又由我撕毁，人们都会骂我没有信义。"

公子目夷无语。

宋襄公遂传令，凡中原诸侯，务必遍邀，凡坛场公馆，务必华丽，凡献享犒劳，务必丰厚，要用举国之力把盂地会盟办成史上最完美的一次盛会。

公子目夷，字子鱼，是宋襄公的庶兄，素有仁名。

当年，宋桓公将死之时，世子兹父（宋襄公名兹父）说："目夷长，且仁，君其立之。"

公子目夷却说："能以国让，仁孰大焉？臣不及也，且又不顺。"

于是世子兹父顺利继位。

君位是个好东西，多少人阴谋阳谋地不把它弄到手誓不罢休，所以公子目夷认为世子兹父主动让位是仁莫大焉；可公子目夷自己面对送上门的超级大礼能够非礼勿受，他的仁也绝不会逊色半分。

公子目夷不仅仁得可以，贤的功底也很深厚。之前宋襄公要给鄫君放血，要攻打曹国，公子目夷都出面劝阻，说凡事不可操切，还是以德服人的好。

关于到底要不要背约而以兵车赴会，宋襄公的观点固然仁义有加，但公子目夷的观点也不失机敏灵活。

至于到底谁的观点更加致用，那就全都取决于楚成王将要采取的对策。而楚成王的对策嘛，恰巧就是暗中偷袭……

这年头，谁不使诈，谁就吃亏。真是天道有命而人道无常啊！

公元前639年秋，楚、陈、蔡、许、曹、郑六国国君陆续赴会。宋襄公一看齐孝公竟然没到，心里不免大为失望，但他并不气馁，仍然振奋精神，准备登坛主盟。

一通繁缛的礼仪后，进入推举盟主环节。

宋襄公用热切的目光看着楚成王，等着听他慷慨陈词。陈国、蔡国、许国和郑国都是在楚国的棍棒教育下长大的，只要楚成王带头表态推举宋襄公为盟主，四国绝对会举双手双脚赞成。

楚成王眼睑微微闭合，好像还在整理言辞。

好兄弟，慢慢回忆吧，千万别把秘书给你准备的贺词给说漏了。宋襄公看着坛中央的盟主座椅，想象着自己峨冠博带、威风凛凛的样子，只觉得呼吸的空气中都带着丝丝甜味。

半晌，楚成王还是沉默不语。

宋襄公心想，这家伙到底是蛮荒之地来的，也不知道究竟读了几天书，说句话都跟个便秘似的。当了盟主后寡人首先要做的是什么呢？对了，应该去祭拜一下祖宗灵位，给他们报个喜，宋国的子孙终究出息了；接下来还要设祭告慰齐桓公的英灵，他老人家的事业也后继有人了；再接下来就是整肃周朝礼法，把君君臣臣、老老幼幼那一套重新供奉起来，现在的人啊，戾气太重了，太浮躁了……咦，楚成王这个死人怎么还不吭声？

宋襄公盯着他不断地挑眉示意，可楚成王仿佛入定了般毫无动静。

宋襄公急了，掉转视线又去看其他五位国君。

陈穆公在捏指甲，蔡庄公在理胡须，许僖公在仰望星空，郑文公在俯视大地，曹共公倒是正襟危坐，不过在专心致志地窥看一个眉目清秀的执事。

宋襄公遍体燥热，忍无可忍，昂然说道："寡人欲修先伯主齐桓公故业，尊王安民，息兵罢战，与天下同享太平之福，诸君以为何如？”

五位国君齐刷刷地看着楚成王不肯作声。

楚成王及时醒了过来，皮笑肉不笑地说：“君言甚善。但不知盟主之位今属何人？”

宋襄公浑身一激灵，这不是事先约好的说法呀。他小心翼翼地说：“有功论功，无功论爵，更有何言？”

宋襄公这句话还是体现了一个中级知识分子的水准。

论功的话，宋国虽然除了平定齐国内乱也没别的突出业绩，但比起只会抢中原人老婆、夺中原人田地、灭中原人国祚的楚国来说又算是功德无量了。

论爵的话，宋国是公，楚国是子，中间隔了三四级。混衙门的朋友应该都有体会，这种距离比起太阳和地球之间的距离来说，其实也差不了多少。

宋襄公觉得只要把这条标准一摆出来，楚成王大抵应该是要上道的了。

楚成王果然很配合，脱口而出：“如此甚好！”

宋襄公向他投去深情的一瞥。

谁知楚成王口风一转：“敝国忝居王爵，已历五世，承蒙宋公抬爱，寡人却之不恭，愿勉力以居之。”

宋襄公忽然感觉自己让空气炮弹给击中了头部。嗡鸣声中，他仿佛看见楚成王的头顶冒出两只尖尖的耳朵，一对獠牙忽地从血盆大嘴里露了出来。

宋襄公扶紧座椅，艰难地咽了口唾沫，奋力疾呼：“君言冒爵，乃僭号也，奈何以假王而压真公乎！”

这一声喊，沉闷而又气促，就好像被扼住了喉咙一般。

楚成王不愠不恼，慢条斯理地说：“君既以寡人为假王，缘何书信频修，相邀至此？”

宋襄公张口结舌，一张老脸涨得通红，他有些狂乱地挥舞着衣袖，似乎是在抗争着什么。

蓦地，宋襄公僵直身体，睁大满是血丝的眼睛再次从其他五位国君的脸上逐个扫过，他不相信这些平时满口礼义廉耻的家伙都不站出来说句公道话。

楚成王胸有成竹，双手一摊说：“今日之事，在座诸公所推何人，寡人愿闻高论。”

五位国君互相交换了一下眼神，然后不约而同地向楚成王行礼。

楚成王哈哈大笑。

宋襄公好恨，为什么手边没有一部电台，他真想立马给宋国的武装部队发一条信息，信息的内容很简短，只有四个字：

向我开炮！

宋军没有收到指令，楚人却抢先展开了动作。不远处突然冒出一彪楚军，望着盟坛蜂拥而来。

宋襄公再不济事，也知道楚成王意欲何为了。可知道又有什么用呢？宋国执事端盘子的端盘子，举旗子的举旗子，唯一拿得出手的就是那把倚天屠牛刀，哪里抵挡得住楚国乔装而来的特种部队？

宋襄公急急对公子目夷说：“你快回去守卫国家吧！从今往后，宋国就是你的国家了。我当初不听你的规劝，才落到今天这个地步，真是咎由自取！”

公子目夷答道：“您即使不提到宋国，宋国本来也是我的国家。”

需要指出的是，公子目夷所称的“国家”和宋襄公所称的“国家”，显然不是一个概念。当然，这是题外话，总之公子目夷成功地逃回了商丘。

盂地会场，楚军已将宋襄公执住。其他五位国君大惊失色，待在原地一动也不敢动，完了，遇上黑社会了。

楚成王气宇轩昂地厉声数落宋襄公妄自尊大，以亡国之余而僭思图伯，实乃无知无耻之人。

宋襄公气结于胸，起初还想硬着脖子抗辩几句，等听到“无知无耻”四个字时，不由得眼前一黑，昏厥过去。

其他五位国君听楚成王的口气，好像这事和他们没什么关系，不禁都暗自松了口气，面露喜色，连声附和。

楚成王遂令楚军向商丘进击，宋襄公的小命捏在他手里，他不信宋国还有心思负隅顽抗。

宋襄公在盂地被劫的消息传来，商丘城里炸了锅。这不是害怕，也不是愤怒，而是一种真正的混乱。因为，宋国没有应急预案。

没有应急预案是很可怕的事情，它的直接后果就是忙中添乱，加倍放大消极因素带来的不利影响。

凡事预则立，不预则废。就宋国现在面临的局势而言，你说是应该拖现金找绑匪赎人呢？还是应该拖砍刀找绑匪拼命呢？

个人觉得，两种方案都不靠谱。因为绑架宋襄公的并非寻常劫匪，人家比你有钱，打架更是拿手好戏。

所以，假如宋国一直停留在这两种方案上摇摆不定的话，那宋襄公不变成楚国的永久居民才怪。这个时候，最是考验一个国家的政治智慧了。

关键时刻，还是公子目夷沉得住气。他命令国家进入紧急战备状态，敞开武库，全民武装，誓与楚成王决一死战。

楚成王派人传话说，你们最好马上投降，要不然我就把你们家老大给宰了！

公子目夷回话说，我们仰仗社稷神灵的保佑，已经立了新君，您就早点儿洗洗睡吧！

目夷言下之意，人质宋襄公的价值已大打折扣，由奇货可居变成了换季清仓，你楚国爱怎么处理就怎么处理。想要宋国束手就擒？门儿都没有！

劫持宋襄公只是楚成王借以树立恩威的一个战术手段，他原本就没想过借偷袭之机和宋国全面开战，威胁要杀死宋襄公，是为了尽可能地向宋国勒索绑费。

眼见公子目夷一副经验老到、软硬不吃的架势，楚成王明白，戏演到这个地步也该收手了。

同年冬，盂地会盟的各国诸侯外加鲁僖公在宋国的薄地会盟。楚成王表示自己大人大量，既往不咎，将宋襄公当庭释放。

宋襄公得了自由身，却并没有揣着一颗激动的小心肝三步并作两步赶回商丘，而是径直去了卫国。

原来，宋襄公脸皮薄，因一意孤行而受此折辱后，实在是不好意思再回去面对乡亲父老。

特别是公子目夷。宋襄公对他背负忠告于先，托以社稷于后，谁知道他会不会对宋襄公失望透顶，甚至气塞于胸呢？要是宋襄公兴高采烈地回去而公子目夷拒绝接纳的话，那宋襄公还不得一头撞死在商丘城下？

宋襄公的心意，公子目夷都懂。他很体贴地派人奔赴卫国，对宋襄公说：“我只不过是代您保卫宋国而已（意思自己并不觊觎和眷恋国君的权力），您为什么不回来继续管理您的国家呢？”

宋襄公既羞愧又感动，终于鼓起勇气，又回到了商丘。

宋襄公的江湖哲学

宋襄公轻车简从前往盂地开会，满以为自己以诚相待的高风亮节会感动天下诸侯，然后顺理成章地当上万人仰慕的中原盟主。

不料中途陡生变故，横遭楚成王劫持。一擒一纵之间，搞得宋襄公颜面全无。那份感觉，就跟被剥光了绑着游街似的，真叫人生不如死。

面子是个很脆弱的东西，它经不起简单粗暴的打击，更受不了撕开掰烂的玩弄。譬如□□□□就是这种失败的典型。

他们这么多年来一如既往地见谁都敢输也就罢了。作为一名前球迷，我一开始还经常安慰那些阑干拍遍、掩面长叹“□□□□，何日出头”的朋友们，心若在，梦就在，大不了从头再来。

问题是，他们偏偏还输得那么没有品位，隔三岔五地在关键时刻上演黑色 × 分钟。害得广大执着的球迷苍白憔悴、伤痕累累，遇见国际友人时只好都集体假装自己现在改迷载人航空了。

宋襄公遭此奇耻大辱，既痛恨楚成王不守信义，更愤慨其他诸侯见风使舵。

这些中原诸侯平时口口声声蔑称楚国为南蛮，那义正词严、义愤填膺、义不容辞的架势，好像楚王要是站在他们面前的话，他们定然会关门放狗、争先恐后地抓住楚王咬上几口。

可等楚王真正到了他们面前时，一个个却又呆若木鸡、噤若寒蝉，瞬间将尊严和气节抛到了脑后。

宋襄公哀其不幸，怒其不争，决定杀鸡儆猴，主动出击，给最擅长拍楚国马屁的郑国一点儿颜色看看[①]。

有同学要问了：宋襄公，你又不是中原盟主，凭什么到人家郑国去执法？

宋襄公说，你这位同学怎么没有一点儿政治觉悟？虽然我现在还不是中原盟主，但绝不能放松对自己的要求，必须使自己在行动上和思想上主动向中原盟主的标准不断靠拢，最后才有可能获得组织和群众的认可呀！

公元前638年夏，宋襄公誓师伐郑。

我想，此刻的宋襄公，心中一定感慨万分吧。

因为就在不到二十年前，他的父亲宋桓公还曾经和其他中原诸侯齐心协力，追随齐桓公不远千里征讨楚国，为了把郑国从楚国的魔掌中解救出来。

召陵会盟的荣光时常还在梦中闪耀，不料昔日同仇敌忾的战友今日已反目成仇，而楚国也正趁着中原离散的空当疯狂北进。

这难道不是中原诸侯的悲哀吗？这样继续下去，华夏族群还有明天吗？自己满腔热忱想要接过齐桓公尊王攘夷的大旗有错吗？有错吗？苍天哪！兹父的这一番苦心孤诣上不欺祖宗神灵，下不负社稷苍生，为什么通往成功的道路总是正在施工中呢？

对于郑国来说，它现在委身于楚国，其实也算不上宋襄公定义的自甘堕落。

当年郑庄公在中原独领风骚的时候，曾经派世子忽帮助齐僖公击退山戎的侵扰，可见郑国以前是很有华夷之防的。那为什么如今的郑国全然没有这点意识，终日和南蛮楚国保持不正当关系呢？

答曰：被打怕了。

一个国家的气质就和一个人的性格一样，总是在被无情的命运反复打磨扭曲，最终被改变得面目全非，无从辨识。

可怜的郑国呢？一遍又一遍被身强力壮的楚国折磨蹂躏。慢慢地，郑国的心理开始产生了微妙的变化，从一开始的仇恨，变成恐惧，再变成服从，接着变成依赖，最后还有可能变成爱。

专家对此有过很多种解读。但我看来，关键就是一条，楚国通过绝对的暴力，

---

① 薄地会盟后，郑文公再次赴楚国朝拜了楚成王。

完全掌控了郑国的命运，久而久之，郑国就会产生错觉，仿佛它的生命、它的安全、它的自由，原本就是楚国赐予的一样。

郑文公见自己将要被宋襄公痛扁，赶紧求救于楚国。

楚成王虽然为人粗暴，但也有自己的人生信条——谁欺负小弟，就是不给大哥面子。于是迅速起兵响应，趁宋襄公亲征而国内空虚的机会，挥师直捣商丘。

宋襄公闻讯大惊，唯恐后方有失，只得中途折返，心急火燎地回防本国。

宋国是一个典型的平原国家，那里生活的人们估计世世代代都不知道山是什么概念。一马平川的地形固然适宜于发展农业生产，但对于国土防御却极为不利。

因为即使是到了热兵器时代，利用山脉组建防线来抵挡敌军的攻击，依然是一种经济可靠的军事手段；在以兵车冲驰为主要攻击方式的冷兵器时代，山脉对敌军的阻滞作用就更加明显。

偏偏宋国地处中原核心，是四面八方有志图霸者的必争之地，防御压力异常沉重。缺少了山脉的支撑，也就难怪它始终不能成长为一流大国了。

可是，境内没有山并不代表宋国就完全无险可据。因为，它还有河，譬如淮河。

淮河是一条依赖北方滋养的河，它的支流基本上都来自黄淮平原，多半流经宋国境内。

宋国境内的这些淮河支流自西向东平行排列，就像一根胸骨生发出的肋骨一样。所以说，如果有敌军从西边或者自东边向宋国核心区域发动攻击的话，宋国尽可以凭借淮河支流组织逐级防御，效果必定良好。

令宋国欣慰的是，楚国位于宋国的西南方，楚成王如果要攻击宋国，基本上就是一条自西向东的行军路线。

而宋国摆在楚成王面前的第一道河流防线，是一条被称为泓水的淮河支流。

公元前 638 年十月底，当长途奔袭的楚军进抵泓水西南岸时，宋军已在泓水东北岸列阵以待。

就此时的战争势态而言，假如不出意外的话，楚国是打不赢宋国的。原因很简单，宋军可以利用滩头的有利地形阻击楚军。

看过电影《雷霆拯救》的人，一定都会对影片起首那段抢滩登陆的精彩镜头印象深刻。德国守军仅凭几个坚固的地堡就杀得潮水般涌来的美军人仰马翻、尸横遍野。可见抢滩登陆的难度有多么大。

不过，假如我要是告诉你，春秋那阵子，行军打仗根本就不流行抢滩登陆这一套，你信吗？

不信是吧，我不怪你，那么久远的事，没研究过的人确实搞不清楚。这就和不是资深影迷也不知道很多万人迷出道时曾经拍过“不二不四”的片是一个道理。但我必须强调的是，这是事实。

周朝开国之初，礼法盛行，凡邦国建制、政法文教、礼乐兵刑、赋税度支、膳食衣饰、寝庙车马、农商医卜等，都有相应的典章制度。

以前讲鲁庄公之死时给大家提到过“丧礼”，现在说说“兵礼”。

所谓“兵礼”，顾名思义就是关于交战规则和军队仪节的礼法。

“兵礼”若展开来分析的话，可以单独成书。为了不把泓水之战的话题扯散，今天只零零碎碎地列举几条。大家谁要是痴迷于军事传统文化，可以去图书馆翻看《司马穰苴兵法》。

春秋时代，为了不耽误农业生产，各国基本上不在春天打仗。一般到了立秋这一天，等国君带着大臣到西郊“迎秋”后，才可以发动战争。

在战争对象的选择上，一般不进攻正在为国君服丧或有灾荒的国家。

在战场的选择上，一般以开阔地为宜，没有一方扼住关口占对方便宜的习惯，当然也就不会有另一方抢滩登陆的必要。

开战时，双方先是摆好阵形，然后击鼓冲锋。

战士看到对方的老弱伤兵，一般不会痛下杀手。

倘若一方败退，另一方战场追击不能超过百步，战役追击也不能超过三舍。

战争结束后，战胜国不能破坏战败国的祭祀设施。

…………

这些规矩看起来文绉绉的，甚至还没有俄罗斯球迷斗殴或美国警察执法那么惊险刺激，但这是受当时农业生产力低下、宗教神圣、人口稀少以及作战理念陈旧等各种因素共同制约而形成的有时代特色的行为方式。

这种方式到底合不合理，在此我不想探究。我只知道，在这些稀奇古怪的作战规则中，我看到了一种质朴的人文关怀。

好了，言归正传，继续泓水之战。

交战前夕，宋国新任司马公孙固建议宋襄公与楚国媾和，他的原话是这样说的："天之弃商[①]久矣，君将兴之，弗可赦也已。"

公孙固深谙宋襄公的图霸之心，也很了解宋国的实力无法与楚国正面抗衡，所以劝宋襄公正视理想与现实的差距，不要轻启战端，以避免无谓之牺牲。

实事求是地说，公孙固临战而思媾和的想法并不是颠倒错乱。因为楚国援救郑国的目的已经达到，未必还想继续和宋国死磕；倘若宋国表面上装扮出谦恭的姿态，楚国是很有可能趁势收手，然后载誉而归的。

可潜意识里充斥着霸业宏图的宋襄公对公孙固的话很抵触。他认为楚国虽兵甲有余，但仁义不足；而宋国虽兵甲不足，但仁义有余。

在他看来，如果想继承齐桓公的霸业，就必须主动担当起攘夷的重任，和楚蛮子拼个你死我活。

再说了，仁义就是一把无坚不摧的利器。宋国既以仁义为政治口号，那天下还有谁能与之争锋呢？

驳斥完公孙固的观点，宋襄公兀自意犹未尽，又命人建一面巨旗立于军前，旗上大书"仁义"二字，并与楚军约期决一死战。

十一月一日，楚兵开始渡河。

从东北岸可以清晰地看见，在流水的干扰下，楚军的木船行进十分缓慢，前锋三三两两已经靠岸，可大部队还在河中漂浮。

假如我是宋军的总指挥官，我可以指出楚军眼下存在的两个致命漏洞。

一是楚军阵形散乱，根基不稳，无法发动有效攻击，也无法形成有效防御。二是楚军没有趁黑夜渡河，将它最虚弱的时刻清清楚楚地暴露在了宋军眼前。

结论就是：此时不打，更待何时。

宋襄公视而不见。公孙固请令抢在楚军尽数登岸之前，围歼他们的先头部队。

"海棠老师，你前面不是说，没有一方扼住关口占对方便宜的习惯吗？到底是

---

① 宋国乃殷商后裔，故以商自称。

你犯傻，还是公孙固犯规？”

这位同学能提出这样有水平的问题，老师我很欣慰。

不过我要提醒你，下次再遇到类似的情况时，你尽可以把“海棠老师犯傻”这个选项先行排除。因为，只有校董和教务长那些人才会犯傻，像海棠老师这样善解人意、风情万种，又怎么会和“傻”字扯上任何哪怕是一丁点儿的关系呢？

至于公孙固有没有犯规，我们不妨从那个叫曹刿的山东农民说起。

曹刿就是在长勺之战中帮助鲁庄公打败齐桓公的牛人，“一鼓作气，再而衰，三而竭，彼竭我盈，趁势而攻”是他的招牌动作。

《左传》中对曹刿大致采取了肯定态度，后世对于他的评价也颇高，称他开创了“敌疲我打”和“后发制人”战术思想的先河。

不知道大家是否考虑过，为什么在长勺之战中，曹刿的战术得以成功实施呢？

我们回过头去看看。齐军擂鼓进攻，鲁军按兵不动；齐军一看鲁军不动，只好撤回去重新擂鼓进攻。如此一而再，再而三，等到齐军疲乏了，鲁军突然展开攻击，一举打败齐军。

说句良心话，曹刿的战术实在是平淡无奇，看不出任何高明之处。

可是，齐桓公那么英睿神武，怎么偏偏就中招了呢？

鲁军站着不动，那就让他们不动嘛。你只管冲上前去，打完左脸打右脸，最后一记面目全非脚将他们彻底毁容。世界上难道还有比这更简单、更舒爽的好事吗？

对此，我只能说，齐桓公是一位古之君子，他遵循了“鸣鼓而战”的兵礼。

但是，如果反过来简单地说，因为曹刿没有遵循兵礼，所以其行为涉嫌犯规的话，那我们的眼光就还只是停留在了问题的表面，正所谓知其然，不知其所以然也。

朋友是用来出卖的，规则是用来修改的，世界上那些看起来岿然不动的东西，说穿了也就是披着件神圣的外衣，脱光了一样分文不值。

随着周王室权威的不断消减，礼乐崩坏是一种在所难免的趋势。这就好比美国经济萎缩了，美元与黄金挂钩的政策必然会倒塌一样。

在周王室无法提供强力保障与制约的情况下，人们的思想开始突破传统周礼的束缚，自由发挥，自由创造，各种新思路层出不穷，直至发展成为“百家争鸣”的繁荣景象。

而曹刿就是在这个不可逆转的历史潮流中，扮演了一个兵法领域探索者或先行者的角色，而不仅仅是一个规则的破坏者。

说到这个深度，相信大家应该可以举一反三，已不需要我再赘言评价公孙固的言行了吧。

面对公孙固的请战，宋襄公不为所动，他深情地看了看头顶那面迎风飘扬的仁义大旗，慨然说道：“不可。吾闻之也，君子不厄人，吾虽丧国之余，寡人不忍行也。”

半晌，楚军终于完成集结，乱哄哄地开始布阵。

公孙固看在眼里，急在心里，忍不住再次请战：“请追其未毕陈而击之。”

宋襄公有些愠怒，你这死脑筋怎么总是这样冲动呢，难道你要贪一击之利，不顾万世之仁义吗？他耐着性子解释道：“不可。吾闻之也，君子不鼓不成列。”

于是，全体宋军刀出鞘，箭上弦，眼睁睁地看楚军在面前做着最后的临战准备。

不久，楚军布阵完毕，望之气势严整，宋军上下无不悚然。这一次，公孙固没有再冲动。

宋襄公命中军擂鼓攻击，楚军也擂鼓进击。震天动地的喊杀声中，双方瞬间绞缠到了一起。

贴身厮杀有一个明显的好处，那就是砍人的效率奇高，刀剑停留在空中的时间很少，停留在对方身体里的时间很多。特别是当某方开始占据优势后，会由一砍一加速升级到二砍一，三砍一……N 砍一。等到 N 砍零的时候，战斗也就自动结束了。

最终，这种在竞技游戏中被称为强制退出的胜负关系没有在泓水之战中出现。不过其实也差不了太远，宋军几乎全军覆没，只剩下宋襄公、公孙固和些许残兵败将狼狈逃了回去。

这一仗，宋国输得如此狼狈，辎重器械损失殆尽不说，包括宋襄公的亲卫队都统统死光了，连宋襄公本人也大腿中箭，伤势极其严重。

然而，更让宋襄公痛苦的还是国人的非议与归怨。

对此，宋襄公做出了如下辩解："君子不重伤，不禽（"禽"通"擒"）二毛。古之为军也，不以阻隘也。寡人虽亡国之馀，不鼓不成列。"

正卿公子目夷反诘道："楚军一开始由于地形狭隘而未能摆开阵势，这不正是老天赐予我们的歼敌良机吗？为什么您还要畏首畏尾？楚国既然是我们的敌人，那就尽管杀尽管抓嘛，为什么还要区分他们是不是伤员是不是老头子？只要能够战胜敌人，运用有利的地形和时机又有什么错？您要是如此爱惜敌人，那还和他们打仗干什么，直接投降岂不是更加省事？"

面对公子目夷的连番诘问，宋襄公哑口无言。然而他还是想不通。为什么坚持遵循周礼的指导方针行事，反而会处处落败？周礼这玩意儿，难道是丧心病狂的人们穷极无聊时虚构出的一种不切实际的幻物吗？

在极度的抑郁和苦闷中，宋襄公伤势恶化，第二年夏天就走了。我认为，这种死法真的相当悲惨。

说实话，在动笔写这一章的时候，我本来是预备为宋襄公张目的。

我并非不知道一个人应该顺应潮流，应该相时而动；我只是觉得，在我们周围，类似的投机取巧不是太少，而是已经泛滥到了不择手段的地步，这让我忍无可忍。

每当一句"人心不古，世风日下"的喟叹脱口而出时，我就会非常想念曾经的那个时代和曾经的那些人。和他们相比，我不敢说我们进步了太多。

写着写着，我的心忽然变得怯弱了起来。

在宋襄公事实上被淘汰的情况下，再来颂扬他这种"蠢猪式的仁义道德"，有多少人会在意呢？

或者说，即使大家觉得宋襄公的精神也还有那么点儿存在的价值，又有多少人会去践行呢？

换作是我自己，我做得到吗？我只能说，我很惭愧。

罢了罢了，关于礼仪这种务虚的东西，说来说去纯属庸人自扰，咱就此打住。

快要下课了，本章还有最后两个问题要附带地讲一讲。

一是泓水之战对于交战双方的影响。

对宋国来说，由一个准一流的国家变成了彻头彻尾的二流国家，此后再也没能在历史上发挥重要影响（似乎之前也没有）。

对于楚国来说，严重削弱了其进军中原的又一大障碍。在此后数年间，楚国的势力范围不断向北延伸，直到在河济之间一个叫作城濮的地方和晋国狭路相逢。

二是泓水之战对于兵礼的影响。

泓水之战是以“正而不诈”为主旨的兵礼缓缓退出历史舞台过程中的一个剪影。

在封建割据不断加剧的大势下，随着人们的思想渐渐解锢、武器装备日益精良和战法进一步成熟，兵礼上的那些教条主义褪尽了骑士般高贵的光环，越来越遭到了人们的毁弃。

这正如《淮南子》所说的那样：“古之伐国，不杀黄口，不获二毛，于古为义，于今为笑，古之所以为荣者，今之所以为辱也。”

等到春秋晚期《孙子兵法》横空出世时，新型的以“诡诈奇谋”为主导的作战方式迅速崛起，“兵不厌诈”的思想终于成为人们的普遍共识。

王子带的帽子戏法

泓水之战是楚国强力插入中原腹地的一个标志性事件。借由此战，楚国成为中原事务不可或缺的参与者甚至是具有相当分量的领导者。

泓水之战次年，楚大夫成得臣①就以陈国亲宋为借口，出兵攻打陈国，并占取了陈国的焦、夷两地，筑城而还。成得臣也因功被鬬穀於菟推荐为令尹。

随后，宋国望风归附。宋成公明白自己和楚成王不是同一个实力级别的玩家，再像老爸宋襄公一样异想天开只会死得更惨，于是把屈辱都埋在心底，亲自跑到郢都朝拜。

---

① 鬬穀於菟的弟弟，字子玉。

以痛击宋国为跳板，楚国对涉足河济平原产生了无限的遐想[①]。

河济平原是一块福地，终春秋之世，它都是诸侯大国召开盟会的首选之地。在这里，见证了无数政治人物宣示强权的荣耀。

楚成王既然已经将势力范围延伸至济水南岸（即郑国和宋国一线），那以楚民族无限扩张的外交风格，当然不会就此裹足不前，河济平原也就理所当然地成为他下一个猎取的目标。

攻略河济平原，带来的不仅仅是一种向中原霸主靠近的心理感觉，它还可以进一步巩固楚国在中原核心区域的地缘优势，造成西部周、秦、晋与东部齐、鲁之间隔绝的局面。

俗话说，一人得道、鸡犬升天。有了楚国这样一个强大的后台撑腰，郑国也跟着风光起来。

这人一风光嘛，自然就心高气傲，平时见怪不怪的事，如今再一看，突然显得格外面目可憎。

譬如滑国，一个芝麻粒大小的姬姓封国，以前做过郑国的小弟。后来郑国自己不景气，滑国就改换门庭投靠了卫国。

按说，滑国的这种做法其实也算不上背叛师门或红杏出墙啥的。

在春秋那个日渐纷乱的年代里，大国要占山为王，小国也要混口饭吃；大国需要小国捧场，小国也需要大国保护。双方就是一个简单的利益交换关系，谈不上海枯石烂、白头偕老之类的高尚情操。

对于这一点，郑国并不是心里没数。自郑庄公以降，郑国的国势就像消费者买房的信心指数一样，江河日下，看不到止跌的尽头。在这样的情况下，郑国采取睁一只眼闭一只眼的态度，默许了滑国与卫国的自由恋爱关系。

等到在楚国手下当头领后，郑国又依稀找回了几许当年的威风，于是翻出陈年旧账来，准备找滑国的碴儿，借此机会在大牌云集的春秋舞台上抢点儿戏份。

话说公元前 640 年郑国曾经发动过一次攻打滑国的战争。当时，滑国看起来

---

① 河济平原即黄河以南、济水以北的平原地带，若以国家区划而言之，大致就是卫国和邢国所在的位置。

还是很识趣的，郑国大军一到，立马名烟名酒、环肥燕瘦地殷勤招待，满口答应以后定期主动将保护费打到郑国的账上。郑文公表示比较满意，把大军撤了回来。

没过多久，郑文公发现不对劲啊，滑国说好上缴的保护费，怎么一个子儿也没见着呢？派人一打探，原来滑国都打到卫国的账上去了。这不是赤裸裸地羞辱郑国吗？

郑文公那个火呀，都快赶上葫芦兄弟里的火娃了，张口一喷，“呼呼呼”，能把滑国烧得皮焦肉酥的。

小子，你敢玩我？你难道不认识我大哥是谁吗？看来不给你放点儿血，你还真不知道爷们儿是纯的了！

于是，郑文公于公元前636年再次点起大军，杀气腾腾地直奔滑国而去。

滑国一看郑国要玩命，心里十分恐惧，只好找卫国求救。

谁知卫国也非常犯难。倒不是说卫国隔滑国比较远，无法及时救援。关键是郑国背后还有个更加凶猛的楚国在虎视眈眈，万一郑国是在楚国的授意下行事，那卫国贸然发兵援滑岂不是自讨没趣？

想到这里，卫文公惊出一身冷汗，于是支支吾吾天上地下罗列了一堆的困难，中心思想其实就是一句话：请滑国自力更生，好自为之，咱回头再见。

滑君好恨自己为什么去年没有买一块表送给卫文公。

随着郑国大军日益逼近，滑君的痔疮也日益严重。就在这种茶饭不香、如厕不爽的双重夹击之下，滑君渐渐地被逼出了灵感。

为什么不去找领导？就算下面的个别人胡作非为，难道英明睿智的领导也会坐视不管？不可能，领导可都是明察秋毫的。

郑文公是标准的姬姓旁支自不用说，楚成王也曾经当着齐桓公和中原诸侯的面儿承认周王室为天下宗主，那找周襄王投诉郑国越权执法应该是没问题的。

想到这里，滑君忽然觉得痔疮的症状好多了。

周襄王挺重视这起维权事件，立即派特使伯服和游孙伯前往郑国调解。

不料，郑文公一直对公元前673年时老爸郑厉公帮周惠王平定子颓之乱而周惠王吝于封赏之事（仅仅赏了一个鞶鉴）耿耿于怀。因此一点儿面子都不给周王室，不但以行政复议期间具体行政行为不停止执行为由继续向滑国进军，而且把周襄王的特使也一并拘禁，以解心头旧怨。

周襄王闻讯大怒。郑国是个什么货色，楚国欺负我也就罢了，毕竟人家现在正当红；郑国都过气半个多世纪了。

于是，周襄王主持召开御前会议，商讨如何惩治郑国。

大夫颓叔和桃子认为，单凭周王室的力量，不一定能把郑国整得服服帖帖，如果约集翟国一道出兵，那就保险多了。

大夫富辰表示反对。郑国怎么说也是天子近亲[①]；而翟国乃是狄人之属，岂能同室操戈，以疏间亲呢？再说了，扶持郑国的目的本来就是为了藩屏周王室，如果反以郑国为敌，那不是自乱阵脚吗？

富辰的话固然有道理，但却没有提供一个解决实际问题的办法。

周襄王思前想后，觉得既然能打架就没必要吵吵，遂以颓叔和桃子为使，联络翟国出兵攻打郑国。

翟国倒也挺给力，二话不说就把郑国栎地攻了下来。

郑文公一看家里突然闯进来这么多野汉子，不由得担心起老婆孩子的安全来。加之周襄王也屯军于郑国边界，一副动机不纯的样子，郑文公只好罢却攻打滑国的意愿，再次把人马拉了回来。

经此一役，周襄王对翟国的好感上升到了一个崭新的高度。这么听话又能干的下属，怎么样同它进一步搞好关系呢？

周襄王动起了脑筋。很快，他就拿出了主意，要娶翟国公主隗氏为夫人。

富辰依旧劝阻，周襄王仍然不听。

翟国的男人虽然长得三粗五大，面目狰狞，不符合华夏审美观；可翟国的女人却是身材妖娆，容貌艳丽，颇受华夏男士的追捧。

譬如晋人就喜欢收纳翟女，晋献公、重耳和赵衰便是身体力行的范例（参见前文关于狐姬、季隗和叔隗的叙述）。

周襄王觉得，他找个翟女来充实后宫，纯属人之常情。

---

① 郑国始祖郑桓公与周宣王是兄弟，在所有姬姓诸侯国中，大概只有郑国和当今的周王亲缘最近。

有的人可能不理解。周襄王你想要和翟君亲近应该有很多种方法呀，干吗非得平白无故地认个爹回来？你们俩换过帖没，要是他年纪比你还小，那不是要让别人笑掉大牙？

对于这个有点儿搞的问题，我们关键还是要用历史的眼光去辩证地看待。

春秋时代，受人口繁殖率极低的影响，女人主要就是发挥一个生育工具的功能，人们的意识形态中根本就没有妇女权益以及由此衍生出来的伦理关系的概念。因此，烝（娶老爸的女人）、报（娶叔伯的女人）、逆（娶子侄的女人）等现在看来匪夷所思的事情才会频频上演。

不但如此，长得漂亮的女人还要承担额外的职责，那就是满足成功男士的生理欲望，并由此演变成为政治利益交换时的润滑剂。

所以，对于周襄王来说，他与翟君的长幼关系是不必考虑的，隗氏成了他的老婆、翟国成了周王室的亲密战友才是重点。而且，如果周襄王觉得有必要，他也可以同时把自己的女儿嫁给翟君做老婆，大家亲上加亲，何乐而不为？

话说隗氏自打当了周襄王夫人后，荣华富贵，锦衣玉食，那叫一个享用不尽，按说日子应该过得相当滋润。不过，光鲜的背后不一定就是充实，隗氏也有她的难言之隐。

原来，周襄王人过中年，驾驭女人的兴趣与能力都已大打折扣，实在是应付不了隗氏如狼似虎般的奔放与热情。

可活人终究不会让尿给憋死。就在隗氏空虚难耐的当口，一个精壮的男人适时地闯入了她视线，他的名字叫王子带。

“什么？王子带？难道这个贱人还活着？老师你在胡说八道吧？”

“呃，这个这个，同学们少安毋躁，容老师再看看。嗯，的确是王子带没错，史籍上白纸黑字写得很清楚。But，请同学们明鉴，他没死老师也感到很意外。”

王子带，周惠王第二位王后陈妫的儿子，幼年时由于母亲当宠，加上自己聪明伶俐，所以差点儿被周惠王破格提拔为世子。

不过，在中原霸主齐桓公的强力干涉下，最终周天子的宝座还是落到了周惠王嫡长子周襄王的头上。

王子带虽然在第一轮的争位较量中输给了周襄王，但周襄王心慈手软，并没有揪住他不放。可是王子带并不领情，心中对王位的贪恋反而日盛一日，最终孤注一掷，于公元前649年联合戎人发动叛乱。

然而，齐、秦、晋三强纷纷出手援助周襄王，王子带毫无悬念地再次功亏一篑。

接着，齐桓公为了加强对周王室的控制，转而收留了王子带，并试图逼迫周襄王接纳王子带回洛邑，可周襄王顶住压力绝不松口。

后来，齐桓公死了，齐国对周王室的威胁也随之解除。大夫富辰认为王子带丧失了被反周势力利用的价值，已不再具备危险性，于是劝周襄王以和为贵，于公元前638年将王子带从齐国召了回来。

联系富辰平时的言行来看，他应该是个有眼光、有担当的人。只可惜后续的事实证明，召回王子带的建议却是个不折不扣的馊主意。

而更具嘲讽意味的是，周襄王一般不怎么采纳富辰的意见，唯独这一次却鬼使神差地听进了耳。

那么，已经梅开二度的惯犯王子带回洛邑后，又会给周襄王带来怎样的惊喜呢？正像前文所言，他遭遇了刚刚过门的嫂子——王后隗氏。

王子带和隗氏到底经历了一个什么样的情感过程，我们已不得而知。或许就是在一次不经意的邂逅、一次不经意的目光交接中，一对dog男女即时达成了互相交换灵魂与肉体的精神契约。

接下来的故事情节，想必那些深受韩剧日剧毒害的朋友都不会陌生。一个白富美，一个高富帅，如干柴烈火一般在命运的安排下发生了狂野之恋。这样的青春偶像剧本要是放到现在，绝对会横扫各大电视台的黄金时段并迷倒无数宅男剩女。

不过我要提醒你们，事实上该剧情还糅合了政治剧的权谋和谍战剧的诡谲。别忘了，我们的男女主角都生活在最高统治者的身边，男的有过犯罪前科，女的乃是天子御用。你想得出还有哪部大片拥有如此丰富而珍稀的题材元素吗？想不出是吧？

那你知道他们之间究竟发生了哪些见得人和见不得人的精彩瞬间吗？不知道是吧？我也不告诉你。因为即便我妙笔生花，那也肯定没有你们想象的来得生猛，来得鲜活。

我可以透露的一点是：隗氏和王子带相见恨晚，不久就在周襄王的眼皮底下发生了超友谊的关系。

国君拈花惹草的事大家见怪不怪了，而君夫人翻墙偷腥的事对于大多数观众来说应该还比较新鲜。这不得不让人感叹，原来在寻求官能刺激和追逐自由幸福的人生竞技场上，从来就没有性别歧视这一套。

可是，周襄王干吗去啦？难道他察觉不出身边这头食欲旺盛的小母马最近平白无故地减少了对正餐的需索？难道他养的那么多包打听每天上班的时候都只是窝在暖房里神侃打呼？

周襄王，作为一个男人，你真是输得一败涂地！

历代的宫廷故事告诉我们，偷情就算可以瞒过苦主，也一定瞒不过那些无处不在的太监和宫女，所以隗氏和王子带的奸情必定不可能捂得严严实实。

可是周襄王你也别抱怨没人给你通风报信，当年王子带叛乱你都拍不死，现在他勾搭你老婆又有什么值得大惊小怪？

幸好，冥冥之中还有个叫“天”的老爷爷在主持人间正道，他觉得这偷情也偷得太光明正大、太肆无忌惮了点儿，简直和原配没什么区别了，所以决定安排一个小小的意外来搅一下局。

有一天，王子带在隗氏宫中饮酒作乐。隗氏不胜酒力，早早歇息去了。王子带意犹未尽，仍在自斟自酌。

酒精这种功能饮料的最大特点就是能显著改善血液循环，促进某类激素喷涌，让男人把□□看成女人，把女人看成嫦娥，把嫦娥看成自己老婆，把自己老婆看成□□，如此循环反复不止。

就在王子带喝得眼花缭乱之际，一个小东东映入了他的眼帘。

小东东并非小母猪之类的玩意儿，而是隗氏的一个贴身侍女，虽然名字中有个小字，那也不代表她的身体还很青涩。

按照丫鬟漂亮小姐定然有些抱歉、小姐漂亮丫鬟定然也有几分姿色的规律，小东东的杀伤力应该还是颇具规模的。

于是乎，王子带的大脑在片刻之间，自动完成了一系列复杂的认知转换，继而如同一只处在特殊时期的野兽一般扑了上去。

我承认，王子带的魅力很大。但是，即便像他这样一枚天潢贵胄兽性发作时的样子，也不见得就比街上的蛮夫丑汉更让女人喜欢那么一星半点。

更何况，虽然隗氏有胆量给周襄王戴绿帽子，但是小东东就算吃了熊心豹子胆也不敢和隗氏争风吃醋哇！

在一阵激烈的擒拿与反擒拿格斗之后，衣不蔽体的小东东终于挣脱了纠缠，继而狂呼叫喊，慌不择路地夺门而去。

低沉的密云笼罩在黑压压的王宫上，间或从中间划出几道猩红而无声的闪电。酽热的空气如同有形的胶质一般塞满了世界的每一个角落，有的人沉闷，有的人亢奋。雷雨马上就要来了吧？这注定将是一个无人入眠的夜晚。

危　机

男人是一个沉重的话题。

对于大多数男人来说，在阳世上走的这一遭就是段异常艰辛的历程，遭遇女人后更是一种无比残酷的折磨。

你说找个漂亮的吧，太操心；找个不漂亮的吧，又不甘心。

光顾事业吧，女人骂你没责任感；光顾家庭吧，女人又骂你没进取心。

专一点儿吧，女人骂你是木头；花心点儿吧，女人又骂你是禽兽。

有私房钱吧，女人骂你不够坦白；没私房钱吧，女人又骂你不够本事。

不去应酬吧，怕被上司废了；去应酬吧，又怕被女人废了。

男人是如此狼狈。他们战天斗地，与形形色色的牛鬼蛇神进行艰苦卓绝的抗争，耗尽了平生心血不说，到最后仍然两头受气，里外都不是人。

当然，这一切的苦难，都比不上自己的女人跟别的男人有一腿来得凶残。

因为每个男人，无论高的矮的、胖的瘦的、富的穷的、长的短的、粗的细的、耐久的不耐久的，其本质都是一个“木”字形的人。

他们心灵深处最原始的需求是勾引别人的老婆，但最起码的尊严却是自己的老婆不能被别人勾引，戴绿帽子这样的事情，那是要挖肝掏肺、蛋碎一地的。

譬如眼下这个夜晚，当从小东东口中得知自己的女人和自己的小弟弟发生了“战友”关系时，我们可以想象，一直蒙在鼓里的周襄王应当有了一种五雷轰顶的感觉。

事实上，王子带这一回也明显更加紧张。毕竟之前抢人家王位不涉及阴私，而现在玩人家老婆却是对周襄王彻头彻尾的羞辱。所以，没等到周襄王找他拼命，王子带已脚底抹油，仓皇逃窜。

顶着万乘之尊的周襄王，此时已经只剩下两条出路。要么杀了奸夫淫妇给自己一个交代，要么杀了自己给天下一个交代。

王子带跑了是吧，算他狠，咱哥儿俩青山不改绿水长流，隗氏你往哪里跑？贱人，要吃的时候找我，要喝的时候找我，要睡的时候找别人，你活腻了吧？世界上三条腿的蛤蟆难找，两条腿的女人老子一抓一大把！

暴怒之下，周襄王顾不得依法行事，连民政局都没去，就一纸休书直接将隗氏给废了。

谁知这一废，给废出麻烦来了。

麻烦一：隗氏是翟君的女儿，翟人历来粗犷凶悍，对于女儿被废这种煞面子的事，翟君是断然不能忍受的。

麻烦二：当年正是由于颓叔和桃子提议邀请翟国出兵伐郑，才陆续引发出后来这么多的不堪之事。你要说焦头烂额的周襄王和暴跳如雷的翟君不严厉追究他俩的连带责任，那是不可能的。而颓叔和桃子为了避免陷入内外交困的境地，不得已萌生了一打一拉（即反攻周襄王以讨好翟君）的打算。

麻烦三：以隗氏为纽带，翟国、王子带、颓叔和桃子等各方势力结成了反周联盟。

依我看来，周襄王这一回悬了。

冲突首先由颓叔和桃子挑起，他俩率军攻打周襄王，意欲尊奉王子带为王。

周襄王的将领准备交战。这时候周襄王说了一句匪夷所思的话：“要是杀了太叔（即王子带），我以后怎么跟先王后[1]交代呢？还是请诸侯来处置他吧！”

---

① 王后即周惠王的第二任王后陈妫。陈妫是王子带的生母，曾极力撺掇周惠王立王子带为世子，现在已死。

我不知道周襄王这句话的背后到底隐藏着什么深层次的考虑。难道是害怕背负杀弟的恶名？又或者是担心打不过王子带？甚至干脆是一夜之间已将王子带勾搭自己老婆之事释怀？这也太没有节操了吧？

“海棠老师，你吃咸萝卜就是，操个啥的淡心？王子带勾搭的是周襄王的老婆，连周襄王都不急，你急个屁呀？”

为了显示自己高风亮节、真的无意与王子带争斗，周襄王主动离开洛邑，避居坎欿。

洛邑的留守官员不干了。您一跑了之倒是洒脱，搞得不明真相的群众人心惶惶，这仗还怎么打？再说了，如果洛邑陷于叛党之手，到时候谁来拯救我们？

于是，洛邑方面一边组织抵抗，一边组织迎驾。周襄王一回到主基地，士民也就有了主心骨，几个回合下来，把叛军击退了。

可是，击退叛军并不意味着隗氏被废引发的各方矛盾就解决了。相反，颓叔和桃子既然选择了反叛，那就只能一条道走到黑了；而且，借由奸情败露不得不反的形势，王子带那颗永不熄灭的称王之心又燃起了熊熊的火焰。

公元前 636 年秋，王子带携颓叔和桃子引着翟军攻打洛邑，声势非常浩大。

周襄王派大夫谭伯领军抵御。谭伯虽然是周王庭的高级官员，但行政级别这玩意儿和战斗力没有一丝一毫的关系。翟军平时杀的是人和野兽，谭伯最多也就是用菜刀在案板上杀杀死猪肉，这样实力悬殊的两支队伍正面相抗，你说还会有什么悬念？

很快，在翟军的强力冲击下，周军被击溃，谭伯亦战死。

危急时刻，富辰说：“我屡次劝谏国君，国君都不听。如今到了这步田地，我若不出去迎战，国君大概会以为我是个光说不练的棒槌吧！”便毅然带领着他的属众出战，结果力战殉国。

洛邑破城在即，周襄王再次祭出了离城出走的绝招，只不过上一次是做做姿态，这一次却是不得不逃。

周襄王逃奔的方向很有趣，竟然是郑国。

几个月前，周襄王还在找翟国帮忙攻打郑国；几个月后，周襄王却又因为翟国的攻打而去郑国避难，这个弯转得也太急了点儿。真不知当他面对郑人时，脸上会是怎样一副苦瓜加麻花的表情。

不过，郑文公似乎并不记恨。他把周襄王安置在氾地，嘘寒问暖，馈问不缺。

这边厢，王子带终于以一个主角的身份开进了洛邑的王宫。周天子的宝座空荡荡地摆在他面前，他坐在上面，整整衣领，清清嗓子，摸摸这儿，看看那儿，感觉无比良好。

王子带心里琢磨，这个世界到底是怎么回事？老子一本正经的时候它一根毛都不给，闹着玩的时候它却打包送过来。老天爷，你要玩我是吧？你玩死我好了，我喜欢！

为了把喜庆的气氛搞得再浓郁一点儿，王子带又堂而皇之地把隗氏正式娶进门，住在温地[①]。没了周襄王儿，两人终于可以赤裸裸地纵情欢愉了。

呵呵，王子带，你这人挺乐观的哈！可是，你真的以为万事大吉，可以高枕无忧了吗？

我记得有句俗话叫作“笑到最后的人才能笑得最好”。一把手的位子就那么容易坐？孩子，说实在的，你还嫩了一点儿。

不过，事情既然做了，是好是坏反正已经埋下了伏笔。你介不介意花几分钟时间听听我的看法，也好在将来的某一天提前向阎王爷报到时，把自己的来路讲清楚，以便早日投胎呢？

其实，周天子的王位，目前是不容篡夺的。

在本书前文所述及的东周历史中，王子篡夺周天子王位的记录有三回。

第一个回合是周桓王的次子王子克试图取兄长周庄王而代之，第二个回合是周庄王的儿子王子颓把侄子周惠王赶下台自立为王，第三个回合就是王子带前后两次冲击兄长周襄王的王位。

这三个回合政变的结果，无一例外的都是以失败告终。

应该说，出现这种殊途同归的情况并不是巧合，显然有一股无形的力量在暗中操控着这一切。

---

① 温国于公元前570年被狄人灭亡后，温地被周王室收归国有。

这股神秘的力量不是来自黑社会，也不是来自潜规则，而是来自礼教。

我知道这个答案一定会让大家跌破眼镜。因为多少年以来，礼教这玩意儿，就像故宫里铺路的石板一样，遭千人踩，被万人踏，早已残破得不成模样。要说它现在还能发挥匡扶王室正统的重要作用，大家估计是难以接受的。

对于大家的学术质疑，我完全理解。但我想澄清的是，我认为礼教在阻制周王室成员叛乱时发挥的作用，一开始还具备自动纠错的法律功能，后来则沦为了诸侯大国借以扩充自身影响力的工具。

如果大家看不透上面这句话里隐藏的玄机，那我们不妨展开来稍作分析。

周王朝开创之初，推广了一套具有分封特色的礼教。它是人们工作、生活和交往的行为准则。

后来周王室不断衰落，诸侯割据势力不断强盛，礼教由于得不到中央王权的政治保障，渐渐丧失了其原有的约束或者说强制作用。

不过，对于诸侯大国而言，礼教仍然拥有被利用的价值，最典型的案例就是齐桓公举着“尊王攘夷”的旗帜称霸中原。

在周王朝礼教的范畴里，王是王，臣是臣，华夏是华夏，夷狄是夷狄，这个区分原本毫不含糊。可是既然周王室自己都被犬戎从镐京轰到洛邑来了，天下之势纷乱糟糟，指望大家继续遵守旧秩序是不可能的。

那齐桓公为什么要“不识时务”地喊出“尊王攘夷”的口号来呢？因为，齐桓公当时需要为自己打开一扇干涉中原事务的大门，天上人间再没有一个比“尊王攘夷”更优雅、更高尚的借口了。

说到底，礼教本质上只是一个经强者认可方产生效力的游戏规则而已。强者说它是至尊纲领，它就是至尊纲领；强者说它是狗屁逻辑，它就是狗屁逻辑。

那么，我们再回过头来看看上述四次王子篡位都是如何平定的。

第一次，王子克串通周公黑肩谋反。在辛伯等大臣的协助下，周庄王杀黑肩而逐王子克，依靠自己的力量圆满地解决了问题。

第二次，王子颓串通大夫苏国等人，勾结卫国一同谋反。周惠王在郑国的帮助下，将国内逆党一网打尽。

值得注意的是，卫国介入是为了发泄私愤；而郑国介入时，打的就是匡扶礼法的牌子，其目的是借拥立之功挽回郑国的颓败之势。

第三次，王子带凭仗周惠王的宠爱，试图夺取郑（即后来的周襄王）的世子之位。齐桓公为了维护中原政局的稳定，以尊崇世子为名，邀集中原诸侯大张旗鼓地为世子郑提供全程贴身护卫，直到王子带彻底退出世子之争为止。

第四次，王子带引戎兵谋反。秦国和晋国恰好都有到中原一试身手的想法，于是联手将王子带击退。

从中不难看出，王子篡位是礼乐崩坏的一个标志，但这不妨碍诸侯大国继续利用礼教的名义来实现自己的政治目的。

对于一颗反心矢志不改的王子带来说，他主演的篡位第五季到底结局如何，关键仍然取决于当时诸侯大国的态度。

可是很不巧，处在一个后齐桓公的时代里，篡周天子的位这种把戏仍然是没有前途的。

原因很简单。伟大的齐桓公虽然死了，但他留下的政治遗产依旧影响深远。谁要想接过中原盟主的交椅，“尊王攘夷”这个行业标准是没必要更改也不容易更改的。

周襄王当然不会不明白这一点。他立即向鲁国、晋国和秦国派出信使，通报了王子带篡位的不法事实，请求他们出兵相救。

晋文公和秦穆公接到周襄王发来的信息后，心中都非常激动。毕竟带兵进京处置中央王朝事务的好机会，就像网友见面时遭遇美女一样，那是极其罕见的。

历史上，公元前 770 年秦国和晋国进京参与了驱逐犬戎并协助周王室东迁的行动；公元前 649 年，又是秦国和晋国，进京参与了驱逐王子带解救周襄王的行动。

两次行动过后，秦国和晋国都迎来了各自的高速发展期。看来，带兵进京跟举办奥运会有得一比，虽然劳师动众了那么一点儿，但创造的社会效益还是超级可观的。

公元前 635 年，当这种机会再一次不期而至时，秦国和晋国又将如何把握呢？

“把把把，把你个头哇？赶紧出兵，撒开蹄子直奔洛邑而去呗！”

这一次，晋国占得了先机。

原因无他，周襄王信使走到晋国都城绛城的距离比走到秦国都城雍城的距离近多了。这就意味着，晋国可以比秦国更早收到周襄王的求救信并采取相应措施。

对于晋国来说，天上不但掉馅儿饼，而且馅儿饼直接掉进了它的嘴里。这样千载难逢的机会，晋文公怎肯放过。

于是，晋文公当机立断，派出了三路人马。第一路人马扛着嘴巴开赴秦都雍城；第二路人马同步出发，扛着礼物去收买“革中之戎”和“丽土之狄”，以疏通东进的道路；第三路人马紧随其后，扛着刀枪棍棒开赴洛邑。

晋文公安排后两路人马的用意都好理解，那开赴雍城的那一路是干吗去的？难不成都是一群吃货，想硬生生地在秦国制造粮食危机，继而使秦穆公无力出兵？

非也非也！这一路人马的使命就是凭着三寸不烂之舌，劝说秦穆公少安毋躁，收拾王子带的体力活交给乖女婿晋文公去办就得了。

其时，秦穆公已收到周襄王的求救信，正亲自率领军队赶赴洛邑，迎头遇见晋国使者时，人还在黄河左岸。

秦穆公盘算：按照目前秦、晋两军的行进速度，没准等秦军抵达洛邑的时候，晋军早已凯旋了；既然如此，与其劳师远征无功而返，不如就坡上驴，再卖个人情给晋文公。

馅儿饼，终于掉到晋国的喉咙眼儿里，扯都扯不出来了。

公元前635年，三月十九日，晋文公率军入驻阳樊（即前文曾经述及之温国的樊地），分兵为二,一兵攻打温地，另一兵前往汜地迎接周襄王。

四月三日，周襄王顺利回到洛邑。王子带也在温地落网，押到隰城后被晋军处死。

四月四日，晋文公入洛邑朝觐周襄王。周襄王心情十分愉悦，设享礼以待，并允许晋文公向自己敬酒（一种表示尊重的礼节）。

一番客气之后，晋文公忽然提出了一个不客气的要求：请周襄王准允他重耳死后享用隧葬。

隧葬是天子专用的丧葬礼仪，晋文公的这个请求可谓一语惊人。那么，晋文公到底想干什么呢？

在分析他的心理动机之前，我们不妨看看之前也有过勤王经历的齐桓公是怎么做的。

公元前651年，齐桓公主持葵丘会盟。当时的周天子也是周襄王，并且也刚刚遭遇了王子带的争位风波，幸亏齐桓公保驾护航，才得以顺利即位。

周襄王为了感谢齐桓公，特意派周公宰孔赶赴葵丘，赐齐桓公以胙肉，并特许他不拜而受。

就在与盟诸侯一片艳羡的眼光中，齐桓公做了一件出人意料的事情。他说，天子的威严不离咫尺，小白怎敢贪受“不下拜”的殊荣，而使天子蒙羞、使自己折寿呢？说完，径直下阶拜谢，然后登台领受。

比较一下可以发现，同样是勤王之功，齐桓公当时的威望远非现在的晋文公可比，而隧葬的待遇又远非不拜而受胙可比。

我说不清楚为什么会这样。或许是因为十六年后的周王室更加孱弱可欺，或许是因为晋文公的性格更加霸道，又或许是因为诸侯争霸中原的策略和技巧有了新的改进。

但有一点可以肯定的是，齐桓公依靠“尊王攘夷”的形象打拼天下，作为一名成熟的政治家，必然会刻意维护自己政策的连贯性与稳定性。

就政坛新秀晋文公而言，扬名立万是当务之急，称霸中原那也是朝思暮想。如此艰巨的使命，对于六十三岁的他来说，用“日月逝矣，岁不我与”来形容正是恰如其分。至于具体的策略嘛，“尊王”只是个旧瓶子，到底装什么酒……

“老师我知道是汾酒，昨天上数学课时我们还喝了两斤来着！”

面对晋文公的不情之请，周襄王很为难。一边是祖宗家法，一边是再造之恩，无论哪边都得罪不起，怎么办？

就在大家以为周襄王将要无奈接受时，这个印象中窝囊了一辈子的男人忽然焕发出了异样的光彩。他不假思索地侃侃而谈，十分钟后，晋文公心平气和地收回了隧葬的请求。

对于周襄王的这番精彩言论，历来人们都称赞不已，认为它充分展示了语言以柔克刚的神奇力量，《古文观止》为此还以“襄王不许请隧”为名做了专门收录。大家有兴趣的话可以去拜读一下，如果没兴趣的话，听我讲讲也差不到哪去。

这番言论的精髓就是两句。第一句是“王何异之有”，第二句是“改玉改行”。

所谓“王何异之有”，就是说当天子又苦又累（我觉得这是东周历代天子的血泪控诉），除了死后葬礼稍微隆重一些，其他的也没什么大不了。

所谓“改玉改行”，原意是指“倘若身上的佩玉更改了式样，人走路的气派就会随之变化”，引申开来就是说倘若晋文公做了天子，自然而然地就能享用隧葬的礼仪。

第一句话很低调，是周襄王在乞求晋文公给他留点儿面子，同时也在劝说晋文公不要争这徒有虚名的隧葬礼仪。

第二句话就绵里藏针了，要享用隧葬不是不行，有本事你晋文公来做周天子。

晋文公傻眼了，即使他再强悍，周天子的位置是无论如何也轮不到他来坐的。

通篇文章中，周襄王没有明说半个不字，最终却让晋文公哑口无言，知难而退。这就是语言的魅力。

可是，晋文公的实力和功劳摆在那里，仅凭这三言两语就想把他打发走，会不会太童真了点儿？

这个嘛，周襄王自己也深有同感。因为就算他口若悬河、巧舌如簧，这一次侥幸把晋文公绕进去了，那下一次呢？

下一次如果又有哪个小弟冒出来调皮捣蛋，到时候周襄王指望谁不计报酬地来搭救他呢？

所以，空手套白狼这样的活计是不现实的。

为了感谢晋文公的大恩大德，周襄王咬咬牙，含着热泪把王畿的温、原、阳樊、攒茅四邑的田地[①]划拨给了晋国[②]。

晋文公揣着这沉甸甸的四块土地，想必是相当欣慰的。因为，晋国的领土至此跨越太行山南段而进入华北平原，直抵黄河北岸。黄河中游从河口到旧孟津的几乎全部河段都处在了晋国的直接控制之下，这对于晋国逐鹿中原无疑是一个十

---

① 这些田地原属于苏国，公元前712年被郑国据为己有，估计后来郑国日渐衰弱，无力控制，又给吐了出来，可苏国已无力承受，于是落入周王室囊中。

② 再后来，晋国陆续占据了这些田地所在的城邑，也就是说完全拥有了温、原、阳樊、攒茅四邑。

分重大的利好消息。

美国气象学家爱德华·罗伦兹说："一只南美洲亚马孙河流域热带雨林中的蝴蝶，偶尔扇动几下翅膀，可以在两周以后引起美国得克萨斯州的一场龙卷风。"

这句话乍一看似乎有制造噱头的嫌疑，但仔细思考后我们不得不承认它说得很有道理。在相互关联的世界里，任何一处微小的变动都可能引发连锁效应，并形成一个难以估摸的后果。

就像这场由周襄王婚姻危机引发的闹剧，在经过复杂的转折与传递后，最终以晋文公的名利双收落下帷幕。看来，危机这玩意儿，是好是坏还真不好说。

所谓危机，危中有机，不仅是指对于一个人来说，危险与机会同时降临；或许，它还意味着，一个人遇到危险其实也就是为另一个人创造了机会。

说到底，人生的舞台就这么丁点儿大，谁都想成为主角，可是登台的机会那么少，要是人家一直顺风又顺水，那你还混个屁呀？

和　圣

公元前 634 年，齐孝公伐鲁。

关于这场战争，大的背景是鲁国和莒国这对老冤家在卫成公[①]的调停下，关系得到缓解，无意中触动了齐国的利益；而齐孝公不甘于寂寞，想借此机会在国际上搞点儿动静出来，彰显一下自己作为中原霸主之后，仍然具备一线明星的实力。

人家都说富不过三代，齐孝公这才富二代，有抛头露面的想法，我们当然要理解他。

至于鲁、莒、卫三国互相示好的行为，到底犯了齐国的哪条王法，是不是牵涉齐、鲁、莒三国之间地缘格局的改变（三国本为鼎立的局面，一旦鲁国与莒国构建友好关系，必然不利于齐国势力的伸展），我不清楚，也不想探寻。

那年头两个国家之间干仗实在是太司空见惯了，常常为了个鸡毛蒜皮的事情

① 卫文公之子，公元前 634 年正式即位。

就可以拉起队伍打群架。

比方说吧，前面黑压压的一大群人在热火朝天地械斗，场面搞得蛮大。不知情的人还以为双方有杀父之仇或偷妻之恨，仔细一打听，原来只不过是昨天晚上几个女人搓麻放炮引起的。

贱人，老娘的炮你也敢接，看我老公不派人弄死你全家。

总之，理由就是这样无厘头。你还别笑，春秋时期这样的事情不胜枚举，我再随便找两个给你看。

第一个。

公元前 721 年，莒国攻打向国。原因是向姜嫁到莒国后，未经许可擅自归省娘家。莒国国君觉得很不爽，娘子你白天回去安慰爹妈，晚上谁来安慰我呀？于是直接点起一彪人马，要把老婆抢回来。

第二个。

公元前 718 年，郑国攻打宋国，一路长驱直入，所向披靡，攻破了商丘的外城。宋国只好向鲁国求救。

鲁隐公倒是很热心，详细询问战况如何。谁知宋国使者死要面子，轻描淡写地说：郑国只不过攻破了商丘的外城而已，要想攻破内城只怕没那么容易。

鲁隐公火了：还“只不过攻破了外城而已”，意思说压力不大是吧，那你们宋国自己搞定好了，我最近生意比较忙。

四年后，郑国再次攻打宋国。宋国大概觉得反正鲁国也不会拔刀相助，于是自力更生将郑国击退。

不料这次鲁隐公更火了。遇到麻烦居然不找我，你这是没把我放在眼里呀！于是宣布断绝和宋国的一切来往。

又过了一年，郑国没有攻打宋国。好不容易清静了，鲁国却把齐国、郑国都找来说：怎么，今年不攻打宋国了吗？去吧去吧，那家伙着实可恨，大家同去哇！

好了，废话少说，先来看战事。

鲁国这个国家是周礼的正朔所在，文化十分昌盛，如果参加奥林匹克周礼项目笔试的话，绝对要包揽男单男双女单女双混双的全部十五块奖牌；可是军事实力比较抱歉，和齐国相比不在一个档次上。

面对齐孝公的攻击态势，鲁僖公相当紧张，一连好几天茶饭不思，简直连翻牌子的兴趣都没了。

只是我觉得哈，鲁僖公你大可不必如此憔悴，办法总是人想出来的。你们鲁国的家学源远流长，不乏以弱胜强的光辉事迹呀。

就拿你老爸鲁庄公来说吧，当年面对着举世无双的齐桓公，假如我说他俩是一个地下，一个天上，估计令尊也不会怪我太唐突。

可是，长勺之战，鲁庄公依靠老农曹刿的扮猪吃虎计大败齐桓公；柯地会盟，鲁庄公依靠猛男曹沫的擒贼擒王计逼齐桓公退还鲁国旧地。

你如今面对的齐孝公，总不会有他老爸那么威猛吧？所以呀，别人文的不行来武的，你武的不行不会来文的吗？

鲁大夫臧孙辰和我的想法不谋而合，他建议鲁僖公先派个人去向齐孝公宣讲一下和为贵的道理，说不定可以把齐军劝退。

鲁僖公一怔，谁的嘴巴这么厉害，难道是御弟哥哥穿越过来啦？

臧孙辰轻轻说出一个名字。

鲁僖公眉头骤然松弛，长舒了一口气说：寡人怎么把他忘了！

臧孙辰提到的这个人，姓姬，氏展，名获，字禽，是鲁孝公的儿子公子展的后裔，先前做过鲁国大夫，后来归隐做了逸民。

展获这个人，坊间知名度没有南侠展昭大，认识他的人可能很少，不过我要是说出他的另一个名字来，大家应该就会不那么陌生了。

展获的食邑之地名曰柳下，他死后谥号为“惠”，所以后人称之为柳下惠。没错，展获就是千古奇人柳下惠。

大多数人一听到柳下惠的名字，脑海里就会不自觉地闪现出四个字——坐怀不乱。

在这个娱乐至上的年代，在这个媚韩哈日的年代，在这个非主流成为主流的年代，历史文化知识的荒芜是一种普遍现象，柳下惠的沉寂实属必然。

甚至说，要是提起柳下惠的名字，同学们还能联想到“坐怀不乱”这个成语的话，证明同学们对国学还不是完全一无所知，我还颇感欣慰。

然而，这其实是我一种无可奈何的自我安慰罢了。说实在话，柳下惠所蕴含和代表的，绝不仅仅是“坐怀不乱”而已。

柳下惠归隐之前，在鲁国掌管刑罚狱讼之事。个人认为，这个官职看起来威风八面，做起来却顾忌重重。

因为如果贪赃枉法得罪了百姓，家中的女性成员不免频频遭受问候；如果秉公执法得罪了上司，那这辈子就会永无出头之日。

官场牵涉的经济利益很深。说不定你柳下惠今天端掉的某个地下黑窝点，就是上司暗中操控的第二产业，那你让上司情何以堪？

然而，柳下惠生就了一副天性耿直、不事逢迎的性格，对上司打来的招呼置若罔闻，所以很快就成为鲁国高层权贵的眼中钉和肉中刺，官声固然越来越响，可是官位却越来越低。

最后他看破世事红尘，干脆自己主动炒了上司的鱿鱼，潇潇洒洒地回家做田舍翁去了。

柳下惠虽说仕途蹭蹬，但道德学问名满天下。听闻他提前退休，各国诸侯争着以高官厚禄礼聘他，柳下惠都一一拒绝了。

旁人问其故，他回答说：“直道而事人，焉往而不三黜？枉道而事人，何必去父母之邦？”

这句话直译过来就是说：如果自己坚持刚正不阿的为人之道，无论到哪国都难免被罢黜的结果；如果自己摒弃了做人的原则，在鲁国就能获取高官厚禄，又何必背井离乡呢？

言下之意，和自己的操守相比，功名利禄这玩意儿，嘿嘿，实在是不值一提。

柳下惠的令名有口皆碑，他说的话要是砸到地上，那一个字就是一个坑，绝对的真金白银，童叟无欺。

有一次，齐国向鲁僖公索要鲁国的传世之宝岑鼎。

鲁僖公万分不舍，但又怕得罪强横的齐国，于是打算搞个赝品蒙混过关。反正真品天下独此一家，外人从未谋面，如果鲁国说它是真的，那齐国也无法证明它是假的。

不料这年头一个比一个精，齐国也不是那么好糊弄的，他们传话说，齐国不相信鲁国政府，只相信柳下惠，只有柳下惠说这个鼎是真的，齐国才肯接收。

鲁僖公无奈，只好派人求柳下惠帮忙出面圆个场。

柳下惠不为所动，恳切地说："信誉乃是无价之宝，我们怎么可以为了有价之宝鼎而自损无价之信誉呢？"

鲁僖公语塞，只得将真鼎送给了齐国。

一个人的信誉竟然超过了国家的信誉，这要是放到现在，是想都不敢想的事。

柳下惠不仅品格高贵，而且学识渊博，对于周礼有精深的研究。

话说曲阜的东城门上突然停落了一只海鸟，一连几天都在那里搔首弄姿，就是不肯飞走。

鲁国离海很远，海鸟长途飞行到此十分罕见。所以鲁国君臣对此事相当重视，觉得这只鸟是神灵的化身（奇怪，难道梦见过魔兽过场动画）。

于是，在大夫臧孙辰的亲自主持下，鲁国政府组织全城国民都去祭拜这只海鸟，祈求神灵为鲁国降福。

这时，柳下惠站出来表示反对，他认为臧孙辰这样搞简直就是瞎扯淡。

柳下惠的态度是有根据的。

在周代，祭祀是国家最重要的政治生活，一举一动、一物一事都有章法，丝毫也马虎不得。

按照成例，君王只祭祀列祖列宗、日月星辰、山川湖海、古之圣贤和今之勋劳。而这只海鸟来意不明，在曲阜盘桓数日，也没见得鲁国的庄稼一夜之间噌噌噌长高了半尺。

就这样一只傻鸟，换作是我柳下惠，鸟都不鸟。偏你臧孙辰还要大张旗鼓地祭祀它，你说你是不是比它更傻?

臧孙辰被柳下惠说得面红耳赤，当即反问柳下惠，这只鸟咋就飞到曲阜来不走了？

柳下惠自信地说，海鸟是为了躲避风暴而来，之所以不走，很可能是因为翅膀受伤了。

臧孙辰派个人轻而易举地捉住了海鸟，取下来一看，果然是翅膀受伤飞不动了。

这件事看起来很小，但在当时却极具轰动效应。常言道，失身事小，失礼事大，要不是柳下惠及时劝阻，鲁国就会稀里糊涂地违反周礼，这让以礼仪之邦自居的鲁国往后还怎么做人？

正因为如此，后世的儒家学者对柳下惠倍加称道，认为他捍卫了圣王礼制，匡扶了国家形象，堪称“百世之师”（孟子语）。

“后排的同学们，刚才那圈麻将打完了吗？老师现在要讲你们最感兴趣的坐怀不乱的故事啦，快来快来，挤到前排来听。先说好哈，明早的夜宵你们请！”

“没问题！不过，海棠老师能不能在原有的故事情节上稍作修改，让它听起来更加那个一点儿？”

“去去去！哪个哪个呀？喝酒的时候再说！”

从前哪，在遥远的东方，有一个美丽的地方，叫作鲁国。那里呀，一年四季温暖如春，鲜花盛开，大人勤劳善良，小孩子聪明活泼。在鲁国呀，有一个单身的男子，孩子们，你们知道他叫什么名字吗？

“呼”，麻将桌连同麻将从后排一直飞上了讲台。

“哇！你们、你们到底想干什么？”

“不想干什么。我知道那个男的叫柳下惠，老师你少在这里装纯情卖关子，赶紧说刺激的！”

“是是是！不过我先要声明，那个男的不叫柳下惠，真不叫柳下惠。（中间略去一个躲避飞鞋的惊险动作）你们千万别冲动，继续听我往下说哈！”

鲁国有个单身男子，隔壁住着个小寡妇。

一天深夜，狂风大作，雷雨交加，寡妇的房子被摧毁，人也被淋得浑身湿透。

妇人又冷又怕，只好敲男子的门请求庇护。

谁知敲了半天，男子就是不开门。

妇人只好隔着窗户幽怨地对他说：“你为何不让我进来呢？你瞧，我身上都湿了。再说，我又不会吃掉你。”

男子羞怯地说：“我听说男女不到六十岁不能非法同居。现在我还这么年轻，你也一样，所以不能让你进来。”

妇人嗔道：“没关系。当年柳下惠用身体温暖来不及入门避寒的女子，别人也没说他有非礼行为。你怕什么？”

男子一本正经地说："少来这套！柳下惠可以开门，我还没结婚我能开门吗？所以我要以我的'不开门'，来向柳下惠的'开门'学习。"

"喂，海棠老师，原来没柳下惠的事呀？什么开不开门，搞了半天也没进去，这不是浪费表情吗？我要听坐怀的段子！你倒是说不说？"

"说！当然说！你先坐下，我马上就说！"

柳下惠二十六岁那年，有一次冬天里出远门，回来的时候城门已经关了。当时天色已晚，他只好一个人蜷在城门洞里将就着睡一宿。

睡到半夜，突然又来了一位晚归的女子，衣裳单薄，楚楚可怜，在寒风中冻得簌簌发抖。

柳下惠一看，这怎么行，眼下还是生鲜，没准到天亮就冻熟了。

于是二话不说，唰唰唰，用最快的速度脱下衣服——自己的——冲上前去，一把扯过女子，摁倒在自己燥热的怀里，接着用衣服包住她，再使劲搂住，然后、然后、然后一动不动地将这个姿势保持到了天亮，别的啥也没做。

"哎呀，太让人失望了！柳下惠怎么能这样？海棠老师，你确定柳下惠是个纯爷们儿？"

"这个嘛，老师也没看见过实体，不过估计应该是纯的。如今展姓和柳姓的人都尊他为始祖，这么多双崇拜的眼睛望着他，柳下惠想要女扮男装而不被人发现，难度系数似乎忒大了点儿。所以，老师多年来研究认定，柳下惠是非不能耳，实不为也。同学们别不相信世界上真有这种情况，瞧瞧奥运会羽毛球双打比赛，人家世界顶尖的组合，忽然连发球都不会了，你敢说是技术有问题吗？"

总之，柳下惠的能力与人品达到了一个举世公认的高度。鲁国派他出使齐军，同齐孝公谈谈人生理想，辩论是非曲直，那简直就是分分钟的事。

可问题来了，柳下惠恰好抱病在身，无法亲自出行。眼看着齐国大军一天天逼近，可把鲁僖公急坏了。

幸好柳下惠还有个叫展喜的弟弟也在鲁国做官，虽然理论功底没哥哥那么深厚，却也生得伶牙俐齿，颇有辩才。

鲁僖公想来想去，决定让展喜临时去他哥哥家接受一下突击培训，进一步领会柳下惠的人生观、世界观和价值观，然后代柳下惠出使齐军。

这样变通变通后，鲁僖公仍然信心满满，觉得成功的把握相当大。

展喜在鲁国的北部边境见到了御驾亲征的齐孝公。

齐孝公很有优越感，奚落道：“我齐国天兵压境，你们鲁国害怕了吧？”

展喜不以为然地说：“愚夫蠢汉或许会害怕，君子执事倒还感觉良好。”

齐孝公有点儿失落，依然傲慢地问道：“鲁国这副衰样，难道还有什么可以凭仗的吗？”

展喜微微一笑，淡定地说：“鲁国凭仗的是先王之命。齐、鲁分封之初，周成王曾赐以盟书，要两国世代修睦，共襄王事。如今盟约藏于内府，盟辞载于史书，两国新君即位都要宣誓永志不忘。君王欲嗣方伯之业，想必不会违背先王的意旨吧？”

齐孝公无言以对，自忖这“尊王”二字乃是齐国安身立命的根本，轻易触犯不得，只好闷声不气地把队伍撤了回去。

不战而屈人之兵，柳下惠甚至都不用亲自出马，就完成了多少兵家一生梦寐以求的突破。

这个成就虽然很大，但对于柳下惠的生存现状没有实质性的改变，他仍旧赋闲在家，过着平淡的生活。

说是赋闲，其实也并非以游山玩水度日。柳下惠行走乡里，传授文化礼仪，深受士民爱戴，直至百岁而卒。

柳下惠的谥号由他老婆亲自议定，诔词曰：“夫子之不伐兮，夫子之不竭兮，夫子之信诚而与人无害兮。屈柔从俗，不强察兮。蒙耻救民，德弥大兮。遇难三黜，终不弊兮。恺悌君子，永能厉兮。嗟乎惜哉，乃下世兮。庶几遐年，今遂逝兮。呜呼哀哉，鬼神泄兮。夫子之谥，宜为‘惠’兮。”

我认为这番评价很是中肯。柳下惠有妻若此，甚幸甚慰。

柳下惠死后葬于汶水之阳，其墓历来香火不断。

四百年后，秦王嬴政伐齐，途经柳下惠墓地，曾特意下令：“有去柳下惠墓地采樵者，死无赦。”

嬴政扫荡六国，一路上神挡杀神，佛挡杀佛，端的是肆无忌惮，残暴无比，为什么到了柳下惠墓前突然变得如此斯文起来了呢？

这只能说明，柳下惠的品格言行已经深入人心，即便像嬴政这样的横主也对他敬佩三分。

柳下惠就是这样一个神奇的所在。

他明明很有才华，可是偏偏当不了官。

他虽然当不了官，朝廷却偏偏少不了他。

他没有什么惊世之举，偏偏蜚声海外，各国诸侯都一致追捧他。

他没有什么传世之作，偏偏名传千古，有识之士都纷纷颂扬他。

从他身上，我们依稀感到，一股和谐之风穿过千年历史扑面而来。孟子称他为“和圣”，柳下惠是当之无愧、实至名归的。

城濮大战之山雨欲来

面对齐国的攻势，鲁国仅仅依靠展喜一番天花乱坠的说辞就把齐军打发了回去，成绩不可谓不斐然可观。

可是，鲁僖公在回过头来为整起事件复盘时，关注的重点并不是最终的结果，而是最初的起因。

随着齐桓公的死去和齐国霸权的衰落，过去几十年来确立的中原国际秩序必然会经历一个崩塌和重组的过程，这就牵涉两个问题。

第一个问题是在秩序重组之前，中原各国难免会翻出陈年旧账，把以前积累的恩恩怨怨做一个了结，一者为了给先辈和时人一个交代，二者也是为了争取在未来的国际秩序架构中占据更加有利的地位。

齐国和鲁国相伴而生，命中注定处于一种长期竞争的态势。当齐桓公的后人谋求恢复昔日的荣光时，齐国只能重新拾起武力西进的策略，对鲁国形成不断的冲击。

第二个问题是秩序重组之后，会产生一个新的政治领袖，那么中原各国就有必要研判趋势，提前站好队伍，以免局势明晰后陷入边缘化的窘境。

以当时的国际形势而言，理论上有可能称霸中原的诸侯仍然还是齐、楚、秦、晋四大强国，但四国的形势各有不同。

其中，齐国经历内乱不久，元气尚未恢复，无力大规模介入中原事务。

秦国倒是有介入中原的实力，可惜受制于崤函通道，无法便捷地施展拳脚。

晋国虽然本身实力不俗，相对秦国而言又比较方便进出中原，但放眼望去，中原没几个国家是它的铁杆粉丝。如果在缺乏外交关系润滑的前提下强行插入中原，那感觉一定会很干涩，很没有乐趣。

楚国则是四强之中各方面资质最为优越的一个。郑、许、陈、蔡、卫、曹、宋等国陆续归附，楚国的势力范围已经扩张至河济平原，成为称霸中原的最大热门。

基于对上述两个问题的认识，鲁国很自然地产生了归附楚国、并依靠楚国来反制齐国的想法。

公元前 634 年夏，齐孝公伐鲁的大军刚刚撤去，鲁国执政大夫东门襄仲就带着臧孙辰赶到郢都，请求楚国出兵攻打齐国和宋国。至于理由嘛，就是齐、宋两国明里暗里跟楚国唱反调。

齐国和宋国是鲁国的右舍左邻，相互之间磕磕碰碰不绝于史，鲁国伺机报复他们实属正常。只是“唱反调”这个理由乍一看似乎有点儿不大对劲。

因为齐国历来就是楚国的战略敌人，它和楚国对着干是理所应当。可宋成公这不前年刚和楚成王媾和了吗？鲁国实名举报宋国背叛楚国，是不是有诬告的嫌疑？

答案是：鲁国还真没冤枉宋国，宋成公确实正在操办转会晋国的事宜。

公元前 635 年周王室发生“子带之乱”时，晋文公之所以能够撇开秦穆公，单独进京执法，立下不世功勋，其实并不单单只是因为占据了天时地利的优势、赶在秦穆公之前收到了周襄王的鸡毛信。

命运只会垂青做好了准备的人。如果晋国没有强大的实力做后盾，别说给它百年一遇的机会让它展现自我；就算给它一年百遇的机会，它也只能装出一副与世无争的样子，静悄悄地在边上专心打酱油。

晋国的实力不是凭空而来的。

早在晋武公和晋献公时期，晋国就已经不断通过拓边战争兼并了众多土地和人口。

韩原之战惨败给秦国后，晋国统治阶层痛定思痛，推行了以“作爰田”，国家行政体制郡县化和“作州兵”为主要内容的一揽子改革方案，综合实力继续发展。

而晋文公执政以来，进一步通过举贤任能，教导民众，整合国内的各种资源，使晋国蕴藏的能量得到了充分释放，短短两三年内就出现了“政平民阜，财用不匮”的升平局面，一跃成为当时最强大的国家之一。

平定王子带叛乱后，晋文公的威望更是如日中天，达到了一个崭新的高度。

在这种背景下，宋成公做出了一个勇敢的决定，断然与杀父仇人楚成王划清界限，迅速倒向晋文公的怀抱。

晋文公与宋国有过一段善缘。当年他周游列国，困厄不已，但路过宋国时，宋襄公给予了他很隆重的礼遇。因此，面对故人之子的投靠，晋文公还是很乐于收纳的。

当然，即便抛开这段私情不说，有一个地处中原腹地的大国愿意与自己同呼吸共命运，也符合晋国经略中原的战略利益。

总之，晋、宋双方你情我愿，一拍即合，很快就建立起了同盟的关系。

可是，这种看似自由恋爱的结合模式深深地刺痛了楚国。

楚国对待小弟的态度一贯明确而坚定。宋国之前既然做了它的小弟，那就如同做了它的女人一般，其他汉子别说动一动，就算碰一碰，看一看，甚至想一想，都是对它莫大的冒犯，就更别提宋国红杏出墙了。

面对这么惨无人道的侮辱，楚国的本能反应就是拼命，不搞点儿群死群伤效果出来决不善罢甘休。

公元前 634 年冬，楚国令尹成得臣和司马①鬬宜申率军攻打宋国，并包围了缗地。

与此同时，鲁僖公也引导着另一路楚军攻陷了齐国位于河济平原上的一座边

① 楚国军政皆由令尹主管，司马专管军务，地位仅次于令尹。

城——穀地，并把齐桓公之子公子雍安置在那里，以牵制齐孝公[①]。

这一牵制，还真牵制出效果来了。隔年夏天，齐孝公便一命呜呼。

关于齐孝公的死因，史书上并无记载。但可以想见的是，曾经被齐桓公压制在江汉流域几乎不能动弹的楚国，二十多年后竟然把战线反推到了齐国本土，齐孝公必然是捶胸顿足难以自持的。

转眼，楚军已经和宋军在缗地相持了近一年，战况十分胶着。鉴于此，楚成王召集陈、蔡、郑、许四国的军队直接攻打商丘，他要通过实际行动告诫诸侯各国，如果谁敢放楚国的鸽子，楚国必定是百倍千倍地作为回报的。

抵挡楚军的前一波攻势已经消耗了宋国相当多的精力，如今面对楚国铺天盖地的生力军，宋成公感到压力山大，只好一边组织抵抗，一边派公孙固火速赶赴晋国求援。

考验晋国的时候到了。

晋文公胸怀驰骋中原之志，当然不可能缩起头来抛下宋国不管。可是，要与近一百年来几乎打遍天下无敌手的楚国正面相抗，说实话，不害怕是假的。

到底救不救宋国？

大夫先轸坚决主张救，因为“报施救患，取威定霸，于是乎在矣”。

那怎么救？

狐偃认为，楚强晋弱，与楚国直接冲突非明智之举；不如攻击楚国的小弟卫国和曹国，引诱楚国调兵来救，从而宽解宋国之围，再以逸待劳将楚国一举击退。

还有一点他们都没说。晋国赢了固然可以赚个锅满瓢满，输了的话也不会倾家荡产，尽管退回山西就是。凭着黄河与太行山两道天堑将楚国挡在门外，楚成王修炼成凌空虚渡的绝技之前也只能在梦里光顾光顾晋国。

当然，光有坚定的信念和巧妙的战术还不够，最重要的是必须具备足够的军事打击能力，毕竟战争的本质是一种物质力量的比拼。更何况，楚国素以兵锋威猛著称，若没几把刷子就想主动和楚军过招，那简直是自取其辱。

于是，晋文公实施了一项重大的强军备战措施，即在被庐（地名）阅兵，并

---

① 齐桓公死后，诸子争夺君位，颇有不得势的公子逃奔他国，其中去往楚国的就有七名。

设立“三军六卿”。

前文曾经介绍过，周礼对于不同国家维持的军队数量有明确规定，那就是“天子六军，大国三军，次国二军，小国一军”。这个规定到春秋中期时虽然渐渐失去了约束效力，但仍能较为准确地反映各国军事力量的变化。

晋国迈过“二军”这个坎是在晋献公时代。这几年随着人口稳定增长，经济高速发展，国内政治环境和国际斗争形势的变化，设立“三军”已是水到渠成。

俗话说，千军易得，一将难求。如果没有好的将佐，士兵多了反而是一种累赘，所以晋文公必须要为三军遴选最佳的指挥官。

经过一番资政问询和深思熟虑后，首批三军将佐的名单新鲜出炉了，具体如下：

中军将	郤縠	中军佐	郤臻
上军将	狐毛	上军佐	狐偃
下军将	栾枝	下军佐	先轸

（另，晋文公以荀林父为车御，魏犨为车戎）

在这份名单里，郤縠、郤臻乃亲兄弟，他俩和前面提到过的那个郤芮同宗，都是晋国公族。其中郤芮为郤氏大宗宗主，是宗族的传承者和主事；郤縠、郤臻兄弟为郤氏小宗。

在晋惠公执政时，郤芮和吕甥一道，为了除掉重耳，可谓是呕心沥血，不遗余力；但郤縠和郤臻没有同流合污，而是冒着生命危险暗中庇护重耳，为重耳回国继位做出了重大的贡献。

特别是郤縠，因“说礼乐而敦《诗》《书》”，受到了大夫赵衰的极力推荐。

上军将的人选原本是赵衰，可是赵衰以“夫三德者，偃之出也。以德纪民，其章大矣，不可废也”为由推荐晋文公的舅舅狐偃，接着狐偃又推荐其兄长狐毛，于是上军将的位置最后落到了狐毛身上，而狐偃为佐。

晋文公认定赵衰是不可多得的人才，又想任用他为下军将，赵衰仍然以“栾枝贞慎，先轸多谋，胥臣多闻”为由固辞。

从这份名单的拟定过程以及事后的效果来看，我们可以发现，赵衰的眼光非常精辟独到，而且举贤的时候不计个人得失，教人倾心折服。

此外，一直以来被晋文公倚为臂膀的狐氏兄弟没有占据最关键的中军将、佐的位置（甚至在晋文公的本意中，上军将也没他们的份），有点儿出人意料。这似乎反映出晋文公与狐氏兄弟之间的关系有了微妙的变化。

公元前 632 年一月，晋文公率三军翻越太行山，抵达黄河北岸，然后沿黄河东进，寻觅南下的渡口。

晋军行至卫国的对岸时，晋文公耍了个花招，谎称自己要攻打曹国，需向卫国借道过境①。

可是卫成公也不傻，他很清楚这条道是万万不能借的。

卫国和曹国现在同属楚国阵营，卫、曹两国有着共同的政治利益。晋文公口口声声只想找曹国的麻烦，其实对卫国也没安好心，所谓的借道只不过是假途伐虢的现代版罢了。

而且就算卫国同意借道，以楚国在国际上一贯的蛮横作风来看，楚成王事后也不会放过卫国。

综上所述，卫国没必要背叛相对较强的楚国，而服从于相对较弱的晋国。

应该说，卫成公的思路还是合情合理的。如果卫国扼守住渡口不放行，晋文公确实难以对卫国形成有效的打击；而且假以时日，只要楚军拿下宋国，然后挥师北上增援卫国，那么晋文公就只能把这次远征当作长途拉练了。

话虽如此，卫成公还是算漏了两点。一是黄河中游便于过河的渡口并没有全部控制在卫国手上，二是把楚军围攻宋国的战局想得太简单。

晋文公被卫国拒之于黄河北岸后，并不气馁，当即回师向西，在郑国和卫国之间一个叫棘津的渡口顺利过了黄河，随后向卫国发动攻击，并于一月九日攻陷卫邑五鹿。

就在晋军高歌猛进之际，中军将郤縠逝于军中②，晋文公遂以先轸补之，同时任命胥臣为下军佐，继续征讨卫国。

卫成公向楚成王告急。楚成王却抱定不拿下商丘决不罢手的想法，主力部队

---

① 卫国在河济平原，曹国则在济水以南，两国地理位置大致呈北南排列。

② 史籍未载明死因，依照战况和中军将在军中的位置来分析，战死的可能性微乎其微。

继续留在原地作战，只分了一小股部队前去援救卫国，没有收到成效。

二月，晋国和卫国的战局基本明朗，楚丘（卫国都城）破城在即。晋文公适时地与齐昭公在卫邑敛盂会盟。

这是一次团结的大会。在共同敌人楚国的威胁下，两国元首一致认为，当前国际形势正经历着复杂而深刻的变化，加强在国际事务中的磋商与合作，有利于维护齐、晋双方及中原国家的共同利益。

卫成公好汉不吃眼前亏，请求参加敛盂之盟，结果被晋文公回敬了一碗闭门羹。

打又打不过，降又不许降，楚丘顶不住了。

楚丘城中原本驻扎了一支鲁军（鲁国亦属于楚国阵营，故派兵帮助卫国防御晋军），将领为鲁国的公子买。鲁僖公一看晋文公这么威猛，害怕晋军攻克卫国后找鲁国算账，赶紧将公子买杀了以讨好晋国。

接着，鲁僖公又马不停蹄地向楚成王做专题报告，声称公子买成期未满就想提前回国，鲁国杀他只是单纯的军法从事，并不涉及鲁国对楚国和晋国的外交关系。

鲁僖公的伎俩很浅陋，不过楚国现在也没时间和他分辩个子丑寅卯，这事就算暂时搁置了。

当然，楚成王不拿公子买被杀说事并不代表公子买被杀不影响晋国和卫国的战局。事实上，这个变故成为压垮卫国的最后一根稻草。

卫国国内有一股比较强大的反楚势力，平时一直被卫成公抑制。值此国家危难之际，他们便趁公子买被杀而发动政变，将卫成公驱逐到襄牛，然后打开城门，归顺了晋国。

晋军继而渡过济水围攻曹国都城陶丘。陶丘拼死抵抗，一时间晋军伤亡比较大。

为了打击晋军的士气，曹军将城头下晋军阵亡将士的尸体捡拾起来，然后码在城头上，肆意作践。

晋军望之无不心寒。晋文公更是忧心忡忡，唯恐手下将士被这种变相夸大的死亡阴影侵蚀了斗志。

然而，急是没有用的，用什么办法才能够有力地回击曹军呢？

这时，有个幕僚灵机一动，想出了个以毒攻毒的办法，就是将晋军的营地迁移到城外曹人的墓地上去。

我这里解释一下迁营于墓地的用意所在。

春秋之时，人们讲究“坟墓相连，民乃有亲”，故多有合族而葬的习俗。也就是说，陶丘城里的人死后大致就安葬在城外几个固定的区域，类似现在规划的公墓一样。

晋军在墓区扎营，必然会产生一些基本的土方作业，那么曹人的坟墓就会遭到发掘。至于亲人的坟墓遭到发掘对于中国人来说意味着什么，大家应该都明白吧？

晋文公依计而行。曹军果然惊惶不已，只好乖乖地把晋军将士的尸骨用棺材乘殓了交还给晋军。

晋军士气大振，再度猛烈攻城，于三月八日拔下陶丘，生擒了曹共公。

晋文公当年流亡至曹国时，曹共公听说他骈肋，竟然趁他在屋里洗澡的时候闯进去，抵近观看，十分猥琐。

可这一次，晋文公并没有挟怨杀掉曹共公，只是把他一关了事。

晋文公，您老人家这样做是对的，杀了这个死变态岂不是太便宜了他？换作我是您哪，我也不会杀他。我会在陶丘大街上围个场子，把曹共公剥光了让他在中间洗澡，然后组织曹国民众排队进场观看，每名观众还发给印有“曹共公在此洗澡”标语及高清写真图片的烫金纪念券一张，您看如何？

晋文公一面数落曹共公亲近小人而疏远贤臣僖负羁，一面传令赦免僖负羁的族人，且严禁晋军惊扰僖府。

重耳流亡过曹时，曹共公非礼相待，使重耳深受折辱，但僖负羁对窘境中的重耳嘘寒问暖，殷情备至，让重耳感念不已。所以，晋文公优待僖负羁是可以理解的。

然而也有人不理解，大夫魏犨和颠颉就不理解。接到晋文公的命令后，魏犨和颠颉怒道：“劳之不图，报于何有？”意思就是说，立有苦劳的人都得不到回报，为毛偏偏对僖负羁这么客气有加呢？

魏犨和颠颉的怨尤是有根据的。他们二人都曾跟随晋文公流亡十九年，劳苦功高自不用说。可晋文公设立六卿的时候，没有从亡经历的郤縠、郤臻、栾枝、先轸各个占据高位，魏犨却仅仅得了个车右的职位，而颠颉更是连边都挨不上。你说他俩心里能服气吗？

说实话，晋文公为什么会怠慢他们，我也不知道。不过，魏犨和颠颉接下来的举动似乎给了我们一点探寻的线索，他们二人负气纵火焚烧了僖负羁的家。

这个行为在晋文公看来，于公是败坏军纪，残害无辜；于私是忘恩负义，以怨报德，后果当然非常严重。

搞笑的是，作为一个施暴者，魏犨竟然在火烧僖府时被严重烧伤。具体过程当然已经无从追考，但幸亏就是这把伤，最终却又救了魏犨一命。

原来，晋文公在听闻僖府被毁后，第一反应就是杀了二人以正视听，不过稍微冷静下来后，又有点儿怜惜魏犨的才能。

想来想去，晋文公决定先派使者去视察一下魏犨的伤势。如果魏犨伤情不甚严重，还有驱驰的价值，那就饶他一命；如果魏犨伤情严重，已是废人一个，那就当场斩杀。

使者到了魏犨驻地一看，魏犨因为伤重正卧床不起，似乎随时都有可能一命呜呼。

谁知，奄奄一息的魏犨见到国君的使者来了，忽然眼冒精光，像吃了激素一般，挺身下床，接连做了三个上跃和三个前跃动作，口中大声嚷嚷要以余息报君父之恩。

使者既惊于魏犨之勇，又感于魏犨之忠，敷衍了几句就空手而回。于是，晋文公饶魏犨不死，但罢免了他的车右之职（估计还是伤得太厉害了），以舟之侨替之[①]。

说到这里，我要插一句题外话。舟之侨做车右的时间也不长，城濮之战晋军归国后，晋文公以舟之侨触犯军法故而杀之，替之以士艻之孙士会。

士会是春秋时期晋国的重臣，被封邑于范、随，所以他和他的子孙多改氏为

① 舟之侨以前是虢国大夫，因不满虢公无能，于公元前660年投晋。

“范”，但有时候也自称“士”氏和“随”氏。

这就给阅读春秋历史的后人带来了一个极具代表性的认知障碍，即春秋时代的人物会有多个不同的名称传世，搞得人眼花缭乱，难以辨识。

譬如士会，名“会”，谥“武”，据我所知，他传世的名称起码有八个之多，而其中最常见的就有范武子、范会、士会、随会四个。

那么，为了便于大家阅读理解，我姑且就选用“范会”这个使用频率相对较高的名称来指代范会这个人，并且会把这种“词频就高法”运用于对其他具有多个传世名称的人物的指代。

言归正传。魏犨侥幸得脱，颠颉的运气却没那么好，晋文公决定公开处决他。《商君书·赏刑》描述了这次处决的场景。当着很多士民的面，执法官请晋文公给颠颉定罪。晋文公冷冷地说：“对他用刑吧。”执法官于是下令将颠颉腰斩，并将尸骨示众。

此案一出，朝野震动，大家看到晋文公做人这么认真，不觉都把屁股夹紧了。

晋文公或许会为颠颉的死暗自垂泪，但他肯定不会伤心太久。因为士民令行禁止和进退有度的意识有了显著提升，这种意识一旦投放到战场上，那可就是硬邦邦的战斗力，其价值无法估量。

而我们也不必责怪晋文公心狠手辣，作为一个抱负远大的政治家，实现强国富民的目标才是重点，其他的都可一笔带过。

不信你瞧瞧，秦始皇还坑儒呢，汉武帝还阉人呢，唐太宗还杀兄呢，宋太祖还篡位呢。谁没那么点儿不干不净的案底，是不？

按照战前部署，晋军接连攻占了卫国和曹国。这原本是可喜可贺之事，但晋文公却高兴不起来。

因为，占领卫国和曹国只是一个战术手段，晋文公最终的战略意图还是引诱楚成王率楚军主力来救。可楚成王并没有上钩，依旧扎在商丘城下心无旁骛地和宋成公死磕。

宋成公仗着体内的最后一口真气，一边垂死挣扎，一边派重臣门尹般突出重围再次向晋文公求救：亲爱的，你若再不来，明年这时候我就去找你合演人鬼情未了。

晋文公发现自己忙活了这么久，还是在不救无以树立威望，救又没有必胜把握的这个圈子里原地打转。这可怎么办呢？

其实办法并不是没有，我依稀记得有句话是这样说的：男人无所谓忠诚，忠诚只是因为背叛的代价太大；女人也无所谓坚贞，坚贞只是因为受到的诱惑太小。

这句看似放荡不羁的话里其实包含了一个颠扑不破的真理：你如果想让一个人改变初衷，要么逼迫得他无路可走，要么诱惑得他难以自持。

楚成王不撤宋国之围，你晋文公不会给他多加点儿压力或多给点儿好处吗？

中军将先轸显然对于我的这番见解深有同感，他随即向晋文公献上一计：让宋国对秦国和齐国施以重贿，请求秦国和齐国出面调解，劝楚国退兵；同时将卫国和曹国的土地划拨给宋国。

有人或许不理解这条计策的精髓所在，请看。

秦国和齐国受了宋国的重礼，作为堂堂大国必然会允诺调解。此时，楚国给不给他们面子我们不确定。但是，当楚国见小弟卫国和曹国被转手贩卖到宋国后，必然怒火攻心，将秦国和齐国的调解拒之门外，继而与宋国死磕到底。

“Shit！先轸这家伙出的什么鬼点子呀，让宋国赔了钱财又挨打！亏得老师你这么缺心眼还为他叫好。是不是猪撞树上，你撞猪上了？要范厨师给你治治不？”

“歪歪，你这叫只知其一，不知其二。”

宋国得到卫国和曹国的土地，其战争能力与战斗意志必然得到增强；楚国围城日久，兵锋已老，要想拿下商丘只怕更需时月。而最关键的是，秦国和齐国恚怒于楚国不给面子，必然和晋国同声一气，形成“三英战吕布”的局面。

“叽叽，看你上课时老玩三国游戏，应该知道‘三英战吕布’是怎么回事吧？”

“不知道。‘三英’是指李莲英、穆桂英和王英吗？这个组合比较强悍哪，吕布就凭那杆烂银枪能搞定他们吗？”

“这主要取决于时间。半小时之内应该没问题，超过半小时就要看状态了。”

晋文公依计施行。一番交涉后，局面按先轸预料的情势展开，秦国与齐国陆续出兵奔赴陶丘为晋国助拳。

而楚国在久攻不下的情况下，楚成王深恐远征军遭受晋、秦、齐三强和宋国的夹攻，被迫先行撤退至申邑[①]，接着让穀邑守将申公叔侯弃城而归，并令成得臣脱离商丘战场。

谁知阵前主帅成得臣坚决反对撤军。

成得臣之所以违抗君命，除了因为家族（若敖氏）势力庞大、在楚成王面前敢于发表不同意见；还因为他判断宋国也已经筋疲力尽，楚国只要再坚持一下，就极有可能打个时间差，赶在晋、秦、齐三国联军抵达之前，拔下商丘。

楚成王不同意，他写信告诫成得臣：“无从晋师！晋侯在外，十九年矣，而果得晋国，险阻艰难，备尝之矣。民之情伪，尽知之矣。天假之年，而除其害。天之所置，其可废乎？《军志》曰：‘允当则归。’又曰：‘知难而退。’又曰：‘有德不可敌。’此三志者，晋之谓矣。”

言下之意，无论你成得臣有多么厉害，当面对历经十九年流离漂泊而绝不屈服并最终咸鱼翻生当上晋国国君的晋文公时，如果骄横轻敌那就是自寻死路。

我以为楚成王的这番话很有道理。

俗话说，读万卷书，行万里路。无论是谁，当饱尝了长年游历所带来的艰辛和动荡后，他的品性、他的见识、他的能力，都会达到一种常人难以企及的水平。这样的人，无论对于谁来说，都是极其不好应付的。

可成得臣没有从楚成王的谆谆教诲中察觉到危险，他只是觉得自己被人看轻了，这种感受让他出离愤怒，并使他进一步坚定了以一场胜仗来证明自己的想法。

成得臣派鬬椒[②]面见楚成王，以“非敢必有功也，愿以间执谗慝之口[③]”为由再次驳回了撤军的命令，同时还请求楚成王增派人手，做好迎战三国联军的准备。

楚成王有些犹豫了。

他骨子里认为成得臣不是晋国联军的对手，而在这样大军团的作战中，一旦落败就不存在只折损个三五千人的概念，极有可能丧师大半甚至全军覆没。

但成得臣如此执着，又让他升起了一线隐约的希望。要是果真把以晋军为首

---

① 申邑即前南申国所在，楚国修筑的方城将申邑庇翼于内，这个位置很安全。

② 成得臣的侄子，字伯棼，又字子越。

③ 楚成王去年召集诸侯伐宋前，曾在蒍地演练军事。当时有个叫蒍贾的大臣断言：“子玉刚而无礼，不可以治民。过三百乘，其不能以入矣。”公然质疑成得臣的能力。

的三国联军一次性摆平，那不是相当于自己少奋斗了十年二十年吗？

在这种忐忑心理的影响下，楚成王出了一记昏招：发王室亲兵六百人助阵。

王室亲兵，那自然就是装备最精良、士气最高昂、格斗最凶狠的虎狼之师，一口气爬十层楼都不带喘。

问题是，六百人对成得臣到底有多大帮助呢？

这就需要借用一个大学时曾让我痛不欲生的经济学术语——边际效应来说明了。

边际效应，大致就是指投入一定量的资源对于整体效应变化幅度的影响能力。

比方说，你快要饿死了。给你一个包子，你恨不得猪八戒吃人参果似的一口吞下，第二个还是吞下，第三个吞下，从第五个开始舌头有了味觉反应，第十个开始慢慢咀嚼，第十五个开始有点儿吃不下了，第二十个开始恶心反胃，第二十五个时，你或许会想，老子还不如当初饿死来得痛快。

又比方说，你四十岁还没找对象。给你一个女人，第一年你含在嘴里怕热着她，捧在手里怕凉着她，第二年如胶似漆，第三年卿卿我我，第四年相见如宾，第五年平平淡淡，第六年爱搭不理，第七年，那就成了七年之痒。

由此可以看出，边际效应有一个很明显的特征，那就是存在着递减的趋势。或者说，当因变量本身已经达到了一定规模的时候，如果继续匀速地增大自变量，那么因变量的增大会做一个减速运动。

回到本案。

假设成得臣手下原本只有六百名士兵，那么楚成王给他加派六百人后，成得臣的兵力就翻了一番，这是一个质的飞跃。

假设成得臣手下原本只有六千名士兵，那么楚成王给他加派六百人后，成得臣的兵力就增加了百分之十，这也是一个量的剧增。

假设成得臣手下原本有六万名士兵，那么楚成王给他加派六百人后，成得臣的兵力只增加了百分之一。

那时候又不流行出奇兵断粮道截退路，所有的战斗均发生在正面战场，我不知道这新增的六百人有啥特别作用。难道楚成王准备用原有的六万人拼光对方的全部兵力，再用这新增的六百人打扫战场？

可是，你们知道成得臣率领的三国联军（指楚、陈、蔡三国军队，之前参战的郑、许二国军队已经撤走）有多少人吗？据估计起码超过十万。

我觉得，这就是历史在不经意间带给我们的灰色幽默。

而说到底，楚成王的心里，还是没底。他怕成得臣会输，自己投入的兵力越多，到时候损失就会越惨重。所以象征性地支援一下成得臣，既堵住了成得臣的嘴，又似乎仍然为自己保留了心里那一线隐约的美好希望。

我相信，从这一刻起，成得臣已经没有退路了。

他最好打败晋国联军并收复卫国和曹国，次之也可以单单拿下商丘就走。倘若空手而回，等待他的绝对没有好下场。

成得臣背后的家族势力很大，大到很多时候甚至可以和楚成王叫板的地步，楚成王对此早已心怀不满。

所以一旦成得臣落败，楚成王极有可能借题发挥，以违令不尊、丧师辱国的名义军法从事，一举压制其家族势力，从而维护自己有些动摇的王权。

再说了，就算楚成王忍一把，不对成得臣问责，难道成得臣自己就能心安了吗？

后世的西楚霸王项羽，垓下被围，全军覆没，最后独身突至乌江边。有粉丝船夫劝他渡江逃避追杀以便东山再起，可项羽怎么回答的？

“籍与江东子弟八千人渡江而西，今无一人还，纵江东父兄怜而王我，我何面目见之！纵彼不言，籍独不愧于心乎！”

成得臣事先信心满满，调门高得不行，所以一旦落败，必定也会名誉扫地，无地自容，到时候即使做了什么想不开的事情也在情理之中。

当然，成得臣也绝非是不学无术的牛皮客，他能做到楚国令尹的位置，别的都可以没有，本事是一定有的。

就在收到楚成王的援兵后，成得臣有了主动寻求与晋国决战的念头。

至于决战怎么打，成得臣想出了一条含金量 9999 的妙计：派大夫宛春找晋文公谈判，提出如果晋国愿意让卫成公复位，且把土地还给曹国，那楚军就撤去商丘之围掉头回国。

这条计策妙就妙在——

从表面上看，晋国放了卫国和曹国，而楚国放了宋国，晋、楚双方打成平手，谁也没吃亏。甚至于说，晋国救援宋国的目的达到了，而楚国打垮宋国的目的没有达到，这是晋国的胜利，是楚国的失败。

但从实际意义来看却恰恰相反。假使晋文公答应了成得臣的要求，那么，一则，卫、曹、宋三国会对楚国的存续之恩铭感于心；二则，宋国虽然这一次捡回了一条小命，但它在地理位置上处于楚国阵营的包围圈中，楚国要想再次攻打它很容易，而晋国要想再次邀请秦国和齐国出山一起实施救援则相对困难许多；三则，这也是最重要的，晋国的势力依然无法有效地深入黄河以南，称霸中原的步伐将停滞不前，楚国近期内在中原少了一个重量级的竞争对手。

这样一分析，晋文公肯定不会答应成得臣的要求，成得臣妙计落空了。

但是别急。假使晋文公真的拒绝了，成得臣的目的反而达到了。

对于拼死拼命抵挡了楚国一年多的宋国来说，晋国既不来救，又不愿意和解，眼睁睁地看着宋国被楚国困死，宋国之前对晋国的满腔信任和抵抗楚国所付出的重大牺牲都是白费了，所以轻则自暴自弃，放弃抵抗，重则与晋国反目成仇，再次投入楚国阵营。

对于国家沦丧的卫国和曹国来说，终于看清了晋国的嘴脸，人家压根就是直接奔着吞并卫国和曹国而来的，跟救援宋国一根毛的关系都没有，实在是可耻可恨。

对于一心求战的成得臣来说，反正自己已经表达了和解的愿望，晋文公不配合，那晋文公就是穷兵黩武、置弱者的生死于不顾，立马处在了道义的下风，无形之中大大削弱了晋军的战斗力。

成得臣觉得自己就此立于不败之地，无论对方给出的答复是什么，他都赢定了。

实事求是地说，成得臣这条计策的欺骗性很高，晋文公的臣僚大多都认为应该予以拒绝。

但是，天外有天，人外有人，晋军中还是有高手识破了成得臣的真实意图，他就是先轸。

可是，仅仅识破是没有用的，如何对付才是关键。

那么，晋国该怎么破解成得臣抛过来的超级难题呢？答应也不是，拒绝也不行，那就是无解了啊！这可真是为难晋文公了。

幸亏还有可爱的先轸，他能解决这个简直不是人能回答的难题。

先轸的回答是：不回答。既然没法回答，那晋国干吗要回答？宛春在等回信？别理他，关起来不就得啦？

晋文公表示自己脑子里突然有点儿乱，没明白先轸这样做的用意。

先轸于是和盘托出了自己的四两拨千斤之计。

不能给成得臣回信，是因为写在信纸上的无论是同意还是拒绝，都将作为不利于晋国的证据被成得臣利用。

可是不回信并不代表不作为。成得臣这一计的凌厉之处就相当于他修炼了独孤九剑，无论晋国怎么出招他都有对应的必杀技，所以晋国应该诱使成得臣先出招。

具体来讲就是，私下里对卫国和曹国说，答应让他们复国，但前提条件是要他们立即宣布跟楚国绝交。

复国的诱惑无法抗拒，所以卫国和曹国必然会答应。这样的话，等于就是由卫国和曹国出面给了楚国一个否定的回答，替晋国把烫山芋扔了回去。

大家不妨想想，成得臣在那边费尽心血地谋求全局制胜之策，卫国和曹国两个做小弟的倒好，竟然反戈一击，在成得臣的屁股上狠狠地捅上一刀，成得臣倘若在第一时间没有被他们活活气死的话，能不暴跳如雷吗？

至于扣押宛春嘛，就像是火上浇油，可以让成得臣的血压再高那么一点儿，智商再低那么一点儿。晋国比较而言更喜欢冲动一点儿的成得臣。

在晋、楚双方翻来覆去的隔空较量之后，成得臣再也无法忍受这种光说不练的旷日折磨了。

也罢也罢，知道你晋文公想以逸待劳赚我的便宜。我认了，可我不怕，咱们就手底下见真章，搞点务实的看看，鹿死谁手还不一定呢！

三月底，成得臣离开生活了半年的商丘城下，率领三国联军浩浩荡荡地杀向陶丘。有些账得当面和晋文公算清楚，不然，他会活活憋死去。

晋文公望着南方不绝于路的滚滚狼烟，凝立如石，面色如铁。

城濮大战之王牌对王牌

晋国和楚国围绕着宋国大做文章，双方你来我往，争夺战争主动权，互相都体现出了很高的军事素养。

当然，无论在哪一场战争中，都没有实力完全相等的对手。也就是说，随着双方相持日久，总有一方会不自觉地露出破绽，并以此为开始打破战场均势，导致胜利的天平向对方倾斜。

目前看来，晋国调动楚军的战略目的已经达到，然而实现这一点对于晋国来说并不等于拥有了战争的整体优势。因为，楚国联军的兵力约为晋军的两倍，晋国依然没有击败楚国的绝对把握。

晋文公觉得，自已有必要再做一下战场调整，寻找一个更加有利的初始区位，来继续累积晋军的优势。于是下令，全军从陶丘后撤至卫国的城濮①。

晋文公将本方阵地转移到城濮是大有讲究的。

首先，城濮大致位于陶丘以北九十里。晋军的这一调动恰好暗合了晋文公当年对楚成王做出的“退避三舍”的承诺，无论对楚成王还是对天下悠悠之口都做了一个清楚交代，维护了本国言出必行的道德形象。

其次，秦国和齐国的援军远道而来，此时刚刚到达城濮。晋国在陶丘是以一敌三，在城濮则是以三敌三，晋文公当然不会连这点趋利避害的道理都不懂。

最后，成得臣是一国之臣，晋文公是一国之君，故意让一国之臣追杀一国之君，成得臣当真是威名远播、风光无限哪！而晋国将士则义愤填膺、怒不可挡。

“同学们，老师忍不住想问你们一个问题。一般来说，战争中像楚军和晋军这样两种截然相反的精神状态会分别导致什么结果呀？”

“骄兵必败，哀兵必胜！”

“很好，谢谢！”

四月一日，楚军进抵城濮南郊，成得臣随即将一封书信送到了晋文公手中。

---

① 黄河和济水之间有一条东西流向的濮水，城濮即在其南岸。

讲到这里，我不禁想起了熊耀华先生的小说《楚留香传奇》，开篇第一句话也是一封书信："闻君有白玉美人，妙手雕成，不胜心向往之。今夜子正，当踏月来取，君素雅达，必不致令我徒劳往返也。"

信是楚留香写给京城阔少金伴花的，想要表达的意思，相信大家都看得出，楚留香要来偷金大少的白玉美人。

在小说里，白玉美人乃是奇绝之珍品。金伴花财大气粗，自然会里三层外三层防护得连个苍蝇的屁都飘不进去。

楚留香倒好，非但要偷，还特意提前告诉人家他的行踪。特别迷死人的，就是他把个盗窃通知书写得如此温文淡雅，仿佛接下来不是惊绝万分的闯关偷盗，而是轻轻松松回家取件外套。

很明显，在楚留香眼中，盗取白玉美人易如反掌。

那么，成得臣的这封书信，也和楚留香的那封书信有异曲同工之妙。

信是这样写的："请与君之士戏，君凭轼而观之，得臣与寓目焉。"

明明是打仗，他写成是游戏；凭轼而观就是依靠着马车的扶手观赏；寓目就是看一眼。

整封信不但措辞儒雅，没有一点儿硝烟味，而且傲慢的味道跃然纸上，扑鼻而来。

你晋文公安坐在马车上静静看戏哈，我成得臣呢，偶尔也会瞟上那么一眼。

瞧瞧，这场可以想见的激烈万分的战斗，他成得臣甚至都不用全程关注战场动向，这如果不是胜券在握又是什么？

晋文公虽然被成得臣看扁了，但心里却极为高兴，他要的就是成得臣的这股子骄娇之气。至于他重耳到底是英雄还是狗熊，反正到时候自有公论，成得臣一个人说的不算。

为了让成得臣的感觉再良好一点儿，晋文公让栾枝写了一封口气相当谦恭的回信："寡君闻命矣。楚君之惠，未之敢忘，是以在此。为大夫退，其敢当君乎？既不获命，敢烦大夫谓二三子：戒尔车乘，敬尔君事，诘朝相见。"

寡君闻命、为大夫退、既不获命、诘朝相见，成得臣，你估计你以后还能见到比这更低三下气的回信吗？

成得臣很满意，在他看来，晋文公没什么底气。

成得臣没猜错，晋文公确实心里打鼓，不但现在如履薄冰，从头至尾压根就没踏实过。楚强晋弱是个不争的事实，要不然晋国早就一个鱼跃扑上去了，又何必绞尽脑汁地把楚军骗到城濮来打这一战。

就在四月一日这决战的前夕，极度紧张的晋文公甚至还做了一个噩梦，梦见楚成王死死地压在他身上，大口大口地吸食他的脑浆。画面相当生化，相当恐怖。

四月二日，当清晨的第一缕阳光惺忪地洒在城濮的旷野上时，这里早已是肃杀满地。晋国与楚国列阵完毕，将要展开一场决定历史走向的史诗之战。

我们先来看下双方的出场阵容。

晋军方面实现了场上选手本土化。晋文公为教练，先轸、郤臻率领中军，狐毛、狐偃率领上军居右，栾枝、胥臣率领下军居左。

楚军方面以本土选手为主，引进了一定比例的外援。成得臣出任教练及场上队长，亲自率领中军，鬬宜生率领左军，鬬勃率领配属了陈、蔡两国人马的右军。

战斗首先从晋军左翼也就是楚军右翼打响。晋国下军佐胥臣把老虎皮蒙在所部军队的马背上，向楚军阵地发起冲击。

装老虎吓人这种缺德事，我们不是第一次见识了。公元前 684 年，鲁国的公子偃大战宋国猛男南宫万时也曾用过，效果十分理想。

只是有一点我不懂。当年公子偃用这一招时是夜袭宋军大营，宋军半睡半醒加惊慌失措加光线暗淡之际，错把个蒙着老虎皮的马看成是老虎，那也情有可原；如今光天化日加朗朗乾坤加众目睽睽之下，胥臣还要依葫芦画瓢，能行吗？

话说那时候大江南北的老虎跟狗一样多，你也别指望楚军不认识老虎。

到底行不行，咱别看广告看疗效。

眼见胥臣部冲驰的战车由远及近，楚军人马渐渐有了反应。准确地说，是人没什么反应，马有了反应。

楚军的战马开始狂躁不安，打响鼻，刨蹄子，长嘶人立，继而纷纷挣脱驭手的控制，往后方拼命逃窜。后面的人马被前面这么一冲，也不由自主地跟着倒退。

混乱之中，人吠马嘶，后退的力量越来越大。鬬勃指挥失灵，眼睁睁地看着楚军自相踩踏，再不走就要被自己人活活杀害了，只好也甩开膀子掉头就跑。

楚军右翼的阵地一瞬之间土崩瓦解，胥臣部随后掩杀，一举击溃楚国右军主力。

部分楚国右军的溃兵稀里糊涂地窜到了晋国上军阵位附近，当即被狐毛捡了个现成的漏子。

…………

我说，楚国的弟兄，你们这样跑哇跑的，是不是想改行去当老师或者医生？还来打什么仗嘛！

话说回来，临阵脱逃也不是你们平时的作风啊？莫非？难道？

我知道了。胥臣装老虎这招，根本就不是用来吓人的，而是用来吓马的。

大家想想看，晋军的马突然变了肤色毛发，身上散发出一股老虎的气味，楚军的马能不怕吗？这就好比你跟别人同台比武，忽然发现对方出场的是一个浑身狐骚的长毛绿巨人，你能不怕吗？

看来，胥臣这家伙打仗真有两下子。不过我还是要给他提个建议，下次再装老虎吓马的时候，别扯老虎皮了，浇点儿老虎尿就能让对方的马产生错觉，用老虎皮多浪费！

晋国下军的胥臣部奋勇出击，栾枝部却在主动收缩。

栾枝令士卒在兵车后面拴上树枝，往后方驱驰，扬起漫天的灰尘，造成晋军溃败的假象。

成得臣见有空子可钻，也顾不得救援右军，当下调遣中军主力，向栾枝部发动冲击。

先轸和郤臻担心左翼支撑不住，立即分兵两路，一路原地护卫中军大帐（晋文公在那里坐镇，疏忽不得），另一路为公族子弟兵，向左翼靠拢，欲助栾枝部一臂之力。

谁知，楚国中军冲杀的速度太快，晋国中军援兵还在移动过程中，楚国中军的前锋已经深入到了晋国下军的预设阵地。于是，晋国中军援兵就势将楚国中军拦腰截断，杀作一团。

栾枝部跑着跑着，忽然发现追击的敌人数量不多，遂收住阵脚，回过头来将这支冒进的楚国中军小分队一口吞下，接着与本国中军援兵合兵一处，将楚国中军的主力歼灭。

楚国右军和中军相继溃败，左军的结局也好不到哪里去。晋国上军在狐毛、狐偃的率领下，分兵两路，夹击楚国左军。楚国左军不多时也被击溃。

成得臣拧着眉头在中军阵位监战，此时三军都处于拼杀状态，他手上的机动兵力已经只剩下楚成王拨付的王室亲兵和他本人的直属部队。

战场上的坏消息一个又一个接踵而至。就当成得臣还在踌躇这最后一点儿中军兵力应当救谁时，鬬勃和鬬宜生魂不附体、跌跌撞撞地奔了过来。

这两个人原本是右军和左军的指挥官，他俩孤身出现在中军座前，只能说明一个问题，那就是右军和左军已经没有指挥的必要了。

成得臣忽地从战车上跳下，三步并作两步攀上身后的一座小丘，眯着眼睛眺望远处的战场，其实那边一团烟尘什么也看不清楚；接着把脚一顿，几个纵跃蹿回到鬬勃和鬬宜生面前，一言不发地盯着他们上上下下扫了几梭子。

鬬勃和鬬宜生遍体生寒，吓得连汗都不敢出了。

半晌，成得臣还是没有说话，攥着拳头一步步踱到战车旁，双手撑住车身，目光在脚尖上停留片刻，喘了一口粗气，然后整个人扑通一声跌落在地。

虽然之前成得臣置右军溃败于不顾，延误了战机，但这并不妨碍他在此刻做出一个正确的决断，那就是保全残存的兵力，全线撤退。

楚国军士仓皇拔营而起，一路小跑往郑国方向退去。

晋军随即占领了楚军大营。对方的人要想轻车快马奔走如飞，辎重就必然跑不了。这些堆积如山的粮食搬走费力，扔了又可惜，还不如就地开他三天流水席，有事没事的都来吃几个回合，一边吃还一边温馨提示：口味怎么样？这可是打楚国人手里抢来的哦！

这场双方都投入了巨大资源与无限期望的城濮之战，原本应当是一场实力接近的王牌对决，竟然就这样三下五除二轻易地分出了高低。

愤怒、迷茫、失望和恐惧的感觉交织到一起，在成得臣的心头呈现出一种极度苦涩的味道。他做梦都想不到自己会输，做梦都想不到自己会输得这么快。到底输在哪里？这难道是天意吗？

玩过扑克的朋友都知道，一副扑克里面虽然有两张王牌，但这两张王牌有大有小。晋国摸到的恰巧是大王，而成得臣摸到的，只是个小王。

成得臣并没有在这种伤感的情绪中沉浸很久。当楚军后撤至连谷（靠近楚国方城）时，他收到了楚成王的一封信。信的内容很简单，简单得就一句话："大夫若入，其若申息之老何？"

申地和息地是楚国最重要的兵源地，此次出征的楚国士兵基本上来自这里。如今，他们中的绝大多数人都长眠在了遥远的北方一个叫城濮的郊野上，再也无法回来。

成得臣仰天长叹。叹讫，挥剑自刎。

作为一个军人，乐于享受战争中斩获的荣耀，就要勇于承担战争中蒙受的耻辱。只不过，成得臣猜到了故事的开头，却没能猜到这故事的结尾。

反观这场战争中的胜利方晋国，其决策层处处料敌先机，充分调动军事、政治和外交等诸方面的力量，在短短的三个月内，联齐、合秦、逼卫、败曹、救宋、破楚，如同行云流水一气呵成，体现出了高超的战局谋划和战场指挥水平。

当然，什么战术战法之类的东西都只是锦上之花，对于时人来说最重要的是：晋国在一场硬碰硬的较量中，凭着一己之力（秦国和齐国的军队当时驻扎在城中并未出战）真真实实地把楚国联军打了回去。

一时间，晋文公成为东周大地上最炙手可热的政治明星，北方诸侯都对他顶礼膜拜，将他看作了捍卫中原民族生存空间的保护神。

晋文公也很会来事，立即整肃军容，秋毫无犯地取道郑国入王畿报捷。

四月二十七日，途经郑国衡雍时，晋文公还特意在衡雍西南一个叫践土的地方为周襄王修建了一座行宫，以示尊王之意。于是乎，群众的掌声更加响亮了。

郑国是楚国的盟友，虽然没有在城濮之战中和晋国直接交手，但之前曾经协助楚成王围攻宋国，而宋国又是晋国的盟友。这样一推导下来，郑国相当于站在了晋国的敌对面。这是于公的说。

于私的说，当年重耳流亡过郑时，郑文公拒不接纳，也算是和晋文公结下了梁子。

基于这些背景，面对晋文公率大军过境，郑文公心里紧张到了极点。到底是强装镇定当晋军不存在好呢，还是藏头缩尾当自己不存在好？

郑文公想来想去，觉得逃避现实终究不是个办法，于是派人向晋文公求和。

晋文公虽然对郑文公一肚子的气，但现在正值晋国在中原展开布局之际，收买人心很重要，不能显得气量太狭小，就同意了郑文公的请求。五月九日，晋文公和郑文公在践土结盟。

五月十日，晋文公率凯旋之师抵达洛邑，向周襄王献上楚国战车一百辆并楚国战俘一千人。

周襄王想象着楚成王焦头烂额的狼狈样，心里不由得欢快地骂了句：别看你过去闹得欢，现在还不照样拉清丹？

骂完后浑身清爽，于是设享礼接待晋文公，允许晋文公向自己敬酒，用策书的形式命晋文公为天下诸侯领袖，天子车马、弓矢、秬鬯、虎贲啥的赐了一大堆，并亲口赞美晋文公："敬服王命，以绥四国。纠逖王慝（惩治周王朝邪恶的意思）"。

晋文公重耳，这个四年前还居无定所、死无可期的花甲老人，终于站在了时代的顶峰。

五月十六日，晋文公召集鲁僖公、卫叔武[①]、蔡庄侯、郑文公、齐昭公、宋成公和莒子，会盟于践土。

周襄王派王子虎与会。

陈穆公与会而未得与盟，估计是受到了收留卫成公一事的牵连。

五月二十六日，上述诸侯又在洛邑的王宫里再次会盟，约以"皆奖王室，无相害也"。

话说卫成公这人，很是患得患失。

被迫逃奔出国后，因为不想失去对政权的控制，卫成公特地授意亲信大夫元咺侍奉其弟弟叔武摄政。可一看到叔武频频在国际舞台上抛头露面，卫成公心里又犯起了嘀咕，生怕叔武和元咺勾结，摄政日久后自行转正。

但是疑心归疑心，卫成公身在国外，无法对叔武和元咺的"可疑行径"采取什么反制措施；而越是无力反制，就越是疑神疑鬼，不知不觉地把这起未经证实

① 时卫成公因害怕晋文公追责，已经逃向楚国，并辗转居于陈国，让亲信大夫元咺侍奉其弟叔武摄行国君之事。

的篡权案想象成了铁的事实。

最后，卫成公终于想出了一个自证能力的方法——将追随自己逃到陈国的元角（元咺的儿子）杀了。

我不知道卫成公这样做有什么好处。理论上说，假如元咺尚未反叛，卫成公杀元角只会激起元咺的仇恨，从而把元咺往反路上逼；假如元咺已经反叛，卫成公杀元角也只会逼元咺在反路上走得更远。

我知道的是，元角死之前元咺没有反叛，元角死之后元咺也没有怂恿或者谋划叔武转正。

到了六月，晋文公同意卫成公复国。

卫成公打点行装准备回国，楚丘方面却吵吵嚷嚷不愿接纳。

卫国大夫甯俞[①]出面调停此事，他约集卫国留守的各政治派别在宛濮会盟，倡议卫成公与留守派抛弃前嫌、精诚合作，消除了留守派的顾虑，并议定了卫成公归国的日期。

可卫成公依旧信不过叔武，决定赶在议定的日期之前突击回国。

为了增加成行的系数，卫成公还绞尽脑汁把归国的人员分为三拨。

由甯俞走在最前面以疏通关系，公子颛犬和华仲全副武装地走在中间以防范潜在的危险，他本人则走在最后以便对前方传来的消息从容决策。

楚丘的门官长柈见甯俞来了，很卖面子，陪着他同车进城。门官一走，门禁自然也就松懈，颛犬和华仲得以顺利入城。

城里面，叔武正在洗头发，突然接到卫成公回国的消息后，来不及更衣整容，双手握着湿淋淋的头发就跑出来迎接，迎面撞上了颛犬和华仲。

叔武刚要和他们打招呼，对方却急急射来箭矢。叔武中箭当场倒毙。

继而卫成公赶到，倒伏在叔武的大腿上放声哭泣，也不知心里有愧还是心里有鬼。

颛犬见状欲逃（或许射杀叔武就是他干的，而且他又察觉到了卫成公弃卒保

---

① 甯俞又称甯武子，此人脑筋灵活，颇有见识，非常善于相时而动。孔子评论他“邦有道则智，邦无道则愚。其智可及也，其愚不可及也”。

帅以塞天下悠悠之口的意图），卫成公令人追出去把他杀了。

这起变故在城中引发骚乱。元咺担心卫成公搞大清洗，就逃到晋国去了。

当年冬，晋文公召集鲁、齐、宋、蔡、郑、陈、莒、邾、秦等国在温地会盟，约以共同讨伐不顺服的国家。这标志着晋文公的威权得到了中原诸侯的认可，这也是秦国第一次参与中原诸侯的盟会。

晋文公召请周襄王前来与会。

以臣下而召请君主，于周礼来说是逆反的行为。周襄王作为晋文公名义上的领导，本应该矜持气节，断然拒绝。可是名义这种务虚的东西终究拗不过实力，周襄王不敢得罪晋文公，还是乖乖地赶到了温地。

晋文公赚足了面子，也乐得展示自己通情达理的形象，于是装模作样地率诸侯朝见周襄王，并为他安排了狩猎的活动。

周王室的史官松了一口气，把周襄王此次出行的目的主次倒置一下，做了“天王狩于河阳”的记录。

在盟会的过程中，温地还出现了五个特殊的卫国人，分别是卫成公、甯俞、鍼庄子、士荣和元咺。他们不是来宣誓效忠于晋文公的，而是来打官司的。

至于官司所为何事，那当然是卫叔武之死。

甯俞、鍼庄子和士荣为卫成公辩护，元咺为叔武辩护，而仲裁者的角色，要是晋文公推辞，估计也没人敢当。

诉讼的最终结果是卫成公败诉。晋文公杀了士荣，砍断了鍼庄子的双腿，把卫成公押解至洛邑囚禁，并让甯俞负责为卫成公传递衣食。

元咺为叔武洗清冤屈后，回到卫国，立卫成公之弟公子瑕为君，史称卫中废公。

卫成公杀人事件至此并没有完结。晋文公对卫成公各种看不顺眼，总想找个机会把他灭了。

可是，公然杀死一个没有反抗能力的同姓异国之君未免太骇人听闻了点儿，所以晋文公准备玩阴的，具体措施就是令一个叫衍的医生在卫成公的饮食里下鸩毒，让卫成公“暴病而亡”。

这个想法的可行性很高，卫成公本来十有八九是难逃一死的，然而甯俞却救了他一命。

甯俞属于那种见人熟人的公关高手，陪着卫成公在洛邑幽居的这段时期内，竟然和医衍混得相当熟稔，并且得知了晋文公鸩杀卫成公的计划。

甯俞一心想要救主，但又不想让医衍惹上太多麻烦，就谋划了一个两头兼顾的办法：贿赂医衍，请医衍私下里稀释鸩毒，让卫成公服毒后痛不欲生，然后死去活来。

就这样，卫成公得以保全性命，后来在鲁僖公的斡旋和周襄王的肯允下返回卫国[①]，并以高官厚禄为酬使人杀死卫中废公和元咺，再度复位为君。

温地会盟后，晋文公恩威并用，先是惩戒了与楚国暗牵情愫的许国，接着恢复了曹共公的君位。

在这一年年末的时候，晋文公又做出了非凡的举动，那就是以抵御狄人侵袭为由设立“三行”。

“行”是一个晋国独有的军队编制概念。一行的兵力约相当于一军，只不过“军”一般由战车和士兵组成，而“行”则是纯粹的步兵军团[②]。

当然，这个区别并非关键。

称为“行”而不称为“军”，最主要的原因是晋国原本已经拥有三军，要是再加上三军，那就成了六军。而六军是天子专属的品秩，晋文公不能或者说不想冒犯。

然而，说没冒犯，那也只是一种心照不宣的默契，实际上还是冒犯了，毕竟军队扩大到了这个规模。只不过一者晋文公钻了礼法的空子，没有明目张胆地冒犯（行是个新生事物，以前的礼法不可能预设诸侯不能编立行的规矩）；二者晋国实力强大，也没有谁敢于拿三行找晋国的岔子。

晋国三行各有一名将领，按其职位高低排名分别为中行将荀林父[③]，右行将屠

---

① 周襄王不愿为难卫成公。作为以礼法约束天下诸侯的周襄王，他思考问题的角度和晋文公不同。在他看来，卫成公再理屈，那也是一国之君；元咺再理直，那也是一国之臣。要是君臣争讼，那礼法中君尊臣卑的条条框框岂不是全都要倒毁？

② 晋军和狄人交战，战场多位于山区，车马不便，纯步兵作战反而更加有效率。

③ 后来荀林父这一系便以“中行”为氏，为了便于辨识，后文一律称荀林父为中行林父。

击（一说是先谷）和左行将先蔑。这些人虽没有三军六卿风光，但也都是晋国政坛的重量级人物。

关于行这个东西，值得说明的还有两点。

一是晋国设行并非由晋文公首创，起码在《左传·僖公十年》（鲁僖公十年即公元前 650 年）的记载中，就有晋国左行、右行的字样，晋文公只是把二行扩充至三行。

二是三行存在的时间不长，三年后被改编为新上军和新下军（步兵改编为车兵，战斗力大大提升），三行将除屠击后续不明外，其余的都陆续升为了军卿。

总之，如果说拥有三军常设兵力是一个国家成为大国的必要条件的话，那三军之外另设三行大致反映出城濮之战后，晋国的国力已经突破普通大国的范畴，成长为一个超级大国。

分道扬镳

公元前 631 年夏，周王子虎、晋狐偃、鲁僖公、宋公孙固、齐国归父、陈辕涛涂、秦小子慭、蔡人等诸国代表齐集于洛邑的翟泉，重申践土之盟，并策划攻打郑国。

诸史对翟泉之盟的记载都十分简略，并未说明何人主盟以及攻打郑国的原因。《左传·僖公二十九年》稍有铺述，也不过是指出鲁僖公以侯爵之尊，竟然和诸侯的卿士会盟，实在是有失自尊自爱。

但是我们不难推测：以当时的政治气候而言，有能力发起此次盟会的国家，只可能是新晋的中原盟主晋国；至于攻打郑国，无非也就是晋国隔山打牛和楚国进行较量的一种形式。

有意思的是，在齐国称霸的年代里，齐桓公一直坚持亲自主持盟会；而晋国称霸这才一年，晋文公就大大咧咧派个卿士去应付包括周王室在内的中原诸侯，其对霸权的理解与施展显然有几许鲜明的个人特色。

以公元前 631 年为节点，我们来回顾一下晋文公的王霸之路，可以发现，除了其本人展现出的谦恭下士、坚忍敏睿等优秀素质，时势运气和外力扶持也是他成功的两个重要因素。

关于时势运气，最关键的就是重耳在晋国做公子时，有世子申生吸引了骊姬老妖婆的绝大部分火力，使他得以保全性命流亡天涯；而当重耳流亡之际，晋惠公和晋怀公父子又背信弃义，前赴后继地惹毛了秦国，使他得以重新进入秦穆公的法眼。

关于外力扶持，其实关键也就是秦国的扶持。秦穆公先是借兵借将，三番五次地帮重耳搞定晋怀公及吕甥、郤芮等反派，使重耳顺利回国即位；接着在王子带叛乱事件中，秦穆公隐忍不发，使晋文公独揽了匡扶周王室的不世之功；最后在城濮之战中，秦穆公从外交和军事两个方面配合晋文公，为晋国完胜楚国创造了十分有利的条件。

正所谓军功章上，有你的一半，也有我的一半。晋文公的发家致富，与秦穆公的鼎力支持是密不可分的。

中国有个成语叫“秦晋之好”。其字面意思是指，晋献公把女儿嫁给秦穆公，而秦穆公后来又把女儿嫁给晋怀公和晋文公，秦国和晋国有世代婚姻之好。所以，现在人们常用该成语来祝福婚姻和爱情完美。

然而在历史上，这个成语更多是被用来指称国家之间具有同盟性质的紧密关系。

但是，中国还有句俗话叫“没有永恒的朋友，只有永恒的利益”。这句话我们可以理解为，做朋友只是因为有共同的利益；也可以理解为，朋友能做到什么时候，取决于共同利益能维持到什么时候。

秦穆公愿意扶持重耳，无非就是搞感情投资，想招纳一个得力的小弟帮助自己打群架；而重耳万里辗转之余，也在苦苦寻觅一个咸鱼翻生的机会，既然投靠秦老板能够出人头地，那又何妨委身于他呢？

本来，秦穆公与晋文公之间的这一段恩遇是可以作为千古佳话广为流传的，假若晋文公愿意死心塌地地追随秦穆公的话。

你想想，楚国、晋国、齐国、秦国各自割据一方，就像是南帝北丐东邪西毒一样，谁也弄不死谁；但如果搞个秦晋老男人组合出来，试问天下还有谁是抗手？

可是，组合这个东西，看起来很诱人，搞起来却很烦人，一般都不能善始善终。

原因无他，人都是一些自私自利的家伙，组合一旦成名了，每个成员都会觉得自己创造的价值比拍档大，与其绑在一起继续用先进带动后进，还不如自己单飞赚钱来得快。

秦国和晋国的情况更加复杂一点儿。

秦穆公的初衷是把晋文公固定在小弟的角色上不能动摇，将来到中原领取终身成就奖的只能是他秦穆公自己。

而在晋文公的职业生涯规划里，投靠秦国只是为了挖掘到人生的第一桶金，有了资本后必定是要另立门户的。中原那么美妙，他晋文公不赏玩赏玩怎么甘心？

所以呀，别的组合大不了点一首《好心分手》，吃罢烛光散伙饭了各自奔前程。反正天底下的粉丝又多又傻，只要下手狠准快，无论哪个成员都可以占山为王。

而秦国和晋国不行，他们都想要当中原的扛把子，狼多肉少的，利益排他性太严重，只能搞点儿《英雄谁属》之类肃杀的音乐当背景。

裂痕其实早在城濮之战中就初见端倪。

晋文公和成得臣在城外打野战。成得臣又粗又壮，我看着都为晋文公的小身板捏把汗，秦国却宁愿把自家那帮精力旺盛又吃饱了饭没事做的丘八汉子摆在城里作壁上观，也不放出去给晋文公推推腰、助助力。

那么很明显，此时在秦穆公的心窝窝里，对晋文公的支持是形式大于实质。他的真实意图，是希望晋国和楚国拼个两败俱伤。

晋国惨胜最完美，既狠狠打压了全民公敌楚国，晋国也伤了元气，一时半会儿难以恢复功力，秦国正好出面收拾残局；楚国一场血战后把晋国搞残了也颇合心意，楚国需要回家休养生息，已经在中原崭露头角的晋国则只能又把头缩回去，继续乖乖地跟在秦国的屁股后面吃救济。

秦穆公万万没有料到的是，晋文公老而弥坚，依靠强大的单兵作战能力，竟然以一敌三，完胜楚国联军之余还逼死了成得臣，一跃成为周天下最具明星气质的实力选手。

等到温地会盟时，当年的大哥和小弟如今调了个头，晋文公成了当仁不让的武林盟主，秦穆公至多只能扮演一个香主或堂主之类的二流角色。

我想，素怀大志的秦穆公心里，一定满是酸涩的感觉。

就在这个敏感的当口，又发生了一件让秦穆公添堵的事。事情还得从郑国说起，而每次说起郑国又不得不先提一提中原那块地儿。

中原无疑是块好地方，每个有理想有追求的诸侯都会把控制中原当作人生的终极梦想；中原注定也是块坏地方，每个地处中原的诸侯，虽然脚底下就实实在在地踩着别人做梦都想控制的黄金地段，自郑庄公之后却统统没能混出个人样。

这看起来似乎是个逻辑悖论，其实只要引入一个“后方”的概念就能完美地解释。

既然在中原，当然就是处于列国环伺之中，每个方向都面临着爆发冲突的危险。一个国家没有稳定的后方，精力被无休无止的外力冲击牵扯耗尽，是不可能繁荣富强的。

郑国处于中原腹地，历来都是列强称霸中原的必征之所，这就造成了郑国的一种骑墙心理，不敢把鸡蛋放在一个篮子里，而只能左右观望，相机而动。

说句实在的，对于这种情况，郑国也是被逼无奈。

以晋文公称霸的大背景来考量，虽说晋国打败了楚国，可是楚国的根本并没有受到致命伤害，谁知道楚国会不会哪一天神清气爽、三下五除二又把晋国打败了呢？

因此，郑文公表面上依附晋文公，暗地里却仍需继续讨好楚成王。这样的日子虽然不是人过的，但起码可以保证还有得日子可过，毕竟活着才是最大的福祉。

可是，委曲求全不一定就能苟且偷生。正当郑国与楚国眉来眼去之际，也不知道是哪个环节出了差错，这段地下情竟然被晋文公察觉到了。

这下麻烦大了。郑文公怠慢流亡公子重耳于前，在城濮之战中为难晋国于后，晋文公本就恨得银牙咬碎，如今又逮着了郑文公通楚的小辫子，正好新账旧账一起算，于是约集秦穆公发兵攻打郑国。

秦国与郑国往日无仇，近日无怨，虽说这并不构成秦穆公攻打郑国的心理障碍，可秦穆公对于攻打郑国还是意兴萧索。

这一点不难理解。晋文公以中原盟主的身份调遣昔日的大哥秦穆公出兵，秦穆公定然在感情上觉得无比的别扭。

再说了，帮助晋国攻打郑国，无非就是壮盛了晋文公的名气，秦穆公能得到什么好处呢？难道在于通过服从晋文公的安排来获取晋文公的青睐吗？

秦穆公拍案而起，他觉得自己是个人，不是条狗。

失落归失落，晋文公这会风头正劲，秦穆公也不愿冒冒失失地和他公然翻脸，只好亲自拉起人马与晋文公一道吆三喝五地杀进了郑国。

郑国这些年来被楚国翻来覆去地反复糟蹋，早就体虚力亏、不堪人事，哪里还经得起晋国和秦国的集体施暴？

郑文公见势不妙，只得赶紧派人去打探消息，并得知了一个晋文公想要杀死叔詹的情报。

叔詹是郑文公的弟弟，颇有见识，那年重耳流亡过郑时，他就曾对郑文公说过：重耳主仆都是英雄之辈，日后极有可能入主晋国，故应予以礼遇；倘若不以礼遇，就应及时击杀，勿使今日之怨尤成为后日之祸患。

晋文公要杀叔詹，就是为了铲除郑国的政治精英，从而削弱郑国的实力。这个道理，郑文公当然懂，因此他于公于私都不想让叔詹去死。

可是叔詹闻知此事后，主动对郑文公说："臣谓君（即前文所述叔詹劝郑文公或礼遇或杀死重耳之事），君不听臣，晋卒为患。然晋所以围郑，以詹，詹死而赦郑国，詹之原也。"说完就自杀了。

郑文公虽然悲痛万分，却也暗暗松了口气，自以为晋文公会就此罢手，于是将叔詹的尸首送至晋军大营。

谁知晋文公并不满足，口口声声说："必欲一见郑君，辱之而去。"

郑文公瞬间明白了一个道理，晋文公这是铁了心要将暴力游戏进行到底。

郑文公没想错。就晋文公而言，私人恩怨和阵营对抗只是一些冠冕堂皇的说辞，讨伐郑国的核心目的还是为了抢占中原要地，确立晋国的绝对霸权。因此，郑国再怎么讨好乞怜只怕也无济于事。

可是，郑文公就算想通了这个道理，那也只能避免受到无谓的额外羞辱。如何才能阻止晋、秦联军不断进逼的步伐呢？

话说就在围绕着叔詹说事的当口，晋军和秦军已经分别占领了函陵和氾南，再往南跑十几里地就要到新郑了。

心急火燎的郑文公每天都搭个梯子往南边深情眺望。

平时，楚成王那个臭男人即便没事，也要三天两头地闯到郑国来胡作非为一番，俨然郑国就是楚国的偏房。郑文公无处可躲，每次都是把眼睛一闭，咬咬牙忍了。

这一次，郑文公有事了，自觉自愿地期盼楚成王赶紧过来叙叙旧情，却死活连楚成王的影子都看不见。

郑文公真想搞个直径二米五的高音喇叭朝楚国大声嘶吼一句：楚成王，你女人马上就要被人家欺负了，你他娘的到底来不来？

公道地说，楚成王也不是不想来。楚国一向具有无限扩张势力和誓死保卫私产的优良传统，找人打架那是从来都不用宣传鼓动的。

问题是，对于新败于晋国的楚国来说，虽然人员和物资都不缺，但士民现在对于晋国普遍都有点儿畏惧心理。这精气神要是没了，神马都是浮云，楚成王也只能干着急。

郑文公喊天天不应，叫地地不灵，一口气呼出去后感觉要再吸回来很难，自己看着自己都是一副死人相。

这时，一位叫佚之狐的大夫进言道："国危矣，若使烛之武见秦君，师必退。"

烛之武是个什么人，为什么会在国家危亡之际被举荐遂行如此重大的使命呢？

我只能说，高手在民间。

烛之武这个人，之前很平凡，平凡到当时根本就没几个人认识他。

后来他出名了，史官好歹要在竹简上给他记一笔，却依然只知道他的名字叫武，至于姓氏那是怎么也查不到了。

没办法，听说他是郑国烛地的户口，就替他生造了一个称谓叫烛之武——烛地叫武的那个人。

时烛之武已经颇为老耄，在郑国担任一个籍籍无名的小官。郑文公打心眼里有点儿瞧不起烛之武，可是看那荐头的表情很真诚，加之病急乱投医的缘故，就期期艾艾地答应了。

郑文公觉得出使外国是烛之武天大的光彩，可烛之武却爱搭不理，硬邦邦地回了一句话："臣之壮也，犹不如人；今老矣，无能为也已。"

意思就是说：老子以前年富力强的时候，你视若不见，偏偏搞个无足轻重的差使来糟践我；如今，老子一把骨头，路都走不稳了，偏偏还要我去蹦跶，你是不是拿我寻开心哪？

郑文公眼泪一喷，人家虎狼之师都开到新郑的城郊了，我想寻死还差不多，寻什么开心咯？

见烛之武依旧摆出一副你要死就去死、关我屁事的架势，郑文公只好放下身段，继续打感情牌："以前没有重用您都怪我，您有怨在心也是人之常情。可是，现在国家朝不保夕，您如果看水流舟，置之不理，将来一旦城破，刀兵无情，于您自己也不利呀！"

这人啊，大都吃软不吃硬。烛之武出了这口郁积多年的鸟气后，民族大义重新涌上心头，于是不顾年岁老迈，慨然应承了下来。

时间紧急，烛之武收拾打扮一番后，正准备连夜出城，忽然发现还有一个问题没解决。这问题说出来有点儿搞笑，城门打不开。

城门并非锈死了，守城门的兵士也比往常多了几百倍，为啥就打不开呢？是不是狗眼看人低，以为老头子好欺负而故意为难？

告诉你，爷现在是元首特使，享受堂堂卿大夫待遇，还不快点儿死过去把门打开！

门官一脸委屈，不是他不肯开门，实在是不敢开门。外面黑灯瞎火的，万一有敌军埋伏在城门附近，趁城门洞开之际冲了进来，您给弟兄们报销不？

烛之武犯愁了，他又不是土行孙可以地遁，也不是朱建华可以一个背越式从城墙上方跳过去，更不可能钻进人间大炮直接被发射出去。

等到天明再开城门？说不定天明的时候晋、秦联军已经登门拜访，根本用不着出城了。

捣鼓了半天，办法终于想出来了，用绳子绑住烛之武，从城头吊放下去。

新郑是诸侯国都城，城墙总有七八米高。搞个年逾古稀的老头子玩空中动作，他们就不怕烛之武因公殉职？

还好，烛之武顺利地实现了软着陆，抻了抻被弄皱的衣服后，直奔秦军大营而去。

“吁——！烛之武，你往哪里去？这次要跟郑国死磕的是晋文公呢！”

烛之武懒得解释，花这磨嘴皮子的工夫，他都能跑上三五里地了。

天未明，秦穆公行军办公室，两条茶几。大茶几上有茶，后面仰躺着秦穆公。小茶几上有灰，后面端坐着烛之武。

虽然秦穆公的架势很轻慢，烛之武却也泰然处之，甚至连一点儿谦卑的表情都看不到。

烛之武没有乞求秦穆公退军，而是不急不慢地给秦穆公上了一堂有关秦国、晋国和郑国之间战略关系的时事政治课。

课题一：秦国与晋国合力做掉郑国，对秦国有什么好处？

答曰：一根毛的好处都没有！

晋国东南部与郑国相接，正好可以吞并郑国的土地，完全占有郑国的人口和资源。秦国与郑国之间隔着晋国和周王室直辖区，即使有什么想法也鞭长莫及。

课题二：秦国从中转圜，使郑国免于灭顶之灾，对秦国有什么好处？

答曰：好处可大着呢！

郑国从今往后拜在秦国门下，充当秦国进取中原的前方基地，要人要钱到时候秦国只管开口，郑国无不听从号令。

课题三：秦国和晋国到底是什么关系？

答曰：东郭先生和狼的关系。

先看晋惠公，早上还满口答应要用河西八城来赎身，晚上到家后的第一件事就是设版筑城，加强河西八城的防御。再看晋怀公，昨天刚以人质身份入赘为秦婿，今天就抛下老婆偷逃回国。现如今，晋文公志在四方，北边扫荡狄人，东边征讨郑国，南边获取王畿四邑，西边，嘿嘿，只怕也不会放过昔日的恩主秦国。

秦穆公一个激灵竖起身来，这还不到一盏茶的时间，他的后背已经被冷汗湿透了。

“阙秦以利晋”？白眼狼？大笨猪？这些凶残的字眼接二连三地在脑海中飞

速闪过，渐渐构成了一个清晰的命题：这战绝不能再打下去了！

秦穆公趋步到烛之武面前，用力握住老人的手久久不愿松开，眼中满是热切的泪花。

随后，烛之武代表郑国与秦穆公签订和约。秦穆公径直撤军回国，并留下杞子、逢孙、杨孙三员大将率领军队帮郑国戍守新郑。

秦国撤军的消息传来，晋军俱各义愤填膺。狐偃当即请求反戈攻击秦军，晋文公陷入了沉默。

被秦国背弃的感觉固然痛心疾首，但此时此刻和秦国兵戎相见却不是明智之举。

从战略上讲，秦国位于晋国后方，良好的秦晋关系是晋国全力东进的基石。现在秦国火线反水暴露了两国之间的猜忌，已使得晋国主导的联盟体系严重受损，晋国当前应该立即转入战略防御，而不是继续战略扩张。

从战术上讲，一旦晋军和秦军火并，郑军绝对会第一时间出现在晋军的背后，协同秦军夹击晋军，势单力孤的晋军处境将相当危险。

从私人感情上讲，如果没有秦穆公的鼎力支持，就没有晋文公今天的飞黄腾达。和秦穆公彻底决裂，对晋文公来说也需要一个心理转变的过程。

于是晋文公当机立断，与郑国开展谈判。

既然不能进击，又没人愿意留你，那就撤退呗，有什么好谈的，莫非晋文公走之前还想从郑文公手中索要些好处？

一点儿没错！晋文公经验丰富，手法老到，虽然内心里做了撤兵的决定，但在郑国面前表露出的态度依然是声色俱厉、不依不饶，这可把郑文公吓得够呛。

晋文公为撤兵提出的交换条件是：郑国纳公子兰为世子。

郑文公的子嗣翻开来说就是本烂账。他前后立过三位夫人，总共生了五位嫡子，可这五位嫡子都出于乱七八糟的原因死得早。

嫡子不孝使得郑文公性情乖戾，后来把所有的公子都驱逐出国，其中公子兰便逃奔到了晋国。

公子兰侍奉晋文公很恭敬，受到了晋文公的宠信。晋文公有意为他谋取郑国的君位。

此次晋国伐郑，公子兰亦随军出征，待命于晋国东界。大抵晋文公的本意就是拿下郑国后，扶立公子兰为郑君。

然而秦军背盟打乱了晋文公预定的设想，所以晋文公因势导利，转而寻求确立公子兰的郑世子之位。

郑国君臣商议对策时，大夫石癸说："我听说姞氏的女儿乃后稷（周王室始祖）的原配，她的后裔中应当不乏兴旺发达之辈。公子兰的母亲就是她的后裔，况且国君的嫡子都已不在人世，剩下的诸子也没有谁比公子兰更加贤能。现在晋国大军围城，所请却不过是立公子兰为世子，国君何妨答应他们呢？"

听石癸这么一分析，郑文公也觉得晋国的要求很和谐，于是与晋国媾和，立公子兰为世子，把晋军打发走了。

晋国公元前630年征讨郑国的军事行动，虽不能说是无功而返，但显然没有达成最初的战略意图，这给晋文公带来了不小的打击。在岁月无情的催迫下，六十八岁的他再也没有精力驰骋中原、扬威国外了。

然而，晋文公还没到油尽灯枯的最后时刻，他还不能倒下。他还需要画一个圆满的句号，为了他自己，也为了他的国家。

此时的晋国，政局并非风平浪静。

六卿之中，狐偃树大根深，先轸锐不可当。两个人都是功勋卓著且风格强硬，彼此恃傲，谁也不买谁的账。尤其是狐偃，辈分高，资历老，怀才而贪鄙，隐隐已经有了僭越之势。

这些元勋大佬骄横跋扈，晋文公在世的时候，虽然可以镇住场面，但晋文公死后呢？谁能保证晋国不会出现党争和分裂？谁又能保证权臣不会强压晋国新君一头？

晋文公自知时日无多，他必须要赶紧策划一个妥善的处置方案。

方案很快出来了，其精巧细致的程度简直让人叹为观止。

方案的核心内容就是增设新上军和新下军，任命赵衰为新上军将。这是一个一石三鸟的构思。

第一，原有的三军加上新二军，一共就是五军，这突破了"大国三军"的限制，但却没有超越"天子六军"的品秩。

你说晋文公没有违制，他确实违制了。但这种违制仿佛又在情理之中。关键是晋文公维持了周天子的基本尊严，没有与天子六军并驾齐驱。

至于比其他大国多了两军嘛，晋国乃中原盟主，算是比大国还高一等的超级大国，享受点儿特权也理所应当。

总之，通过设立五军，晋国的军事实力更加雄壮，进一步巩固了自己中原盟主的地位。

第二，赵衰性情温和，为人谦让，让他居中缓和狐偃与先轸之间的矛盾，可以防止两人的内斗愈演愈烈。

第三，可以借由重用赵衰来逐步分化狐偃掌握的大权。

晋文公与赵衰是连襟兼翁婿（晋文公归国后将女儿嫁给了赵衰）的关系，素来亲厚，使赵衰来主导晋文公身后的晋国政局，有利于晋国的长治久安。

时五军十卿名单如下：

中军将	先　轸	中军佐	郤　臻
上军将	先且居[①]	上军佐	狐　偃
下军将	栾　枝	下军佐	胥　臣
新上军将	赵　衰	新上军佐	箕郑父
新下军将	胥　婴	新下君佐	先　都

这一套班子，就是晋文公留给晋国的未来。从阵容上看，可谓是文成武德，无比强大，单单报个名字也能吓退几千万把敌人，晋国人民应当很满意。

不过，世界上有些事叫作过犹不及。在任意一个专制时代，下属的能力过于强大，对于做上司的来说不一定是个好兆头。

在上面这份顶级高官名单里，我们几乎找到了晋国所有的能臣干将，却唯独没有看见哪怕是一个晋国公子。这是晋文公的福分，还是他的悲哀呢?

晋文公无法回答。他终究是个肉身凡胎，只能尽人事而听天命，过于久远的

---

① 先且居为先轸之子。城濮之战后，原上军将狐毛故世，晋文公欲使赵衰接任。赵衰说："城濮之役，先且居之佐军也善，军伐有赏，善君有赏，能其官有赏。且居有三赏，不可废也。"遂举荐先且居补之。箕郑父乃晋国大夫，《晋语》中有"箕郑对文公问"的记载，讲述了箕郑父教晋文公以诚信的故事。后狐偃死于公元前629年，晋文公随即擢拔赵衰以补之。

以后，不是他所能逆料的。

公元前628年春，楚成王派鬬章出使晋国，请求缔结和约。晋文公欣然应允，亦派世子欢的师傅阳处父回聘楚国。

这不仅开启了晋、楚两国建立正式外交关系的序幕，也标志着双方借由城濮之战，大致达成了一种战略平衡的态势。

当年冬，晋文公薨于绛城。中原大地，哀声相传。我想，无论这些凄凄切切的人们是出于真心，还是出于假意，对于晋文公重耳来说，都已经足够了。

无商不奸

晋文公的丧礼其实就是一个展示人性的大舞台。那些曾经受晋文公荫翼的诸侯想来瞻仰一下他的遗容，而那些曾经被晋文公整治的诸侯，则只不过是想来欣赏一下他的死相。

有观众要问，难道天底下所有的诸侯都来吊唁啦?

我能给出的回答是：当然有人没来，别的人来没来我无从考证，楚成王和秦穆公没来我是可以打包票的。

楚成王没来很好理解。

一者楚国够大够狠，也不怕晋国治他个无故旷到的杀头之罪。

二者晋文公在城濮欠下楚国累累血债，楚成王纵有冲天之怒，急切之间却不能把晋文公咬死，心中憋屈已久。如今老天既然帮忙收了晋文公，楚成王高兴还来不及，吊唁啥的，能不能给个理由先?

倒是秦穆公没来，不明就里的吃瓜群众都感到莫名惊诧。

秦穆公是晋文公的姐夫、岳父兼战友。这么多亲密关系累叠在一起，加上住的地方又隔得不很远，按道理秦穆公还是应该遣使去为晋文公点一炷香、烧几张纸的。

可是我很怀疑，在接到晋文公死讯的那一刻，秦穆公是不是感受到了一种难以言喻的快感。

这种快感的根源，就是当最大的竞争对手晋文公惨败于自然规律手下时，秦穆公终于迎来了生命绽放的第二春。

秦国地处西陲，自秦襄公以降，历代君主都把东扩作为基本国策。秦穆公承继先辈丰厚的政治遗产，坐拥渭河平原富庶之地，文武兼治，国势蒸腾，其对中原的向往比任意一位先辈都要炽盛。

公元前628年，已是秦穆公执政的第三十一个年头，创立不世之功的欲求和焦灼都处于峰值。而晋国最高权力的交替，让处心积虑的秦穆公看到了发泄激情的绝好机会。

这种机会对秦穆公而言并不陌生，之前他已经数次在类似的情境下对晋国内政上下其手，为秦国谋取了巨大的利益。

只是这一次，秦穆公的目标没有停留在晋国内政以及秦、晋之间的直接利益冲突上，而是把目光投向了更为遥远的中原。

“老师，我觉得秦穆公若想从晋国手中夺取中原盟主之位，最便捷的办法就是以战争的方式重创晋国。”

这个观点原则上很正确。因为，纵观春秋历史，每一位霸主的诞生，几乎都伴随战胜其他大国的辉煌；而且，晋国甫遭国丧，恰值虚弱，一旦与秦国开战，必定力有不逮。

可是，如果秦穆公眼下真的放手攻打晋国，也会面临两个非常棘手的问题。

问题一，秦、晋两国的关系之前一直保持良好状态，即便发生了“烛之武退秦师”事件，两国也没有公然翻脸。倘若秦穆公此时此刻乘人之危，道义上难免受到诸侯各国的非议和谴责。

对于有志称霸中原的秦穆公来说，这一点不可等闲视之。

问题二，即便秦国一两次攻打晋国得手，对秦国夺取中原盟主的宝座也没有决定性的帮助。

由于地理格局，秦、晋之间的战争无外乎发生在偏远的河东、河西两个区域，与中原相隔遥远，其战果对中原政局的整体影响力相当有限。

这也就是说，秦国攻打晋国，是件即时收益不明显的事情。即便秦国大获全胜，一则没有把晋国的势力驱逐出中原，二则也没有让中原诸侯对秦国的威猛产生切身感受。在这种情况下，秦国仍需到中原再发动一场大战，以证明自己的实力。

基于上述两点顾虑，秦穆公自然而然地把注意力放在了寻求直通中原的途径上。

既然要直通中原，那我们先来看看，中原方向有哪些主要政权距离秦国最近。

顺着秦国去往中原的必经之路崤函通道往东走，秦人会经过晋国南端。晋国就别去惹了，不好惹也惹不起，于是乎专心打酱油。

出崤函通道后，首先映入眼帘的是周王室所在的洛邑。周王室乃天下宗主，打它的主意也不明智，于是乎无害通过。

再往东走便是滑国。滑国区位虽好，但国家太小，即便吞下这点蝇头小利，也缓解不了秦人的饥渴，于是乎选择性忽视。

继续向前，油光闪亮、香甜四溢的郑国扑面而来。于是乎秦人的小心肝终于开始不淡定起来。

郑国之于中原的重要性，本书之前已经论及多次，这里就不再赘述了。现在我们所要关注的是，郑国如今在秦国称霸中原的路线图上，到底扮演一个什么角色。

首先，它是距离秦国最近的中原主要诸侯，可以视为秦国与中原连接的卯榫。秦国要进出中原，非打通郑国不可。

其次，郑国并不受秦国的完全掌控。郑国虽然曾经迫于压力而应承成为秦国经略中原的东道主（关于东道主这个词，大家有必要还原它的本意），但这种松散的联盟关系仍不足以使郑国死心塌地地为秦国效力。

此外，晋文公在公元前 630 年那次伐郑之战中留下的后招开始发挥作用。郑国新君郑穆公受晋文公大恩①，在他的主导下，郑国实行向晋国靠拢的政策。因此，郑国对秦国的辅助作用无疑将在本就不高的水平上，再暴跌一个档次。

如此抽丝剥茧一番，局势就豁然开朗了。秦国若想入主中原，就必须要控制郑国。而郑国又若即若离，所以秦国接下来的举措，就是征服郑国。

---

① 郑穆公即曾经的公子兰，其父郑文公于公元前 628 年去世。

令秦穆公庆幸的是，眼下正存在着一个对秦国即将展开的军事行动极为有利的条件。

大家别忘了，上次秦穆公从郑国撤军时，曾把杞子、逢孙、杨孙三员大将留下来戍守新郑。秦国远征军正好可以和杞子等人内外呼应，一举拿下新郑，从而颠覆郑国的政权。

而本章所要讲述的故事，正是从秦穆公称霸中原的理想和杞子等人戍守新郑的现实说起。

公元前628年冬，晋文公尸骨未寒，杞子从新郑遣使密告秦穆公：“郑人使我掌其北门之管（管就是钥匙），若潜师以来，国可得也。”

秦穆公为此欢欣鼓舞，他脑海中闪现出的第一个念头就是依计而行，奇袭新郑。

实事求是地说，奇袭新郑是一条极富建设性的计划。

抛开有杞子等人做内应的因素不说，晋文公的新丧，最大限度地降低了晋国出兵干涉秦国军事行动的可能性，使得秦国可以挥洒自如地降服或者吞并郑国。

然而，这条计划也有一个致命的缺陷，那就是秦军行进的路线过于复杂，自西向东要经过晋国南端、洛邑、滑国、新郑北面的郑国城邑。

至于这个缺陷有可能造成的不良后果，我们不妨听听蹇叔的分析。

蹇叔说：“劳师以袭远，非所闻也。师劳力竭，远主备之，无乃不可乎！师之所为，郑必知之。勤而无所，必有悖心。且行千里，其谁不知？”

蹇叔的中心思想就是：千里奔袭郑国，极易暴露行踪，一旦郑国提前设防，秦军只能无功而返。

这是一句大实话。

1941年12月7日，日军不远万里偷袭珍珠港，重创美军的太平洋舰队，直接导致美国的海军力量在太平洋上消失了整整六个月，为日本迅速占领东南亚扫除了障碍。

1942年6月4日，日本准备故技重施偷袭中途岛，结果落入美军的陷阱，联合舰队的大半损失殆尽，美国一举夺回太平洋战场的主动权。

两次都是偷袭，为什么第一次赢得金玉满堂，第二次却输得体无完肤呢？秘诀就在于能否保持战术动作的隐蔽性和突然性。

第一次，美国事先完全蒙在鼓里，等于是睡觉的时候挨了一记闷棍。

第二次，日本的攻击计划一早就被对方破译，美国只是躺在床上假寐，其实被窝里的手上，正紧紧握着两把雪亮的特大号杀猪刀。

秦军要跨越这么广阔的地域去偷袭郑国，难免不暴露行踪。

此外，崤函通道也不是菜园门可以想进就进、想出就出的。

以秦国和晋国明里和睦，暗里较劲的双边关系来看，晋国必然不会继续容忍秦国这种浑水摸鱼、掏挖晋国墙脚的举动。

那么，就算秦军出征途经崤函通道的时候蒙混过关①，也难保回程的时候不遭遇晋军的伏击。

而一旦晋军设伏，以崤函通道的险峻地势而言，别说秦国来的只是精锐远征军，就算是全国军力毕集于此，只怕也要被一锅给烩了。

秦穆公对蹇叔的忠告不以为然。既然是偷袭嘛，加强防范，别让消息走漏就是。不入虎穴，焉得虎子，怎么能为了那可能的泄密风险，就搅了进取中原的大好局面呢？至于崤函通道，秦军之前来来去去也走过几回了，从没遇上个三长两短，未必这一回就偏偏注定要落脚？

奇袭郑国的计划就此敲定。

秦穆公派出了孟明视（百里奚之子）、白乙丙和西乞术三员上将的豪华阵容，并遣细作潜入郑国告知杞子等人提前做好接应的准备。

可以想见，秦穆公伐郑的心情是相当迫切而且志在必得的。谁知出师之日，蹇叔号哭于东门之外："吾见师之出而不见其入也！"

秦穆公气得屁股冒烟。行军打仗这种关乎国运的大事，最讲究黄道吉日、出入平安了。

明知朝廷已有定议，你蹇叔身为耄吏老臣，居然还口出衰言，扰乱军心，政治觉悟哪去了？到底是眼里没有国君，还是眼里没有国家？

于是使人斥责蹇叔："尔何知？中寿，尔墓之木拱矣！"

---

① 即采取不假道的方式溜过去。而按照当时的礼法，行征伐之事，过他国之邦，须假道以致礼。

这句话直译过来是说：你知道什么？假如你只活到六七十岁的话，你坟头上的树木都已经拱然成荫了。

意译过来就是说：老家伙这么叽歪，你怎么不早点儿去死？

蹇叔稍止，望着缓缓催动的秦军喃喃念道："晋人御师必于崤。崤有二陵焉。其南陵，夏后皋之墓也；其北陵，文王之所辟风雨也。必死是间，余收尔骨焉（他儿子申舆视也随军出征）。"

叹息声中，秦军的战车一路向东绝尘而去。

公元前627年春，秦军在没有向晋国假道的情况下，顺利穿过殽山通道，直抵洛邑北门。

话说这诸侯觐见周天子时礼仪繁絮，连诸侯的兵马路过周天子之门，也是有讲究的。《吕氏春秋》中就有记载：（诸侯兵马）过天子之城，宜橐甲束兵，左右皆下。

"橐甲束兵"就是指卸下盔甲，收束兵器。

"左右皆下"就是指车左和车右都要下车步行，仅留御者驾车而行。春秋时代的兵车，一般搭乘三人，车左为弓箭手，居中为御者，车右为执戟战士[①]。

那么，秦军的表现又是怎样的呢？《左传·僖公三十三年》中记载道："左右免胄而下，超乘者三百乘。"

意思就是说：秦军仅仅只是摘下头盔下车步行以向王城表示敬意，而且有三百乘兵车上的车左和车右都是脚一点地就立即跃上战车继续前进。

哎，我说这地上是有刺还是有屎呀？你们多走几步路会死啊？

这时，周襄王的孙子王孙满正在城头观兵，小伙子当场就摇头不止，冷冷地说道："秦师轻而无礼，必败。轻则寡谋，无礼则脱（脱指疏略大意）。入险（险指崤函通道）而脱。又不能谋，能无败乎？"

"同学们，王孙满年纪轻轻，就有如此深邃的见识，这充分说明了一个什么道理呀？"

"说明了世界是我们的，也是儿子们的，可最终是他们那帮孙子的！"

---

① 倘若是君帅乘坐的兵车，则君帅在中央鼓下，御者在左，戎者在右。

“喀喀，很好，孺子可教也！”

秦军耀武扬威地过了王畿，进入滑国地界。

滑国夹在王畿和郑国之间，属地狭窄，要是站得高一点儿，撒泡尿都能滋到国外去。孟明视等人眼见郑国在望，心情也慢慢地亢奋起来。

突然，秦军前锋影影绰绰看见有一支队伍从郑国方向迎面而来。莫非、莫非是郑国前来迎敌的兵马？主将孟明视的头皮一阵酥麻，立即命令全军警戒。

待对方走到近前，秦军这才发现原来不是兵马，而是几个人赶着十几头牛在行路。孟明视松了口气，令军士带着慈祥的表情一笑而过。

可奇怪的事情发生了。这几个人赶着牛丝毫没有回避秦军的意思，反而径直挡住了秦军的去路，形迹十分可疑。孟明视一摸脑袋，不对劲哪，这些家伙到底是什么的干活？

你说是农民吧？随身却没携带农具，形象气质严重不符。

你说是商人吧？没见过商人有胆子拦路抢劫武装部队的。

你说是乔装打扮的敌方特种部队吧？就凭这几个人如果想搞定秦军的一大彪人马，那只有一种可能：他们赶的不是十几头牛，而是十几头牛魔王。

秦军不敢大意，立即把对方的头领带到孟明视面前一问究竟。

头领落落大方地自我介绍叫弦高，郑国人，说是郑君听闻秦军行经滑国，特令他前来犒劳秦军云云，并奉上熟牛皮四张、肥牛十二头作为见面礼。

孟明视虎躯一震，脑海里瞬间闪过一个斗大的“×”字，脸上却装作甚是快慰的样子笑纳了弦高的礼物。

等到弦高一走，孟明视和白乙丙、西乞术三人面面相觑，尽皆茫然失色。

既然郑国掌握了秦军的动向，必然也就做好了防御的准备。倘若继续征伐郑国，奇袭就会变成强攻；而在孤军深入的情况下，强行攻击和强行找死，其实没有什么区别。

万般沮丧之余，秦军戾气发作，不由分说灭了滑国，然后班师回朝。

悲剧啊悲剧！秦穆公的梦想，孟明视、白乙丙和西乞术的荣耀，伴随着秦国精心打造的奇袭计划，冬去春来，翻山越岭，不料破碎在了郑国的大门口。

可是，人世间最大的悲剧不在于最后输了，而在于差点儿就赢了。假使孟明视等人得知了弦高这个人的真实来历，只怕会气得吐上几升鲜血，暴毙而亡。

原来呀，弦高是个冒牌干部，所谓代表郑君犒劳秦军，压根就是无中生有的大谎话。

也就是说，郑国政府当时根本就不知道秦军的动向，自然也没有做任何防御准备；真正发现了秦军意图的，只不过就是弦高一个人而已。

秦军亏大了！

到底是怎么回事？且让我们把视频拖到几个时辰之前。

郑国地处中原核心，道路四通八达，因此商业十分兴旺。

这天，一个商队正赶着一大群牛，准备贩卖到洛邑去，为首的人就是弦高。

商人有几个很显著的能力特点。第一就是人脉宽广，消息灵通。

弦高将要走出郑国的时候，遇见了一个常年奔走于秦国、王畿和郑国之间的同行，并得到了一条十分重要的军事情报，那就是秦国将要偷袭郑国，而且兵锋已过洛邑。

说的人也许只是当个新闻，听的人却真的把它当作了一个新闻，当然，不是八卦新闻，而是民生新闻。

秦军一旦得手，自己家破人亡，多年打拼挣下的产业也会灰飞烟灭。弦高的心一下子抽紧了。

此时，商人的第二个能力特点自动开启，那就是盘算周密，狡黠善变。

弦高不假思索地将部属分为两拨，第一拨即刻掉头奔赴新郑，向政府报告敌情；第二拨带着财货，前去忽悠秦军。

于是，我们便看见了开始的那一幕。

这边厢，郑穆公接到弦高的报告，大吃一惊，赶紧派大夫皇武子去查探秦国留守部队的军营。

这不看不知道，一看吓一跳！好家伙，秦军将士早已厉兵秣马，全副武装，做好了临战准备。

皇武子强装镇定，不动声色地对杞子等人说：“吾子淹久于敝邑，唯是脯资饩牵竭矣。为吾子之将行也，郑之有原圃，犹秦之有具囿也。吾子取其麋鹿以闲敝邑，若何？”意思就是说，贵军淹留敝国，敝国公费接待严重超标，难以为继，恭请各位爷回国休整，好走不送。

皇武子这番话说得又温柔又体贴，但是杞子等人听在耳中，感觉就像是九天上劈下的滚滚惊雷。

就目前的局势而言，孟明视与杞子等人的一举一动俱在郑国掌握之中，里应外合攻陷新郑的意图已成明日黄花。

既然如此，杞子等人也无法继续待在新郑了，一则实在没有意义，二则实在不好意思，三则实在有点儿心虚。

心虚个啥?

大家都说不怕贼偷，就怕贼惦记。不知道大家是否想过，做贼的又怕什么?

做贼的不怕主人家防备严密，就怕主人家认出他是个贼。这样一来，明处和暗处的互相调了个个儿，主人家也不用费尽心思摆出个九宫八卦连环阵，只消随便往贼子的行经路线上扔一坨屎，贼子也要吃不了兜着走。

你说他心不心虚?

思来想去，杞子、逢孙和杨孙三人只得抛下兵士，隐姓埋名分别跑到齐国和宋国躲了起来。

秦国他们是不敢回的。秦国的军法素来无比严苛，不存在没有功劳也有苦劳的概念，军令一旦颁布，将士死活都要完成作战任务，否则回来了基本上也是死路一条。

孟明视退了，杞子闪了，弦高也亮了。

在中国古代，商人的命运是可悲的。这种现象大概源自周朝。

周武王灭商之后，出于政治目的而对商人（商人即商朝的遗民，同时也是中国历史上最早发生商业行为的族群）严加管控。

周成王即位后，商纣王的儿子武庚发动叛乱失败，之后商人被视为比庶民还要低劣的顽民，并就此开启了中国几千年来商人（商人的含义从这里开始，变成了经商之人）的血泪史。

战国时，法家之集大成者韩非子在他的《五蠹》中将商人称为“五蠹”之一，把商人比作社会的蛀虫。

其后两千多年的封建社会里，由于中国实行自给自足的小农经济，战略物资的流转贩卖皆由官府直接控制。故商人只能游离于主流社会之外，仅仅比那些个卖狗皮膏药的、卖苦力的、卖艺的、卖身的和卖命的强上一星半点儿。

明朝初期，江南巨商沈万三出资为明太祖朱元璋修建三分之一的南京城墙。放到当下，这是感动天感动地感动中国的史上最美商人，即使在南京的绿地广场为他修个纪念碑也不过，可是他感动不了朱元璋。朱老八左手刚拿过钱，右手紧接着就把沈万三发配到岭南体验原生态去了，丝毫迟疑都没有。

清朝中期，写罢“万马齐喑究可哀”的大思想家龚自珍明确提出要“重农桑，抑贾人”。

再到清朝晚期，安徽出了个富可敌国的大商人胡雪岩，一时风光无二。可究其底细，原来是个投靠了官府的红顶商人，而且事实上最后也沦为了政治斗争的牺牲品，死得很难看。

可见，对于中国古代的商人来说，要想走出一条成功的路，堪称难上加难。

然而弦高是个例外。

弦高在生之时的景况如何我们虽然不知，但他千百年来收获了人们的夸赞却是有目共睹。

一介小商贾，骤然面对秦国的千军万马，临危不乱，智退强敌，商人奸猾的面孔背后，是爱国的拳拳热忱和勇毅担当。如此之见识，如此之作为，实不亚于彪炳千秋的大英雄。

所以，弦高的人生价值已不在其商，而在其义。他的人生经历告诉我们，毁财纾难才是真正利润超级丰厚的大买卖。

殽山血

殽山，位于河南省西部，为秦岭东段的支脉，大致呈西南一东北走向。它既是黄河与其支流洛河的分水岭，也是陕西关中至河南中原的最后一道天然屏障。

殽函通道自西向东行至殽山脚下时分为南北两条岔道，北岔道穿越殽山北段（蹇叔所谓之北陵，陵就是山的意思），其路中某处为“文王之所辟风雨也”；南岔道穿越殽山南段（即蹇叔所谓之南陵），其路中某处有“夏后皋之墓”。

蹇叔之所以预言远征郑国的秦师“必死是间”，除了因为两条岔道俱能穿越殽山而到达洛邑、秦师攻打郑国必会路经其中之一，还因为，这两条岔道有一个共同的地形地貌特点，那就是险绝无比，秦师一旦中伏，将插翅难逃。

具体险到什么程度，我们不妨来看两则描述殽山岔道的文献记录。

唐太宗第四子魏王李泰主编的《括地志》是当时的一部大型地理著作，上面说：“其山幽深可荫，有回溪阪，行者畏之。”

明末清初沿革地理学者顾祖禹著述的《读史方舆纪要》中记载：“翼岸巍峰插天，约谷深委。终日走硖中，无方轨列骑处。”

从这两则记录可以很直观地看出，殽山岔道幽深狭长，端的是个杀人越货、毁尸灭迹的好去处。

需要特别指出的是，顾祖禹是个明朝遗老，满脑子都是根深蒂固的反清复明思想。他著述《读史方舆纪要》的主要目的，也是为了日后指引天地会之类的义军行军布阵打败清军，所以十分注重从军事的角度考量地形地势。

一直到抗日战争爆发，还有相当多的国民政府军官将《读史方舆纪要》直接当成军事地图使用，可见该书是比较翔实和严谨的。

如果有人读罢上述两则记录后，还不能领悟殽山岔道的军事运用价值，那我们不妨做个简单分析。

打仗和打架其实是一个道理，取胜的关键之道就在于以多打少。说得专业一点，就是要尽量扩大己方的攻击面，充分释放己方的攻击力。

循着这个思路不难推导，最好的攻击阵型应该是“一”字形，可以保证第一时间内所有弟兄一拥而上，在接触面形成优势兵力。

而最差的攻击阵型应该是“1”字形。冲在前面的弟兄双拳难敌四腿，上去一个被对方摁住拍死一个；后面的人看在眼里，急在心间，排着老长的队伍有力使不上，好不容易轮到自己时，却发现前面的弟兄都死光了，自己依然还是送肉上砧板。

介绍完了基本理论，现在结合地形进行沙盘推演。假设蓝军要自东向西穿过殽山岔道，红军准备攻击他，那战场上将会呈现出怎样的态势呢？

一般来说，红军有两种攻击策略可供选择。

第一种策略是红军堵在殽山岔道的出口处，迎头痛击穿谷而来的蓝军。蓝军即使缩在山谷里不露头，迟早也会粮草耗尽活活饿死。

顾祖禹已经说了，殽山岔道“无方轨列骑处”，意思就是说车马不能并行，只能摆出真正的一字长蛇阵鱼贯而过。就攻击面的狭窄程度而言，蓝军的劣势已经到了无以复加的地步，红军哪怕只派个小分队都能将蓝军轻松搞定。

不过，如果你就此以为红军将会采取这种策略攻击蓝军，那我只能用暴殄天物来描绘你的愚昧无知。因为，放着殽山这么好的伏击地形不用，实在是一种可耻的浪费。

殽山岔道的南北两侧都是山峰，按顾祖禹的说法，俱为“巍峰插天”。那好，假设红军采取第二种策略，提前在岔道两侧的制高点上设下一线伏兵，等蓝军路过的时候，把果皮纸屑、矿泉水瓶、易拉罐和口水尿尿啥的一股脑儿往下招呼，蓝军怎么应对?

躲是肯定躲不开的，从高处来的东西自然而然也会滚到蓝军身上，红军甚至都不必瞄准。至于反攻也不现实，没见过谁冒着敌方火力还能在野外徒手攀岩并成功登顶的。

总而言之，两种攻击策略都能达到让蓝军托体同山阿的目的，但伏击显然优于截击。

因为，战争不仅要追求结果，还要追求过程。痛快淋漓的杀戮是暴力美学发展到极端的一种形式，无论对于提升己方的士气，抑或对于带给敌方长久的心理阴影，都具有无可比拟的巨大作用。

殽山，简直就是一个天造地设的屠宰场。

令人兴奋的是，有两支军队，即将上演由晋国主导兼主演的年度战争史诗巨片，外景基地就选在殽山。

扮演蓝军的是袭郑不成、原路返回的秦军；扮演红军的是甫遭国丧、为秦所叛的晋军。

怎么样，演员够大牌的吧，题材够火爆的吧？大家赶紧用迅雷下载预告片抢先观看，迅雷找片功能强大，下载速度迅猛，谁用谁知道哇！

秦军事先并没有接到导演邀请他参加殽之战剧组的通知，纯粹是无意之中扮演了一个至关重要的角色。

当然，就算接到邀请秦军也绝对不会应承，蓝军是千年不变的大老衰，演一演都会倒十八辈子的血霉。

秦军的打算是：我静悄悄地去了，正如我静悄悄地来，你们晋国聚精会神地办丧事就好，我们谢绝任何形式的接待，保证沿途绝不扰民。

晋国策划殽之战并不是心血来潮，其背后有着深刻的政治考量。

摆在桌面上的理由是“秦违蹇叔，而以贪勤民”，且“不哀吾丧而伐吾同姓”。

藏在心底里的想法是：既然秦国背着晋国偷袭郑国，已经表露出了其插手中原事务的野心，那晋国就要尽早把秦国的这种野心扼死，以避免秦国得陇望蜀、获取中原出口后回过头来和晋国争夺中原霸权。

因此，面对国内某些念及秦晋旧好的舆论，中军将先轸力排众议，坚决主张攻击秦军。

是福不是祸，是祸躲不过。秦国天生就是晋国的战略对手，且在之前联军伐郑时擅自撤军，显示了两国彻底决裂的征兆。晋国“一日纵敌，数世之患也”，“谋及子孙”，“必伐秦师”！

晋襄公认同先轸的观点。人类社会和动物世界没什么区别，讲究的都是丛林法则，打感情牌那只是权宜之计，归根到底还是得以实力为依据，以利益为准绳。

既然秦国和晋国的根本矛盾无法自然化解，那晋国就应先下手为强，果断出击，重挫秦国，使之元气受损，短期内无力挑战晋国的霸权。

战略方针一定，战术安排就容易多了，摆着个秦军的必经之路殽山岔道①在那儿，白痴也知道这一仗该怎么打。

晋襄公立即任命先轸为前敌总指挥，并调遣晋国北部的姜戎协同作战，在殽山岔道设下重重埋伏，并将自己穿的孝服染成黑色，亲自随军出征。

先轸自城濮一战成名，指挥大型战役的能力目前在晋国无人望其项背，由他出任殽之战的指挥官是一个众望所归的安排。

---

① 应该是北岔道。这条路路况较好，路程较短，秦军必定途经此处。

调遣姜戎出战，则因为姜戎拥有超级强悍的山地作战能力，可以进一步提升歼灭秦军的概率。

至于晋襄公将孝服由白色染成黑色，那也是有讲究的。

春秋时代，为士兵装备金属盔甲对于各国军队来说是一个普遍性的难题。难就难在制作费用高昂，一般的国家无法制式装备。

但是打仗时不穿盔甲的风险太大，所以很多战士只好自带盔甲上阵。这种自带的简易盔甲好一些的是藤甲，差一点儿的是皮甲，因为出自千家万户，无论形状还是颜色都不能统一。

但是盔甲并非没有一个主流的样式，形状且不说，选择颜色时是崇尚黑色和红色的。而崇尚这两种颜色，完全是一个心理学的问题。

一者这两种颜色能带给人一种威武、高大、神秘和肃杀的即视感，让敌人一见面首先在气势上就怯懦了几分。

二者这两种颜色能在一定程度上缓解士兵的恐慌情绪。

打个不恰当的比喻。我们剖西瓜的时候都是慢慢切开，可谁要是呼的一刀下去把它斩开，那种猩红汁液四处飞溅的场面绝对会让你惊悚不已。

在战场上杀人也差不多。当挥舞的兵器撕裂敌人的躯体时，横飞的血肉难免会沾染到战士全身。

说实在的，要是该名战士的心理素质不够强，正好又穿着一套浅色的盔甲，那么当他看到自己盔甲上饱和浸润的血迹时，难免会引发不适、恐惧甚至崩溃晕厥等症状，战斗力无形之中受到损耗。

不过黑色和红色的盔甲就能较好地应对这种情况。原理很简单，血液本来就是红黑色的，在同色盔甲的映衬下，视觉效果几乎可以忽略。

所以，重孝在身的晋襄公亲临战场时，希望穿着战斗服的服色以表示自己与将士同在，但他又不可能穿上喜庆的红色服饰。穿黑色服饰则既能表达对亡父的肃穆哀思，又符合作战规则，是一种合情合理的选择。

领导的榜样力量是无穷的，他们的一言一行通常就是时尚风向标，会引起芸芸众生的追捧与模仿。

比如“胡服骑射”。

战国时期，赵国在与戎狄交战时常处于劣势。究其原因，并非赵国将士本身的素养不高，而是其宽衣博带长袖的作战服饰不利于施展手脚，其战车冲驰长戈劈刺的作战方式在崎岖之地也运转不便。

解决这个问题的方法很简单，只需“易胡服，改兵制，习骑射”就行了。但是，在那个华夷之防蔚然成风的年代，要想劝说赵国上下改变传统的华夏民族行为习惯谈何容易？

因此，如果赵国把改革的工作思路确定为层层宣讲、说服教育，那我敢打包票，赵国士民醒悟的速度绝对比不上北方戎狄侵袭的速度。

这个时候，赵武灵王挺身而出，率先易服改骑，身体力行做给士民看。士民的思想观念为之一振，连国君都不以胡人范为耻，那咱还纠结个啥呢？于是“胡服骑射”得以迅速推广。

又比如“中山装”。

清朝末年，中国人的常服是长袍马褂瓜皮帽。当时，革命风潮涌动，对于“剪辫易服”亦有诉求，然而施行起来困难重重。

俟辛亥革命成功，孙中山先生在就职中华民国临时大总统的仪式上，穿着一套直翻领有袋盖的四贴袋服装。从此，这种样式的服装就以“中山装”之名盛行中国。

1929年的国民党宪法甚至规定，一定等级的文官宣誓就职时必须穿中山装，以示遵奉先生之法。这从法律层面确立了中山装在中国的“国服”地位。

中华人民共和国成立后，中山装仍旧是国民的主要服装样式。国家领袖毛泽东、周恩来、邓小平等便常常着中山装示人。二十世纪六七十年代，穿中山装的中国男子不可胜数。直至今日，中山装的魅力也没有消减，已然成为中国服饰的一道亮丽风景。

而这一次，晋襄公“墨衰绖（衰绖代指孝服）”的做法，竟然一举改变了晋国的风俗习惯，使得晋国成为周王朝大地上唯一一个孝墨的国家。不知道现在山西同胞是否还保持了这个传统。

当然，这都是后话。我们暂且先把目光转向殽山，晋国已经张开血盆大口，只等秦军入彀了。

公元前627年的四月十三，孟明视、白乙丙和西乞术正率领秦军在殽山岔道艰难跋涉。他们的心情十分复杂，出发前制订的袭郑计划流产，哥仨儿做主将的难免要被追究领导责任。

大家不要小看了“领导责任”这四个字，也许换个时空背景它就等于没有责任，但放到秦国那可就是真的军法从事。管你老爸是谁，管你老大是谁，管你老妹是谁，统统治你没商量。

不过秦军此行也并非没有一点儿收获，毕竟灭了个小小滑国，掠取的子女财货可以稍微做个交代。所以秦穆公到时候如何赏功罚过还是个未知数。

最让孟明视哥仨儿忐忑不安的是眼前这条羊肠小道。树木丛杂，山石崚嶒，了无人迹，一路上尽是些上天梯啊坠马崖啊绝命岩啊落魄涧之类的鬼地方，要是自己能退化成一只猿猴就好了。

听说夏桀王的爷爷葬于左近，真是死了图个清净。

又听说周文王路过此处时曾遭遇风雨。老头子要遛圈到公园走走不就得啦？说不定还能拉上几个大妈唠嗑儿，多惬意！非跑到这鸟不拉屎的鬼地方来，这不是自找苦吃吗？

临行时蹇叔说晋国会在这里设伏，阿弥陀佛，但愿他只是童心未泯吓吓我们的……

骤然，一阵急促的鼓角之声从秦军两侧的山头响起，随即滚石檑木伴着箭雨铺天盖地当头劈来。孟明视猛抬头，只见山林中隐隐飘出一角晋旗，霎时脸色死灰，汗出如浆。

就这么一愣神的时间，秦军早已人仰马翻，被高空坠物直接砸死。有几个脑壳不开窍的撒开脚丫子往前面跑，仿佛以为自己在这拥塞道路上的瞬间加速度能大于九点八米每秒。结果刚跑出几步，飞来一块疯狂的石头帮他脑壳开了窍。

关键时刻还是领导的水平高。孟明视、白乙丙和西乞术三人扭动着小蛮腰辗转腾挪，左蹿右跳，总算没有被当场击毙。

而其他的秦军将士，包括随军出征的战马，都一个不落地倒在了殽山深处的这片荒芜之地，真正的尸横遍野，血流成河。

明年春天，这里的草木会长得更加茂盛些吧！

“海棠老师，那珍视明他们三个人后来昼伏夜行地逃出伏击圈了吧？”

“珍你个头，是孟明视！他们想逃？那是不可能的。交战之后，胜利一方都会打扫战场，收集敌方遗留的作战物品以资己用，并且检点敌方死亡人数，搜索敌方作战文件和重要将领。”

孟明视仨人伤痕累累，动弹不得，很快就被晋军揪了出来，绑得像个牲口似的押回了绛城。披麻戴孝的晋国人民敲锣打鼓，露出了久违的欢颜。

可是这中间有一个女人不喜反忧，自打得知秦军覆灭的消息之后就愁眉苦脸，没有睡过一个安稳觉。她就是文嬴，晋文公的遗孀、晋襄公的嫡母、秦穆公的女儿，正宗的晋籍秦人。

这女人向着娘家呀，就像饿了要吃饭、饱了要拉屎一样，纯属生理本能，挡都挡不住的。

对于秦军的败亡，文嬴不知道背地里抹了多少眼泪。等到孟明视仨人以阶下囚徒的身份出现在绛城后，文嬴实在是坐不住了。

别看这三个家伙高大威猛，赫赫有名，但要弄死他们也就是一把破刀一根草绳的事情。谁知道晋襄公会不会把他们宰了祭奠老爸呢？这可比宰三头猪当祭品体面到哪儿去了。

想到这里，文嬴不禁头皮发麻，赶紧找到晋襄公，摆出一副体己的口气说：“秦晋两国交恶，都是孟明视这三个浑蛋挑拨离间搞的鬼。如果寡君（指秦穆公）抓到他们，即便把他们的骨头剁碎了喂王八都不会解恨，又何必劳烦您屈尊降贵去亲自惩罚他们呢？不如把他们遣送回国，让他们当着国人的面受死吧！”

晋襄公继位之初政治经验尚浅，一听嫡母说得还挺像那么回事，就稀里糊涂地答应了，当即命令手下放孟明视仨人回国。

孟明视仨人原本引颈待死，现在忽然无缘无故地被放了出来，听说还允许自行回国，心中免不了狐疑万分，不知道晋襄公唱的到底是哪出戏。

可是对于他们自己来说，如果能赶在晋襄公神经错乱恢复正常之前安全逃回秦国，那就是好戏。哥仨儿于是乎真力迸发，拿出用百米冲刺速度跑马拉松的劲头，舍生忘死地朝秦国狂飙而去。

随后先轸朝见晋襄公，问及秦国囚徒。晋襄公告诉他，应文嬴之请已将孟明视等人放生了。

先轸脑子里嗡了一下，他狠命掐了掐自己的肉，以便验证刚才听到这番话时不是在做梦。继而大发雷霆，不顾而唾曰：“武夫力而拘诸原，妇人暂而免诸国，堕军实而长寇仇，亡无日矣！”

当着国君的面竟然做出吐口水和嘶吼诅咒这样无法无天的行为，只能说明先轸当真是愤怒到了极点，也失望到了极点。纵虎容易缚虎难，更何况是孟明视这样的不世出之名将呢？

晋襄公冷汗一激，顿时醒悟过来，马上派阳处父领军追击孟明视，生要见人，死要见尸。

阳处父驾着兵车一路向西，目不交睫地跑了好几天，却愣是没有发现孟明视仨人的影踪。他就纳闷了，孟明视这厮也是肉身凡胎，就算是吃了中华鳖精，也不至于跑这么快呀！

追追追，继续追，前面就是黄河，老子不相信那三个家伙可以肋下生翅飞过去。

追到黄河大堤上一看，孟明视仨人已在舟中，对岸就是秦国属地，下河追击显然也来不及了。

阳处父灵机一动，随手解开左骖（左骖就是牵引兵车的四匹战马中的最左边那匹），举起缰绳对孟明视喊话，说晋襄公送马给他作为脚力，想诓骗他上岸来领受。

孟明视此时是鸟出樊笼，龙入大海，才不会上这个当呢，于是在舟中恭恭敬敬地朝岸上磕了几个头，朗声道：“君之惠，不以累臣衅鼓，使归就戮于秦，寡君之以为戮，死且不朽。若从君惠而免之，三年将拜君赐。”

几句话不卑不亢，有礼有节，平淡中透出万丈杀机，阳处父不由得打了个冷战。

旬月之后，雍城郊外，秦穆公浑身裹素，率领文武亲自迎接秦军残师——残得只剩下三个人的师。

形容枯槁的孟明视、白乙丙和西乞术在秦穆公身前伏地痛哭。这一刻，他们的眼泪不是为了企生，而是为了求死。

秦穆公也号啕大哭："寡人当初不听从蹇叔的忠告，一意孤行，以致爱卿丧师受辱，这都是寡人的罪过呀！"

于是特旨免除对孟明视仨人的军法处置，使其官居原职，仍旧掌管秦国军政，并约以上下同心，厉兵秣马，异日一雪前耻。

同年八月，狄人侵晋。晋襄公率军出击，在箕地大破狄军，晋将郤缺（郤芮之子）俘获狄军首领白狄子，史称"箕之战"。

对于晋国来说，和狄人对练其实就是用牛刀杀鸡，取胜原本也没有出乎人们的意料之外。但匪夷所思的是，中军将先轸竟然在此役中阵亡了。

大家知道，中军将处于军阵中的核心位置，即使左右两军完全覆没，也还有中军的层层拱卫。也就是说，不战至一兵一卒，中军将是不会受到威胁的。

那么，在晋军大获全胜的背景下，先轸为何会战死呢？说出来怕你不相信，先轸是在找死。

这不是开玩笑，《左传·僖公三十三年》上记载得很清楚。先轸说："匹夫逞志于君而无讨，敢不自讨乎？"意思就是说，在国君面前做出不顾而唾的忤逆之举，即便国君不怪罪，难道自己就能宽恕自己吗？说完这句话后，先轸"免胄入狄师，死焉"。

以中军元帅之尊而轻易就死，看起来似乎太意气用事了点儿。先轸不顾而唾的行为，尽管违背了古仁人应该遵循的为臣之道，究其本末，却实在是情有可原，都怪晋襄公轻信文嬴谗言释放孟明视太气煞人也。

那么，应当如何理解先轸求死的动机呢？我这里不合时宜地想到了一个现代法律术语，叫"毒树之果"。

毒树之果理论的核心思想就是：一旦程序不合理，结果也就因之丧失了正义性，而不论这个结果的本身有多么正义。

譬如说，某甲杀了某乙，但司法部门采取刑讯逼供或其他非法手段破获此案。那么，即便某甲死有余辜，毒树之果理论也不会支持对某甲执行死刑。

因为，对某甲执行死刑虽然实现了对某乙的正义，但对于整个社会的法律和道德体系来说却是不正义的。而显然，维护法律和道德体系的正义，比维护某个具体个人的正义要重要得多。

同理，先轸谴责晋襄公释放孟明视等人的观点固然正确，但表达的方式却极不合理。这种极不合理的表达方式破坏了当时的君臣礼法，示范效应极为恶劣。

先轸难以排遣内心强烈的自责，因而不惜借一场自杀式的惨烈战斗，用鲜血来维护自己知礼明义的清白形象。

总有些人，把名节看得比性命还重要，这就是一个民族的精气和脊梁所在呀！

公元前625年春，孟明视率师伐晋。晋襄公以先且居和赵衰统率中军，出兵反攻秦地之彭衙。孟明视折师而返。晋人笑曰此即秦国“拜赐之师”（孟明视曾有“三年将拜君赐”之语）。

秦穆公不以为忤，“犹用孟明”；孟明视亦“增修国政，重施于民”。

同年冬，晋国先且居率宋、陈、郑联军发动报复性战争，攻占了秦国的汪和彭衙两地。

接二连三的失败，带给秦国的不是君臣猜忌和军心涣散；相反，秦国朝野呈现出了空前的团结，他们就像一只被压紧的弹簧，暗暗积蓄着自己的力量。

公元前624年，殽之战后的第三年四月，忍辱负重的秦国经过苦心经营，终于等来了反击的时刻。

秦穆公率军亲征晋国。为了表达不成功则成仁的决心，秦军在渡过黄河之后将船只尽数焚毁，接着向晋国发动了猛烈攻击。晋军感受到了秦军强大的气场，俱各闭关不出。

秦军攻占了王官和郊地，横扫晋国南部，耀武扬威一番后从茅津渡南渡黄河，到达殽山战场。

眼前的殽山，群芳斗艳，百鸟争鸣，显得那么清幽宁馨。

只不过，假如你轻轻拨开那纵横滋蔓的草木，依然能看到三年前阵亡秦军将士的累累白骨；假如你站在危崖之下侧耳倾听，风中隐隐还会传来一声声惊惶嘶喊，一阵阵痛苦呻吟。

秦穆公含泪肃立，思绪潮涌，口占曰：“嗟士卒！听无哗，余誓告汝。古之人谋黄发番番，则无所过。”[①]吟罢，三军焚香祭拜，封骨而还。

殽之战是春秋时代的一次重要战役，它对当时以及后世国际政治格局的影响是十分重大的。

俗话说得好，活人不可能被尿给憋死。由于东进的要道被晋国牢牢阻塞，秦穆公不得不向河西的纵深处用兵，换个思路拓展秦国的战略空间，并取得了“益国十二，开地千里，遂霸西戎”的辉煌成果。

周王室东迁之时，曾嘱托秦国清剿渭河流域周边的各色戎人，夺回周人祖地。如今西戎理论上归于王化，所以周襄王派召公赐秦穆公金鼓，以示嘉许。这个动作成了后人认定秦穆公为春秋霸主的主要依据。

终春秋之世，由于晋国的持续强盛，秦国再也未能在殽山以东有大的作为，看起来要多苦逼有多苦逼。

然而，就是在这种近乎封闭的严酷环境中，秦穆公之后的历代秦君树立起了深邃的忧患意识，并得以专心致志地修炼内功，涵养国力。

等到战国时代来临时，晋国被一分为三，再也无力阻止秦国东进。

厚积薄发的秦国终于迎来了重见天日的时刻，就像钻出瓶子的魔鬼一样，瞬间显示出极其强劲的攻击力。而那条曾把秦国拒之于中原门外的崤函通道，亦为秦国所掌控，变成了秦国与山东六国较力的咽喉要地。

殽之战还标志着秦、晋两国关系的彻底决裂。此后秦国抱着敌人的敌人就是自己的朋友的态度，果断采取了联楚制晋的外交策略。中原争霸战也随之变得越发盘根错节、精彩纷呈了。

楚宫惊变

公元前 627 年发生在秦国和晋国之间的殽之战，对于楚成王来说，是一个振

---

① 告诫将士要多听取黄发老人的意见，才能避免过失。这是秦穆公对自己当初不听蹇叔忠告的悔悟。

奋人心的利好消息。

自从楚国开启了挑战中原的漫漫征程后，进展一度非常顺利，楚国由一个小小子国逐渐成长为纵横长江南北的超级大国。

如果照着这样的势头继续发展下去，楚国人到蒙古高原遛马，到西伯利亚赏雪，到北冰洋洗澡，那也不是什么难事。楚成王上台以后，只怕连越过北冰洋到斯堪的纳维亚半岛打海盗的想法都有。

不过，楚成王的运气实在不怎么好。

先是出了个英雄盖世的齐桓公，在“尊王攘夷”的旗帜下，统率北方诸侯，牢牢地把楚国遏制在江汉平原无法动弹。

好不容易把齐桓公熬死了，楚成王终于见青天了，于是乎略施拳脚收拾了表面看起来有点儿喜剧色彩，仔细一琢磨其实悲摧透顶的宋襄公，金戈铁马气吞万里如虎的感觉也来了。

不料这时候半路又杀出个老当益壮的晋文公，在城濮单枪匹马将楚国打得没脾气。

楚成王就纳闷了，这中原的老头儿是不是吃多了王八甲鱼，怎么一个顶一个的彪悍？

还好，殽之战给楚成王带来了新的希望，因为在死对头晋国的背后，秦国忽然伸出了友谊之手。

楚国第一次获得了北方强援的接应，地缘政治为之大大改善，楚成王又感受到了久违的青春躁动。

公元前627年冬，楚成王抓住秦晋交恶的良机，派令尹鬬勃[①]出兵降服了温地会盟后投靠晋国的陈、蔡两国，接着向同为晋国盟友的郑国发动猛烈进攻，意图扶植逃奔楚国的郑国流亡公子瑕为君。

战火蔓延至新郑，战况陷于胶着。晋襄公并没有出兵救援郑国，而是派太傅阳处父领军直接向楚国控制下的蔡国发动了反击。

鬬勃随即抛开郑国，率军前往蔡国拦截，并与晋军相峙于泜水。

---

① 成得臣死后芳吕臣继之，芳吕臣之后鬬勃继之。

论实力，晋军与楚军本就在伯仲之间，谁也没有拿下对方的绝对把握；加上两军之间隔着一条泜水，谁也不敢贸然渡水击敌。

因此，一场想象中的遭遇战演变成了相持战。而且这一持，就看不到尽头。

阳处父有点儿坐不住了，待在军营里既不能偷菜，又不能打魔兽，无聊透顶且不说，关键是晋军的粮草已经不太充裕了。

这人是铁饭是钢，一天没吃饿得慌，行军打仗一旦出现粮草短缺，那就只剩下两条路可走。

一是速战速决，趁士兵还有力气的时候赶紧消灭敌人；二是走为上计，趁士兵还有力气的时候赶紧撤出战场。

然而这个原本简单的问题，放在晋军身上看起来却很无解。要打，没把握；要撤，没面子。

大家别小看了“没面子”这一条，要知道阳处父代表的可是堂堂中原盟主晋国。晋军上次在城濮还撵着楚军的屁股跑，这次劳师糜饷千里远征，如果连楚国人的照面都没打就跑了，那岂不是会让新官上任的晋襄公比死了老爸还难受？

不过阳处父这人还算有点儿谋略，前面追击孟明视时急中生智解马相送就是个证明，要不然晋襄公也不会对他委以军权。就在晋军进退两难的时候，阳处父拿出了一个无耻至极的办法。

于是，一个晋军使者拜访鬭勃，并表达了这样的意思：楚国和晋国都是响当当的大国，就这样畏畏缩缩地隔着条河互相骂娘太不像样，是男人咱就痛痛快快地打一场。如果楚军愿意渡河作战，晋军可以后撤三十里，让楚军从容布阵；如果楚军不愿渡河作战，晋军可以渡河，但是请楚军后撤三十里，待晋军布好阵后再一决雌雄。

乍一听，这个提议很是公平公正、合情合理，任谁也挑不出半点儿破绽。

鬭勃在城濮之战中曾担任楚军的右军主将，当时甫一交战就被晋国的左军击溃，最终导致楚军全军败退。有了这一层过节在里面，鬭勃自然是知耻而后勇，急于用一场胜利来清算他和晋国之间的恩怨。

在这种心态的影响下，鬭勃的情绪被阳处父挑动了起来，决定主动出击，渡河作战。

副将成大心（成得臣之子）赶紧劝阻。要是晋军趁楚军半渡而击，楚军岂不是会死得很难看？还是楚军往后撤撤，让晋军过来打比较稳妥。

鬬勃一想也是，便与晋国使者达成了楚军暂退、晋军渡河的约定，并就此落入了阳处父精心布置的陷阱。

交战之日，楚军先行后撤三十里，为晋军腾出布阵的空间。

阳处父站在河对岸的高处，眼见楚军阵脚后移，立马对着晋军将士大声高呼：“楚军逃跑喽！楚军逃跑喽！……”

喊完，直接班师回朝。

“海棠老师，就、就这样完啦？”

“嗯，完了。”

“这是搞的什么鬼名堂，阳处长的爸爸不是说好渡河作战的吗？”

“等等，让老师缓口气先……”

阳处父要求楚军渡河作战，鬬勃认为自己识破了阳处父的阴谋；阳处父转而答应晋军渡河作战，请求楚军先行后撤三十里，鬬勃也能理解，毕竟晋军也怕遭受楚军的突然袭击。

自始至终，鬬勃都觉得军情的进展没有脱离自己的掌控。可是他万万没想到，自始至终，阳处父使的都是障眼法，其目的只不过是为了求得楚军先行后撤，三十里也好，三里也行。

因为只要是楚军先撤，阳处父就可以向天下宣称，楚军害怕与晋军交战，所以逃跑了。既然楚军败逃，那晋军即便没有追击扩大战果，也只不过是美中不足罢了。

因此归根到底，晋军乃是得胜还朝，阳处父得了里子，晋襄公得了面子，皆大欢喜，何乐而不为?

阳处父这边爽了，可是鬬勃却惨了。

按理说，晋军攻击蔡国无功而返，鬬勃即便称不上有功，也至少算不上有过。可是有人不这么认为，他觉得凡事不但要看结果，过程如何更要细细考究，鬬勃主动撤退就是一个大大的疑点。

捕捉到这个战场细节的人是楚世子商臣。自打他的名字一出现，我就知道，鬭勃完了。

果然，商臣向老爸楚成王进言，说鬭勃本来有机会歼灭晋军，可是按兵不动白白浪费纳税人贡献的钱粮不说，居然还接受了阳处父的贿赂，最后主动避开晋军，放人家跑了，简直罪无可赦。

谗言！苍天在上，商臣的话绝对是谗言！

可楚成王此时年岁已老，脑筋秀逗，听了商臣的一面之词后火冒三丈，二话不说就送了一把剑给鬭勃。

大家可千万不要以为这是什么“宝剑归烈士，红粉赠佳人”之类的美事，这只不过是上司暗示下属应当有所作为的一种表达方式。

官场最爱搞的就是这一套，因为出了问题都怪下属擅自揣摩上司心意，无辜的上司可没有只言片语的指示。

鬭勃一裤裆的黄泥巴硬被商臣说成是屎，真是比窦娥还冤、比杨白劳还苦。接到剑后，他百口莫辩，悲愤交集之余，怆然自刎。

鬭勃死了就死了，反正我们也救不活他，我们需要弄清楚的是，商臣为什么要陷害鬭勃呢？这得从楚国的世子之争说起。

楚成王一生纵横驰骋，倒也当得起“英雄”二字。不过他有个问题一直没得到很好的处理。这个问题就是确立世子的人选。

按照周朝的礼法，应该是由嫡长子出任世子。可是楚国以蛮夷自居，一直刻意游离于周礼约定的行为规范之外，因此他们的王位继承规则与中原大相径庭，更加倾向于由幼子继承王位。

楚成王中意一个叫商臣的儿子，想让商臣担任世子①。

由于立世子是国家大事，不可轻忽，所以楚成王就把鬭勃叫过来，想咨询他的意见。当然，咨询只是表面的客套话，寻求鬭勃支持的意思是不言自明的。

鬭勃说：“君王的年岁还不大，而且内宠又多，日后必定会增添诸多王子。如果您现在早早地确立商臣为世子，将来却又废黜他（意即更换其他幼子为世子），

---

① 这是很多年以前的事，当时楚成王还年轻，估计儿子不多，选择的余地不大，或许商臣还算是其中年幼的。

这岂不是给国家造成动乱吗？”

耿直的鬬勃除了以楚国立幼不立长的习俗为由表示反对，还对商臣下了一条这样的考语：“蜂目而豺声。”

“蜂目”大概就是指鼓凸的鱼泡眼，想必非常丑陋。

“豺声”是什么感觉我说不清楚。中国历来多狐狸精，豺修炼成精的我还没有见过，但估计声音很难听。

总之，鬬勃这句话的意思就是说：商臣面相不好，性格狠忌，不是世子的合适人选。

楚成王履行完了听证手续，该怎么办还怎么办，一意孤行将商臣立为世子。而从此，商臣就对鬬勃恨之入骨，每每欲除之而后快，直至伺机进谗害死鬬勃。

商臣虽然成功地当上了世子，但楚国的世子之争却并没有就此消停。

诚如鬬勃所言，楚成王精力旺盛，情感丰沛，条件又无比优越，接下来乒乒乓乓地一连生了很多儿子。而其中一个叫职的王子，成为楚成王心目中世子的最佳人选。

于是乎，关于楚成王将要换储的声音开始在宫廷内外悄然传播。

世子之位就是商臣下半辈子幸福生活的基础，有关世子之位的任何风吹草动，都是商臣全力侦知的目标。所以，楚成王心境的变化，很快就引起了商臣的警觉。

这个心怀鬼胎的王子隐隐嗅到了几许不祥的气息，尽管他还不能确认楚成王是否已经下定决心要废掉他。危急关头，商臣的师傅潘崇出了个主意，让商臣找姑妈江芈探听口风。

江芈是楚成王的妹妹，嫁给江国国君为妻，目前正在娘家楚国。她心直口快，很有可能知晓楚成王的心意。

于是，商臣设下非常丰盛的酒筵款待江芈，一开始的时候礼数还算周到。可是江芈菜来伸手，酒来张口，关乎商臣命运的话题却只字不提。

商臣也不着急，姑妈的性格他不是不知道，别看她现在守口如瓶，只要情绪一激动，保准满嘴巴跑火车。

酒过三巡，商臣改变了策略，开始对江芈不理不睬，自顾自地和身旁的下人调笑，一副吊儿郎当的样子。

江芈不悦，吹胡子瞪眼睛，打响鼻刨蹄子。

可是商臣故意视而不见，依旧把长辈晾在一边，继续和群众打成一片。

终于，江芈忍无可忍，作色而起，指着商臣的鼻子破口大骂："呼[①]，贱娃子，就你这副德行，怎么配做世子？难怪国君要废了你而另立职做世子！"

此语一出，满座皆惊。

江芈气咻咻地拂袖而去，商臣呆立当场。虽然对于此事早有心理准备，不过听到姑妈亲口说出来，他还是觉得头晕目眩、口干舌燥。

这时，一直躲在幕后暗中观察的潘崇走上前来，阴沉着脸问商臣："世子能对职俯首帖耳、恭恭敬敬地侍奉他为楚王吗？"

商臣木然，凭着直觉摇了摇头。

潘崇再问："世子能舍弃权位、流亡国外以保全性命吗？"

商臣稍微缓过神来，叹了一口气说："寄人篱下，四处漂泊，即使活着又有什么意思？"

潘崇顿了顿，眯着眼睛压低喉咙又问道："那，就别无良策了。世子能行'大事'否？"

商臣的寒毛嗖地一下根根竖起，他极快地扫了四周一眼，然后看着潘崇久久不语，一双手不自觉地微微哆嗦。弑父篡位这样大逆不道的事，无论哪一个环节出错，可都是要掉脑袋的呀！

潘崇看着汗水涔涔的商臣冷冷地说："到了如今这步田地，世子即使于心不忍，难道君王就会放你一马吗？"

商臣猛地抬起头，用一双阴鸷的鱼泡眼盯着潘崇说："愿闻先生高见。"

公元前626年十月十八日的深夜，一队全副武装的士兵忽然包围了王宫。

王宫卫队长勃然大怒：你们练功练傻了吧？知道治安管理法的第一条是什么吗？不准非法集会，不准围攻政府机关！你们上司是吃屎长大的吗？叫他滚出来回话！

回话的人是商臣，回话的内容很抽象：一刀封喉。

---

① "呼"是春秋时代常用的叹词，语义大概相当于现代口语的"操"。

保安队长在倒下的那一刻，心里好恨：当年为什么要托关系走后门谋就此职，如果老老实实地待在家里卖红薯，今日何至于横尸于此？

一阵混乱过后，商臣执着滴血的凶器闯进了楚成王的寝宫。

楚成王年老体衰，早已安然就寝，当嘈杂的喊杀声粗野地在宫廷里四处冲撞时，他仍然难以迅速地从昏沉中清醒过来，直到看见了火光映射下商臣那张杀气腾腾的油脸，还有商臣后面那些明火执仗的士兵。

这是一幅多么熟悉的画面哪！楚成王的脑子里陡然一片空明，思绪瞬间飞越到了四十六年前。

那也是一个沉闷的夜晚，也有一群凶恶的士兵。只不过当时他熊恽处在如今商臣的位置，而处在他如今的位置的是他的亲哥哥楚堵敖熊艰。

商臣将一段白绫打上结扔到楚成王脚下，此情此景，似乎已无须多言。

但阅尽风雨的楚成王还是没有放弃最后的努力，他瞟了一眼殿外闪烁的火光，忽然提了一个似乎很不着边际的请求："御厨正在烹制熊掌，能让寡人吃了再上路吗？"

商臣呆了一呆，随后发出狂妄的笑声，笑罢，将头抵近他的父亲，龇着牙一字一顿地说："谁不知熊掌极其难熟，你是想找个借口等救兵吧？"

楚成王万念俱灰，他用冰冷的手拾起地上的白绫，伸向自己的脖颈，半途却又停了下来，僵直着身体问道："寡人死后，以何为谥？"

商臣脱口而出："谥号为'灵'。"

按照《逸周书》上的说法，"乱而不损曰灵"，意思就是说国家有动乱而无法制止。很显然，这是一个贬损的谥号。

不用我提醒，大家也知道商臣的意见最后没有得到施行，因为我们一直称呼熊恽为楚成王，而没有称呼他为楚灵王。

实事求是地说，熊恽当政期间基本维持了楚国的繁荣，算得上一位有为之君，用"灵"字来概括他一生的是非功过是在昧着良心说话。如果商臣硬要给熊恽贴上个"乱而不损"的标签，我觉得那也仅限于熊恽没有及时毙了潘崇和商臣这对乱臣贼子。

所以，对于商臣的回答，楚成王极为愤怒。

要我熊恽的命可以，人生自古谁无死，更何况老子也是通过流血政变上的台，当了四十六年的楚王，搞风搞雨也够本了；可是你要毁了老子的名声，那就不行，一个鸡蛋吃不饱，一个名声背到老，你让老子千秋万代被人耻笑，老子就和你拼了。

一个人在临死关头爆发出来的气势是十分骇人的。在楚成王的积威之下，商臣退缩了，他略加思索，给出了一个“成”字的承诺。

“成”是一个表达赞誉的符号。安民立政曰成，通达强立曰成，民和神福曰成，解放中国曰成，改革开放曰成，三个代表曰成，科学发展曰成，伟大复兴曰成，收复海外诸岛曰古往今来之大成。总之翻遍上下五千年的历史，以“成”为号的领导人仍然少之又少。

楚成王惨然一笑，将头伸进白绫打成的活结，再也不愿意多看这个凶残的世界一眼。

随即，商臣布告天下，楚成王和王子职暴疾而亡，自己继承王位（史称楚穆王）。

听到这个消息，大家都很平静。春秋以来，列国君主的死法越来越新奇，越来越蹊跷，暴疾而亡其实就等于无疾而终，那真是再正常不过的事了。

弄玉吹箫

历史是什么？

有人说历史就像是一个正襟危坐的白胡子老头儿，整天一脸正气地书写着人类社会的兴亡隆替。

对于这样的说法，我深有同感，毕竟历史的根本意义在于还原那些故人故事的真实面目。

可是，历史的意义又不局限于此。

它有时会严肃，有时也会轻挑；它有时会愁，有时也会笑。它除了告诉我们那些正儿八经的人与事，还会诉说它的奇幻、它的浪漫、它的幽默、它的荒诞。

可以说，它留在这个世界上的一切印记，我们都可以称作历史。

基于这层理解，我不介意打着老生常谈的幌子，为大家讲述一个也许很多人认为不是历史的历史神话故事。

毕竟杀伐与争斗的东西看多了，也需要换个视角、换种心情，感受一下历史带给我们的柔情与隽美。

秦穆公有个小女儿，刚从娘肚子里落到尘世时大家就惊艳不已。因为这个小女孩皮肤雪白粉嫩，五官精致无匹，端的是个大美人坯子。

秦国的群臣听说一号首长喜得千金，都一窝蜂地前来祝贺，送奶粉啊，送尿布啊，送红包啊，反正就像我们现在这般俗气。

不过，有位大臣别出心裁，他送的是一块璞玉。秦穆公十分中意。

璞玉就是未经雕琢的玉石，预示着此时尚在襁褓中的小 baby，日后必将容姿焕发，光彩夺人。

送礼原本是一种单纯的人情风俗，不过送的人多了，也就变成了一门学问。我有理由相信，这位送璞玉的官员从此进入了秦穆公脑海中的人才储备库，且前程不可限量。

秦穆公使能工巧匠将璞玉细细雕琢，果然得到了一块晶莹剔透的碧玉，入手温软，极是惹人喜爱。

小女孩周岁那天，后宫里照例为她举行了“抓周”仪式。

当无数的珍奇瑰宝围着小女孩摆成一圈时，她毫不犹豫地抓起了一块玉——就是秦穆公使人雕琢的那块碧玉，拿在手中玩弄，久久不舍。

秦穆公有感而发，为她取名“弄玉”。

及至长成，弄玉果然姿容绝世，冰雪聪慧，无师自通地就学会了吹笙，并且达到了很高的技艺水准。

细致的秦穆公在欢喜之余，再令人把那块碧玉雕成玉笙送给女儿。弄玉每每登高吹之，声如凤鸣动于九天，闻者无不陶然自醉。

秦穆公对于这个宝贝女儿，心里当真是爱到了极点，特意在宫内建了一套名叫“凤楼”的豪华别墅让她居住，并在楼前筑起高台，名叫凤台，专供弄玉登临吹笙。

到了弄玉及笄之年，秦穆公准备为女儿张罗婚事。

自古道皇帝的女儿不愁嫁。秦穆公在中国历史上虽然只是个诸侯，但在当时的秦国那也相当于皇帝，按理说弄玉的择偶对象应该是只有想不到的，没有找不到的。

当然，作为公主，弄玉很挑剔，她要求未来的夫婿必须能与她吹笙相谐，否则一律熄灯。

彼时，笙乃是中国最为普及的乐器，吹笙的人多如牛毛。所以秦穆公一开始还满不在乎，心想以泱泱之秦国，要找个精通吹笙的小伙，即便是万里挑一，也总能挑出十个二十个吧。

谁知事情的发展令秦穆公有点儿头大。因为访遍全国，吹笙的男子倒是找了一堆，然而能与弄玉吹笙相谐的高手，硬是挑不出一个。

秦穆公看着手下找来的这些快男，真想一把捏死他们。

弄玉一点儿也不着急，每日吹笙自抚，倒也过得恬静快活。

一天晚上，弄玉闲来无事，在凤楼卷帘遥望，但见夜空明净、月华如水，便让侍女焚香一炷，取出碧玉笙临窗吹奏起来。笙声婉转清越，直上云霄。

不多时，天际忽然传来一阵箫声，恰与弄玉的笙声相和，随着拂拂清风若远若近地在凤楼四周飘荡。

弄玉怦然心动，一曲吹罢后便放下玉笙，托腮聆听。

那空中的箫客仿佛有感应似的也停止了吹奏，只剩下余音绕梁，萦萦不去。

弄玉迎风而立，秀眉微蹙，心中甚是怅然，只盼着那越空而来的箫声能够再次响起。

然而一直等到明月西斜，瑞脑消损，那一缕箫声却了无影踪，再也不肯露出一鳞半爪。

弄玉不乐，怏怏地将玉笙置于床头，和衣就寝，渐渐地进入了梦乡。

忽然间，西南方向天门洞开，只见五色霞光倾泻而下，霎时照得黑夜宛如白昼。一位羽冠鹤氅的俊美男子，驾着彩色的凤凰，自天空中缓缓降下，稳稳地落在了凤楼之上。

男子对弄玉说：“我乃华山之主，承上帝之命前来与你缔结婚姻。今年八月十五日便是佳期，到时候我自当再与你相见。”

言罢，男子从腰间抽出一支赤色的玉箫，凭栏款款吹奏。那只彩凤也伴随着箫声展翼舒颈，鸣和起舞。箫声与凤鸣声丝丝入扣，宫商相偕，仿佛就像是同一个人在演绎一般，美妙无比。

弄玉深深地沉醉在这动人的乐曲声中，不觉问道：“此乃何方神曲？”

男子回答道：“此为《华山吟》之第一弄也！”

弄玉又痴痴地问：“此曲我可以学否？”

男子灿然一笑：“你我既有姻缘之约，将它传授于你，又有何妨？”说完，男子情不可自抑，移步到弄玉面前，轻轻地执住了弄玉的手。

弄玉娇羞不已，方欲用力夺回双手，不意从睡中惊醒，方知刚才的遭遇只不过是南柯一梦罢了。但是梦中的情景，声色宛然，历历犹在眼前。

天亮之后，弄玉把昨晚的神奇梦境婉转诉说给父亲听。

秦穆公也颇为心动，立即派孟明视按图索骥，带人马到华山去寻访弄玉梦中出现的神秘美男子。

到山中寻人的事我们不是第一次遇见了。以前晋文公到绵山寻找介子推时，兴师动众，几进几出，翻箱倒柜，挖地三尺，愣是没有发现介子推的活体。

眼前的这座华山，位列五岳之一，比绵山又不知广阔了多少倍。大小三十六座山峰星罗棋布，山路险绝回环，要到里面找出个风一般的男人……孟明视眼泪一喷，隐隐觉得秦穆公有强奸民意的嫌疑。

不过事情也没有孟明视想象的那般艰难。就在华山脚下，一个樵夫告诉他，前一阵子来了个异人，形容伟岸，在明星岩结庐而居，每日白天到山下酤酒自酌，晚上就在山顶的岩石上吹箫，箫声清越动人，遍及四野，听到的人都如痴如醉，连觉也不想睡了。

孟明视大喜，樵夫描述的男子应该就是秦穆公要找的人，于是二话不说直奔明星岩而去。

到得明星岩下，孟明视果然看见一位身着羽冠鹤氅的玉面郎君正在山道上漫步而行，步履之间，尘土不惊，超凡脱俗之气扑面而来。

孟明视虽然贵为秦国的兵马大元帅，身经百战，杀人如麻，但此时油然而生一种卑微和拘谨的感觉。他恭恭敬敬地走到男子跟前，揖礼相询。

男子风度翩翩，自谓姓萧名史，反问孟明视所为何事。

孟明视传述了秦穆公为爱女择婿之意，殷勤相邀，再三恳请萧史随他同往雍城谒见秦穆公。

萧史爽然应承，一行人迤逦而回。

秦穆公端坐凤台，眼见萧史仙风道骨、举止潇洒、言语雅致，心中也是欢喜无限。于是赐萧史在他身边坐下，和颜悦色地问："听说你精于吹箫，却不知道可否会吹笙？"

箫史谦逊地说："臣只会吹箫，并不会吹笙。"

秦穆公暗暗地跺了一下脚，不无惋惜地说："寡人只想为女儿寻觅一个精于吹笙的佳婿，看来你不是与我女儿匹配的那个人啊！"说完，轻轻地朝孟明视使了个眼色，示意他可以引萧史退下。

孟明视刚要起身，弄玉派侍女给老爸耳语说："箫与笙虽不同器，但却同类。客人既然精于吹箫，何不让他施展绝学，怎么能轻易地就此让他离去呢？"

秦穆公莞尔，女儿的心思他不是不明白，所谓想听客人吹箫，其实是弄玉情愫牵动，依依不舍罢了。有戏，绝对有戏！于是，秦穆公转变口风，请萧史吹箫一试。

萧史依言，从腰间取出一支赤玉箫，其箫玉色盈浸，赤光灼灼，满堂为之一震。

萧史气定神闲，双手握萧团团作揖。礼毕，箫声起。

奏第一曲，清风习习而来，众人如浴春光；奏第二曲，漫天彩云四合，众人目眩神摇；奏第三曲，百鸟成对鸣舞，众人惊为天神。

萧史曲毕，众人兀自沉醉于其间，久久不能自拔。

秦穆公瞟了一眼台前的凤楼，弄玉的一角衣袖正垂在半卷的珠帘之下。他微微抿嘴一笑，故意拔高音调问萧史："你既精于吹箫，可知箫与笙为何人所作？又始于何时呢？"

萧史亦朗声作答："笙，就是生，乃上古元神女娲氏所作，它取发生之义，其律对应的是十二律中的太簇；箫，也就是肃，乃上古始祖伏羲氏所作，它取肃清之义，其律对应的是十二律中的仲吕。”

秦穆公暗自嘉许，决定再给萧史增加点儿难度，于是继续不耻下问：“愿闻其详！”

萧史落落大方地说：“臣学艺在箫，因此不敢姑妄谈笙。上古之时，伏羲氏将竹管编排为箫，众竹管参差不齐，状如凤翼，声若凤鸣。箫中之大者名为雅箫，编竹二十三管，长一尺四寸；小者名为颂箫，编竹十六管，长一尺二寸。无论大小，总称为箫管，其中没有底的，又称为洞箫。后来，黄帝使乐官伶伦在昆溪伐竹而制成一种叫笛的单管乐器。笛上有七孔，须横在嘴边吹奏，其声与箫极为相近，但形状更为精简。所以，人们开始厌弃箫管之烦琐，渐渐地开始只用一根竹管制箫吹奏，其中长者称为箫，短者称为管。”

听得萧史如数家珍，秦穆公更是意兴盎然，追问道：“那你的箫声为什么能招致百鸟呢？”

萧史对答如流：“伏羲制箫，本来就是为了模仿凤鸣。今日之箫虽然形制消减，但其声不变。箫声起处，百鸟皆以为是凤在召唤，安得不纷至沓来？昔日舜作‘箫韶’之乐，凤凰应声来仪，百鸟之王尚且如此，更何况其他凡鸟呢？”

至此，这场由国家元首亲自主持的面试已接近尾声，秦穆公给予了萧史满分的好评。

可是，秦穆公的心里还是有些许不安稳。因为今天不仅是他嬴家面试萧家，萧家也在面试嬴家。如果倒腾了半天，只是嬴家一厢情愿的话，那岂不是要让他堂堂秦穆公呕血三升？

鉴于此，秦穆公终于试探性地亮出了底牌：“寡人有爱女弄玉，颇通音律，希望找个志趣相谐的伴侣。今天，寡人准备把她许配给你！”

萧史迎着秦穆公期许的目光，敛容再拜道：“史乃山僻野人，如何敢当王侯之贵？”

国君想和野人攀亲戚而惨遭拒绝，这当真是旷古奇闻。

秦穆公又有了捏人的冲动，他在袖子里虚空张了张鹰爪，想起珠帘后那个明媚而焦灼的人儿，终于狠狠地捏了自己的大腿一把，一张老脸转瞬间找到了香港居委会大妈的感觉：“做人呢，最要紧的就是开心。弄玉这孩子呀，从小就立下誓愿，要找一个精通音律的人做老公，不然的话，她会伤心一辈子的。你有没有考虑过她的感受？她要是有什么事想不开，我们大家都会担心的！喏，不要说我没有提醒你哈，今日是八月十五中秋之日，正好应了弄玉的梦中征兆，这是上天的意志。你知道，东西可以乱吃，天意不可乱违，小心人家会说你没人性的……”

萧史瞠目结舌，一头拜倒在地，山呼谢恩领命，额上都撞出包来了。

秦穆公松了一口气，赶紧令左右服侍萧史沐浴熏香，精心收拾打扮一番后，送至凤楼，与弄玉成亲。

次日清晨，秦穆公甫一睁开眼睛，仍抑制不住心中的欢悦，立即派秘书出去宣布拜娇客为中大夫。

这中大夫，怎么算也是个五品的官吧？一进圈子就能混到这个级别，换作常人早就声泪俱下地表忠心、起早贪黑地当牛做马去了。

可萧史与常人不一样，衙门他从来不去，政务他也从来不管，每天就在凤楼上与弄玉耳鬓厮磨，研习音律，过着神仙眷侣的日子。

不仅如此，萧史还不食人间烟火，只间或饮几杯素酒，从无肚腹饥饿之感。后来，弄玉不但学会了用箫吹奏《来凤之曲》，还学会了不少萧史的养生导气之法，慢慢地开始也能绝谷。

半年后的一天晚上，萧史夫妇在月下吹箫。曲至高处，天空中竟然降下一只紫凤和一条赤龙，和着箫声翔舞于凤台之上。

弄玉倚着萧史，简直不敢相信眼前的这一切是真的。

萧史搂住爱妻，深情地说：“我本是天上的神仙，因天帝不满人间史籍散乱，所以特命我下凡整理。周宣王十七年五月初五，我托胎降生于王畿的萧家，乳名三郎。至宣王末年，我把那些散乱的史籍归类整理，阙补无遗，周人以我有功于史，就称我为萧史。时至今日，我已历经了近两百年的人间沧桑。天帝亦有所感，封我为华山之主。只因与你有前世夙缘，故以箫声作合，成就了这段姻缘。然而，作为神仙，我不能久居人间，今夜龙凤来迎，正当就此离去。”

弄玉还想向慈爱的老父亲珍重道别。

萧史劝阻说：“既为神仙，就要超脱尘缘，怎么能眷恋人俗、儿女情长呢？”

弄玉点头称是，遂与萧史一人乘紫凤，一人乘赤龙，自凤台驾云而去。

就在这天晚上，有人听到华山之上传来了凤鸣的声音。

第二天，宫里发现公主和驸马失踪，顿时炸开了锅。

值夜的近侍战战兢兢地给秦穆公讲述了那个腾云驾雾的故事，越说越没有底气，唯恐秦穆公以宣扬封建迷信罪将他们一网打尽。

不过，近侍担心的一幕并没有出现。秦穆公平静地听他们讲述完毕，沉寂良久后，叹了一口气说：“神仙之事果然并非虚幻。倘若此时有龙凤前来迎接寡人，脚下的这片江山与一双破鞋又有什么区别！”

旁边一个太监估计是想在秦穆公面前展示一下自己别出心裁的思维能力，以便从今往后摆脱端倒马桶的卑微命运，插嘴说萧史进宫不久就和公主一起走失，形迹十分可疑。

惆怅中的秦穆公模糊听到了拐卖妇女的字眼，于是不假思索地飞起一脚，将死太监击晕。

后来，思女心切的秦穆公曾接连派人到华山中寻找弄玉的踪迹，可惜一直杳无音信。无奈之下，只得在明星岩上建起一座箫女祠，四时八节都以酒果祭祀。

据山民说，祠中常有凤鸣。大家相信，这是萧史和弄玉在吹奏箫笙。此祠遂呈香火鼎盛之势。

公元前 621 年的一个春日，秦穆公于凤台观月，言谈之际忽然睡去，梦中见到萧史与弄玉驾凤来迎，同游广寒宫，清冷彻骨。

梦醒后，秦穆公得了一种奇怪的寒疾，不数日而薨。大家都说，秦穆公其实并没有死，他只是抛下一身肉骨凡胎，飞升寻找女儿去了。

晋国新生代

晋襄公作为一位守成之君，秉承父亲晋文公制定的方略垂拱而治，对天下诸侯恩威并济，大致延续了晋国称霸中原的势头。

大家千万不要小看了“守成”这两个字，它和故步自封或者停滞不前扯不上任何关系。须知，晋文公的功绩已经站在了时代的巅峰，再要进行超越的话除非继任者有秦始皇的本事。

俗话说，开国容易守国难。能够维持晋国在实力高端和荣誉高位的运行本身就已经难能可贵。更何况，晋襄公还处在秦国和楚国的前后夹击之中，要左右逢源实在是殊为不易。

从泜水之战的次年开始，抛开前文曾经述及的秦晋之间的互殴不说，晋襄公为进一步加大对楚国和秦国的打压力度，牢固控制中原诸侯，陆陆续续展开了多轮的军事和外交行动。

公元前626年夏，以卫国背晋侵郑为由攻打卫国。

公元前625年春，以鲁国不朝见晋国为由攻打鲁国，逼迫鲁文公[①]入晋，并与阳处父结盟（一国之君与另一国之臣结盟，身份不对等，个中况味不言自明）。

同年六月，晋国司空士縠[②]与宋成公、陈共公、郑穆公以及鲁国的孟孙敖（庆父之子）在垂陇会盟，商议攻打卫国的事宜，开春秋时代大夫主诸侯盟会的先河。

公元前624年春，会合鲁、宋、陈、卫、郑攻打投靠楚国的沈国；秋，攻打楚国以救援江国；冬，阳处父会合洛邑之师伐楚，直至方城而返；随后鲁文公再次访晋，称赞晋襄公“显显令德，宜民宜人，受禄于天”，并降而拜谢晋襄公之赐。

公元前623年夏，卫成公拜访晋国，致达尊崇之意，当年晋文公的老冤家曹共公也巴巴地跑来，感恩戴德的谀辞说了一大堆；秋，晋国攻打秦国，以报王官之役。

至此，中原诸侯有事没事就往绛城跑，仿佛天下正宗在晋而不在周，害得洛邑王宫中的桌椅无端受到了不少的损坏。

不过到了公元前622年冬时，晋襄公还是遇到了他政治生涯中的最大难题——中军将先且居、中军佐赵衰、下军将栾枝、下军佐胥臣相继辞世。

（为了便于大家连贯阅读，兹复制公元前630年时晋国五军十卿名单如下：

中军将	先　轸	中军佐	郤　臻
上军将	先且居	上军佐	狐　偃

---

① 其父鲁僖公死于公元前627年冬。

② 前司空士蒍有二子，次子即士縠，长子叫士缺。士缺又有二子，次子即前文所述之范会，长子未知其名，谥“士穆子”。

下军将　　栾　枝　　　　下军佐　　胥　臣

新上军将　赵　衰　　　　新上军佐　箕郑父

新下军将　胥　婴　　　　新下军佐　先　都

其中，前文明确交代过先轸和狐偃已死，其余的人职务或有调整）

下军将和下军佐是栾枝和胥臣在《左传》中明文记载的最后职务。其实我很是怀疑，自公元前 627 年先且居和赵衰被提拔至中军任职后，栾枝和胥臣俱已随之分别被提拔为上军将和上军佐。

且结合《左传》前后文推断，郤臻和胥婴也已离世，也就是说十卿之中，仅剩箕郑父和先都在世。

先且居等四位亡人生前皆为晋国的中兴之臣，无论才干还是功勋都十分突出，在十卿之中位居前列，说晋襄公把他们当左臂右膀使，那是一点儿都不为过的。现在他们招呼都不打一声就前赴后继地集体下课了，晋襄公面临着重新组阁的艰巨挑战。

之所以说组阁是个艰巨挑战，不是因为阁员的候选人太少，而是因为候选人太多，如何权衡取舍、协调好各方面的关系颇让晋襄公伤脑筋。

大家应该知道，旧式官场上的人事安排其实就是一个分赃大会。以往出过钱的，流过汗的，献过血的，卖过身的，拼过命的，必须都要分上一杯羹。否则大伙离心离德，无论带头大哥多么强悍，总不能仅凭一己之力就能把偌大个组织治理好。

以晋国的现实情况而言，晋襄公主要是得摆平两大政治集团的势力。

第一个政治集团我们不妨称为元老派，成员为晋国的传统贵族，主要代表人物包括箕郑父、士縠、梁益耳、先都、中行林父（荀息之孙）等人。

第二个集团可以称为新贵派，成员为辅助晋文公打天下的功臣家族，主要代表人物包括狐射姑（狐偃之子，与晋文公同辈，有从亡十九年的经历）、赵盾（赵衰之子）、先克（先且居之子）、栾盾（栾枝之子）、胥甲（胥臣之子）等人。

晋襄公系晋文公在晋国做公子时所生，并没有从亡十九年的经历，与新贵派的战斗情谊肯定不如父辈那般亲密，因此内心里倾向于提拔几个元老派的人物来接掌空缺职位。

晋襄公的初步安排为，借在夷地阅兵之机，废除新上军和新下军，由士縠将中军，梁益耳佐之；箕郑父将上军，先都佐之；下军将佐的人选则有待进一步考虑。

耳目聪慧的先克不知怎么抢先得到了这个内部消息，作为新贵派的他当然不乐意了，便瞅准时机对晋襄公说："狐氏与赵氏皆有大勋劳于晋国，如果将其后人弃之不用，恐怕国人会以为您是在过河拆桥，以后谁还愿意死心塌地地为您效力呢？"

晋襄公很贤明，听先克说得在理，就本着和稀泥的方针进一步科学地调整了一下人事安排，由狐射姑将中军，赵盾佐之；箕郑父将上军，中行林父佐之；先蔑将下军，先都佐之。

这样一来，新贵派职位占优，元老派人数占优，算是最大限度地兼顾了国家和个人的利益。

特别值得注意的是，初出茅庐的赵盾一出场就担任中军佐的要职，成为晋国最耀眼的政治新星。

那么有人就要问了：赵盾他，凭什么？

赵盾此人，来历绝不简单。

以前介绍过，赵盾的直系始祖可以追溯到造父。造父因善于驾驭马车被周穆王封于赵，从此造父后裔的主支以赵为氏。

赵氏子孙历任周朝的官职，后来有个叫赵叔带的大夫因痛恨周幽王误国，愤而举家投奔晋文侯并就此沉寂。

至晋献公时，赵叔带的后人赵夙施展家传绝学，担任了国君的御戎，累积军功迁职为官。

赵夙的儿子赵衰流亡翟国时，娶翟国公主叔隗为妻，生子赵盾（晋文公第二次自秦国返晋后，翟国把叔隗和赵盾送回了晋国）。

赵衰一生追随晋文公，目光如炬，德高望重，乃是晋文公晚期最为倚重的股肱大臣。

当年晋文公初设三军六卿时，赵衰本在上三卿之列，可是他不但委婉推谢，而且不遗余力地向晋文公举荐贤才。第一任六卿中的郤縠、郤臻、狐毛、栾枝、先轸，都是赵衰推荐任职的。

因此，当时几乎满朝的权贵都对赵衰心存感激，赵氏家族获取了广泛的人脉和空前的支持。

后来，赵衰担任中军佐，更是把赵氏家族的权势和尊荣推上了一个崭新的高峰。

作为赵盾本人，根正苗红，从小知书达理，聪颖过人，极为时人器重。

这些因素叠加在一起，便为赵盾的横空出世做了一个很好的铺垫。

看到这里，那些在基层打拼了一辈子寻死觅活想混个从九品退休的朋友别急着吐血，因为更要命的还在后头。

不久，太傅阳处父出使卫国归来，一看晋襄公竟然把年纪轻轻的赵盾任命为中军佐，心里极为不满，认为必须得换！

阳处父的意思是说，狐射姑虽然既有资历也有本事，但不及赵盾文武全才，把他和赵盾的职务调换一下更为妥当。

尊贤使能，是一个国家兴旺发达的根本。阳处父虽然以前供职于赵衰麾下，与赵氏关系亲厚，但我并不以为他刚才的提议有什么灰暗之处。

晋襄公也有同感，于是隔天就把三十出头的赵盾提到了中军将的位置，并委以国政。

至此，赵盾成为名副其实的晋国头号权臣，真正的少年得志，要风得风，要雨得雨。

晋国时任三军六卿的名单如下：

中军将	赵　盾	中军佐	狐射姑
上军将	箕郑父	上军佐	中行林父
下军将	先　蔑	下军佐	先　都

赵盾当国之后，针对时弊雷厉风行地开展了一系列切实可行的政治改革。

《左传·文公六年》载："宣子（赵盾别名赵宣子）于是乎始为国政，制事典（制定章程），正法罪（明确法律法规），辟狱刑（清理狱囚积案），董逋逃（追捕逃亡的奴隶），由质要（倡导使用契约账册），治旧污（清理积弊），本秩礼（明确贵贱），续常职（恢复废除的官职），出滞淹（举荐沉沦的贤才）。既成，以授太傅阳子与太师贾佗，使行诸晋国，以为常法。”

晋国的官风民气为之一清，几乎全国上下都对赵盾的政务处理能力心悦诚服。

由此可见，每一个人的成功都不是平地起浪，也不是空穴来风，总有一定理由的。吐血诸君，与其妒火中烧，与其自伤自怜，还不如立即着手努力打拼，就算不能成就自己，至少也能给子孙铺个台阶对吧。

晋襄公大胆起用以赵盾为首的新贵派，算是走了一步好棋。然而，凡事都有两面，晋国政通人和的台面底下，其实也涌动着危险的暗流。

俗话说得好，人不为己，天诛地灭。当初因为先克一句话而没有得到理想官职的先都、士縠和梁益耳等人，都对先克怀恨在心；而原本行将就任中军将的狐射姑，无端从赵盾的长官变成了赵盾的副手，心里不仅对阳处父恚怒万分，对于赵盾也不无嫉恨。

这些七扯八扯的仇怨平时也许会埋藏于心底，毕竟在晋襄公的主持下，大家都已经各就各位，贸然起拱挑战规范成型的权力秩序不现实。

但是，仇怨这种东西就像是岩浆，一旦遇到地壳震动，它就会自动找到裂缝并循着最快捷的路径爆发出来，你堵都堵不住。

震动说来就来。公元前621年的八月十四日，正值壮盛之年的晋襄公忽然撒手西去。此时，晋国外患严重，狄人和秦国几乎连年入侵，且楚国也在不断攻伐着晋国在中原的一众小弟。

天下不太平，晋人自然希望新君有铁一般的胳膊和腰脚，领着晋国上前去。可是，晋襄公的世子夷皋乳臭未干，寄望一个婴孩支撑大局，显然是一件不现实的事情。

所以，晋国朝野普遍呼吁立一位年长的公子为君。

至于到底立谁，首先要看执政大夫赵盾的观点。赵盾目前实际掌控朝政，如果不取得他的支持，任何公子都难以顺利当选。

赵盾力主拥立晋襄公的弟弟公子雍为君。

因为雍是位成年的公子，性格业已稳定，智商臻于佳境，且久在秦国任职，官至亚卿，积累了丰富的政务处理经验，晋文公在世时就曾多次夸赞他才华出众。

不仅如此，一旦雍继承君位，完全可以利用自己在秦国为官多年的经历，大大修复自殽之战以来交恶的秦晋关系。这对于改善晋国的地缘政治环境、使晋国摆脱与秦国和楚国两线交锋的困境是极为有利的。

显然，成年公子雍比幼年世子夷皋更加胜任晋君这样一个关键角色。赵盾支持他，非但没有私心，而且完全是为了国家的利益着想。

对于赵盾的意见，中军佐狐射姑表示坚决反对。不过狐射姑属意的候选人也不是世子夷皋，而是晋文公与辰嬴的儿子公子乐。

至于理由嘛，狐射姑说辰嬴先后服侍过两任君主（即晋怀公和晋文公），立她的儿子为君，百姓必然安定。

“服侍过两任君主”和“立其子百姓必然安定”之间是否存在因果关系，我不清楚。不过从推举贤能和改善国际环境的角度来看，拥立公子乐肯定不如拥立公子雍。

因为公子乐眼下正出仕于陈国。而陈国国小力微，不可能在中原事务中给予晋国强大的支持。

基于这个认识，我们可以断定，狐射姑借拥立公子乐之名行对抗赵盾之实的嫌疑是推免不了的。

当然，赵盾也不是善茬儿，他不仅拿国际政治因素来驳斥狐射姑，还针对公子乐的身世展开了尖锐的反击。

赵盾说：“辰嬴的身份太低贱了，她在先君后宫中的排位名列第九，她的儿子能有什么威严呢[①]？况且，辰嬴先后服侍两任君主，这就是搞破鞋。既然母亲搞破鞋，儿子又没有威严，立公子乐怎么能够让朝野信服？”

当朝一号实权人物和二号实权人物的主张针锋相对，始终谈不到一块儿去。最终的结果是，谈崩了。

狐射姑的老爸狐偃是晋文公的舅舅，进入核心权力圈的时间比赵盾的老爸赵衰还长，历来就非常强势，有时候就连晋文公都得让他几分。作为狐氏家族如今的掌门人，自幼便受家风熏陶的狐射姑当然不肯在赵氏家族面前低头。

更何况，按照辈分来说，往顶上算狐射姑是赵盾的爷爷辈，往底下算也是赵

① 相对而言，公子雍的母亲杜祁原本排位第二，后因主动让位于偪姞和季隗而排位第四。

盾的叔叔辈，狐射姑想不倨傲点儿都不行。

当然，我们旁人得透过现象看本质。

狐射姑铆足了劲儿和赵盾对着干，说白了还是在于四个字——争权夺利。只要获取拥立之功，夺回中军主将的职权那简直是顺理成章。到时候，狐氏家族就将重登晋国家族权势排行榜第一的宝座。

狐射姑的心思，赵盾不是不明白，年轻气盛的他懒得啰唆，干脆撇开狐射姑，派先蔑和范会两人为使，直接前往秦国迎接公子雍，行事风格十分泼辣明快。

狐射姑很生气。既然你赵盾刚愎自用接公子雍回国，那我就去接公子乐回国，别以为你是正卿就了不起，我狐氏在晋国的根基未必就比你赵氏浅，鹿死谁手还不一定，咱走着瞧。

赵盾见狐射姑锲而不舍地要把争斗进行到底，烦不胜烦之际终于动了杀机，遂使刺客在陈国入晋的隘道上设伏，直接将归国途中的公子乐剁翻了。

这一招釜底抽薪之计彻底激怒了狐射姑。一命换一命，你赵盾敢不仁，我狐射姑就敢不义。九月，狐射姑派族人狐鞫居将赵氏集团的中坚力量阳处父刺死。

赵盾也毫不含糊，立即全城搜捕将狐鞫居缉拿归案，二话不说就地正法。

按照这个架势发展下去，双方你来我往，每个回合至少都要夺取两条人命，晋国的官员编制很快就会出现空缺。

于是，绛城官场顿时笼罩在一片空前的白色恐怖之中，大大小小的官老爷一天到晚惶惶不安，没来由地就觉得颈脖处寒气逼人。

这要是死在衙门里还好，怎么着也属于因公牺牲，朝廷少不了要发一大笔抚恤银子，可比死在外面划算得多。

所以，就连那些平时最为懒散的官员都呈现出了前所未有的良好精神风貌，天没亮就一路小跑到达岗位，天黑了还赖在衙门里没事找事做，上班时间死活都不肯出去扰民了。

不料就在此时，敢于逆千年历史潮流而动的狐射姑忽然尿了。虽然他的官职只比赵盾差了那么一点点，但实践证明，官大一级压死人。想在官场挑战上级的权威，迟早都得身败名裂。

狐射姑一看狐鞫居死翘翘，心里不由得惊恐万分，越想越怕，越怕越想。赵盾的黑名单上，下一个要解决的，就是我狐某人吧？那还等什么，撒腿跑哇！

公元前621年的十一月，晋国中军佐狐射姑逃奔到了赤狄潞氏的地盘。

赵盾听闻狐射姑叛逃，非但不以为忤，反而大大方方地派大夫臾骈把狐射姑的老婆孩子都送到潞氏那边去。意思就是对狐射姑说，你安心在潞氏定居吧，我不找你的麻烦了，可你以后也别回来麻烦我，晋国的一切，从此与你无关。

赵盾有心善后，可经办的人出了点儿小状况。

晋襄公裁撤新二军时期，狐射姑曾经侮辱过臾骈，因此臾骈的仆从记恨在心，准备趁此机会，在路途上杀尽狐射姑的家人。

臾骈斩钉截铁地说："不行！敌惠敌怨，不在后嗣。赵夫子既然对贾季（即狐射姑）既往不咎，那我就要忠于使命。再说了，乘人之危搞人家的老婆孩子，算什么英雄好汉？"

于是非但小心护卫狐射姑的家人，还把狐射姑遗留在晋国的器物财货统统打包，亲自领队送到了边境线上。

狐射姑这么一跑，不仅宣示了文公朝烜赫一时的狐氏家族烟消云散，还意味着晋国短时期内再也找不到一个能给赵盾带来威胁的对手，晋国赤裸裸地进入了赵盾的时代。

赵盾随即擢拔先克为中军佐，一如他自己当年直升为中军佐那般，亮瞎了晋国人的眼。

我想，赵、狐之间这场没有硝烟的战斗在彻底改变晋国权力结构的同时，或许还不知不觉改变了赵盾的心态，使他初步尝到了绝对权力带来的威严与快感。

从现在起，赵盾应该从一个单纯的怀抱满腔报国之志的热血青年，开始慢慢地向一个既要国家得到充分治理，也要人生实现最大价值的成熟的政治家转变。

作为晋国当前的实际管理者，赵盾的思想变化不可避免地会对晋国产生巨大的影响。

自打赵盾决意要迎立公子雍后，世子夷皋反正年幼不懂事，对自己从三万英尺高空自由坠落的现实当然也就麻木不仁；但是夷皋的母亲穆嬴却很有头脑，一天到晚不分场合只要逮着人就声泪俱下地背诵晋襄公的遗言：

"啊哟，咱娘儿俩怎么这么命苦哇！先君要将大位传给世子，偏偏赵大夫擅作主张迎立孩子他叔。先君有什么错？世子又有什么罪？各位老大人都是国家栋梁，一定要给咱孤儿寡母做主哇！先君啊，先君啊，您倒是睁开眼睛，看一看谁是您的嫡亲骨肉，谁是您的忠臣逆子呀……”

一些原本同情夷皋母子（毕竟废黜夷皋是对继承法则的破坏）的大臣由于畏惧赵盾的威势，以前都噤若寒蝉，如今听了穆嬴的哭诉，心里颇受启发，渐渐地也敢在公开场合议论此事了。

许多太太婆姨没有在街上听到穆嬴的哭诉，便特意寻来，要听她这一段悲惨的故事，直到穆嬴说得泣不成声，她们也就一齐流下那停在眼角上的眼泪，叹息一番，压低了喉咙指天咒骂几句，然后愤愤不平地离去。

旬日之间，朝廷内外忽然掀起了为夷皋鼓与呼的浩然声势。

赵盾虽然知道他们吵吵嚷嚷的不至于公然造反，但触犯众怒，用强权压制民意，也不是一个明智的选择。

既然如此，何不拥立夷皋算啦？

年纪小也有年纪小的好处，起码夷皋即位后的很长时间内无法亲自理国，因此也就不会改变晋国以赵盾为核心的权力秩序，使得赵盾有充足的时间施行他的治国理念，施展他的政治抱负。

而赵盾本人坚信，依靠自己的实力，完全可以带领晋国维持中原霸主的领袖地位。

想通了这一层，赵盾的内心不再纠结，大大方方地表示自己忠君爱国，愿意秉遵先王遗愿。公元前620年春，夷皋正式立为晋君，史称晋灵公。

穆嬴的泪水又一次冲动地夺眶而出，不过这一次流的不是苦泪，而是喜泪。她用鲜活的事实证明，女人的眼泪不啻人间凶器，非但可以摧毁长城，还能改变一个诸侯国的血统。

至此，晋国的储君之争仿佛得到了圆满解决。不过细心的人应该不会忘记，晋襄公刚死不久，先蔑和范会就奉赵盾之命动身前往秦国迎接公子雍去了。

那么这公子雍一旦回国，到底是做太上皇，还是给侄儿晋灵公做储君，抑或跑到曲沃成立小朝廷呢？总得给人家一个安排不是？我们且看赵盾如何收拾这个烂局。

那边厢，秦康公乃秦穆夫人之子、晋襄公的表兄弟，对晋国抱有天生的好感，于是爽快地同意送公子雍回国继位。

公子雍临行时，秦康公还以当年晋文公第一次自秦归晋时没有卫士，以致后来遭遇郤芮和吕甥的叛乱为由，不但遣秦军沿途护送，还馈赠了很多步兵充任公子雍回国后的卫士。

等到公子夷皋即位时，秦军与公子雍一行已将要渡过黄河进入晋国境地。这可真是急死人了，等下两位公子见面可怎么解释哦！

要不，赵大夫你干脆厚着脸皮给公子雍道个歉，就说前阵子饭局太多，宿醉未醒，头晕脑涨地发错了公文，公子权当回娘家公费旅游一圈，来来来，抽根和气生财再走？

赵盾白了我一眼，似乎大有“臭男人你怎么不早说”的不言之意，接着令上军将箕郑父守国，自己亲率其余四卿[①]，点起三军，浩浩荡荡地朝着秦军相向而行。

晋军行至堇阴时，赵盾终于向属下透露了他内心的真实想法：“如果我们接受公子雍回国为君，那秦军就是我们的宾客；如果不接受，那秦军就是我们的敌人。如今，我们已经确定不接受了，恐怕秦军得知真相后会怒而攻打晋国，不如我们主动出击，打秦军一个措手不及吧！”

于是令三军厉兵秣马，潜师夜起，至于令狐。

四月一日，秦军进抵令狐，前方已能隐隐望见晋军的将旗。定睛一看，晋国当家的六个来了五个，打头的还是正卿赵盾，看来欢迎仪式的规格档次很高，这次收点儿名优土特产回去没问题。

晋军前锋渐近，公子雍迅速换好礼服，梳光头发，戴上墨镜，擦亮皮鞋，只等着走红地毯。可等到一切准备就绪，秦军和公子雍集体傻眼了，只见晋军一点儿刹车都不带，横刀跃马，径直冲杀了过来。这是什么情况？

到底是什么情况，秦军无暇细想，来者不善，当务之急是逃命要紧。于是仓皇组织人马后撤。

混乱之中，秦军伤亡大半。

---

① 夷皋即位前，先蔑和范会已与秦国方面谈妥，先于公子雍回到了晋国。

最倒霉的是公子雍，本来在秦国干得风生水起，好不容易请一次年休假衣锦还乡，却稀里糊涂地死在了某位不知名的老乡手里。

最郁闷的则非先蔑和范会莫属。赵盾那厮，殷勤相邀于前，引军突袭于后，如此翻手为云，覆手为雨，叫他们两个办事的以后怎么做人？心灰意懒之余，这对难兄难弟隔天便循着秦国溃兵的足迹，从刳首渡过黄河，投奔秦国去了。

先蔑前番受命去秦国迎接公子雍时，中行林父就觉得事情不对劲，念及同僚之谊[①]，就劝先蔑找个由头把差事推卸掉。

中行林父说："夫人、大子（即世子夷皋）犹在，而外求君，此必不行。子（第二人称的尊称）以疾辞，若何？不然，（祸事）将及。摄卿（以下军中的某位大夫代行先蔑之职）以往可也，何必子？"

先蔑不听。

及至先蔑此番出奔秦国，中行林父又设法把他落在晋国的家人及财货全部送了过去。中行林父算是个有爱的人。

"老师，听你前面的讲课，赵盾好像也不是如此阴私之人哪？为何要在令狐袭击护送公子雍的秦军，害得先蔑和范会负气出走？他到底怎么想的？你赶紧交代，要不然下节英语课我会睡不着觉的。"

是这样的。赵盾虽然天分很高，是块搞政治的料，可眼下毕竟手法还不够老到，在确立晋国新君的问题上，翻覆过于频繁，导致一时之间内政外交迭遇困境。

但赵盾并不慌乱，他觉得自己既然走错了一步，嗟悔也是枉然。现在即便小心翼翼地给秦国赔礼道歉，秦国也定然会不依不饶地穷追不舍，折腾到最后估计还是免不了兵戎相见，所以不如早做了断，将计就计给秦国捅刀子。

秦国要是不服气自己被暗算了，那也随他，难道秦国和晋国之前的互相暗算还少了去？秦国要是就此被打怕了更好，这正是晋国的胜利，也是他赵盾的功劳嘛！

---

① 他俩以前俱为三行的将领，中行林父将中行，先蔑将左行。

夏日之日

赵盾内定晋君，外击强秦，同年八月又代表晋国召集齐、宋、卫、陈、郑、许、曹七国诸侯在郑国的扈地会盟（鲁文公与会迟到，鲁国后来为此遭到了晋国的攻打），以庆贺晋灵公即位，一时风光无限，仿佛天下尽在掌握。

套用《庖丁解牛》里的话说，那就叫“提刀而立，为之四顾，为之踌躇满志”。

不过，赵盾你可别高兴得太早，有一首名为“爱拼才会赢”的老歌反反复复告诉我们，人生可比是海上的波浪，有时起有时落。

言下之意，每当人生处于一个新的高峰时，接下来的往往就是各种摧残、各种恶搞，古今同一，老少不欺。

就在令狐之战次年那个凋残的冬天，某人的生命也如同墙上的日历一样，翻到了时间的尽头。赵盾最为倚重的得力助手先克，他死了。

先克，先轸的嫡孙，时任中军佐。因为中军将赵盾政务繁忙，无暇旁骛军机，所以很多时候先克其实就是中军的最高统帅。

先克的生年不详，根据其父先且居的历史档案推算，令狐之战那年他顶多二十刚出头，竟然比赵盾出任中军佐时还要年轻了十多岁。因此我敢打包票，先克这家伙绝对是晋国的下一站天后。

可是，这样一个活蹦乱跳的杰出青年，能吃能喝能睡能干，日行八百夜御三千，好端端的咋就、就突然挂了呢？观众都是些资深的八卦人士，给个理由好不好？

俗话说，成由斯，败也由斯。先克因赵盾的一力擢拔而跃居显赫高位，最终也是因为与赵盾的密切关系而骤然陨逝。

作为新贵派的二号人物，先克的崛起如同赵盾一样，虽然沾了父辈勋劳的光，但总归是踏着元老派的脊背爬上来的。

晋国当前面临的主要矛盾，对外是秦国与楚国的夹攻，对内就是新贵派与元老派的党争。

党争这玩意儿，字面上看起来似乎只是一种低烈度的对抗，实质上却是一种手段无所不用其极，目的要将对方从肉体到精神全方位摧毁的暴虐游戏。而一旦卷入这种游戏，其结果永远只有一个：不是你死，就是我活。

就晋国眼下的党争局势而言，新贵派占据了上风，然而元老派也没有消沉。

以元老派占据了六卿中四席的情况来看，这些老家伙还拥有可观的政治能量，如果他们拼尽全力放手一搏，制造点儿群死群伤的重大安全事故并非太难。

事实上，自从赵盾出任中军将以来，元老派就一直在暗中谋求扳倒新贵派以重新夺回对朝政的主导权；而世子夷皋与公子雍的储位之争，透射出了赵盾的擅权自专，元老派因而更加惶惶不安，唯恐长此以往，晋国将没有他们的立足之地。

鉴于此，元老派的箕郑父、先都、梁益耳、士縠和蒯得（时任先克部将）私下里结为生死同盟，决心搞点儿大动作，给新贵派放放血。

本来呢，天塌下来有高个子顶着。元老派想单挑也好，想群殴也罢，应该是本着擒贼先擒王的战术思想，先将新贵派的掌门人赵盾斩落马下。

可最终被元老派列入首期黑名单的，却是新贵派的掌门人助理先克。

我认为，元老派这么做肯定包括了如下考虑。

第一，弄死赵盾固然可以一举打垮新贵派，但玩过街机《三国志》的朋友应该都知道，在没剁翻诸如赵雄和肥肥等一帮子大小吃货前就想直接把终极 BOSS 曹操搞定是不可能的。

同理，在不严重削弱新贵派力量前就想直接叫板赵盾，那简直是在拿自己的小身板开玩笑，元老派才不会那么傻。

第二，一旦弄死先克，新贵派将元气大伤，而赵盾短时期内就会在六卿中孤立无援，在军方亦失去照应。

第三，当初要不是先克在晋襄公面前嚼舌头，元老派几乎可以包揽六卿职位，哪还能轮到新贵派如今在庙堂之上吃香喝辣、吆三喝五？

第四，先克为人高调，性格张扬。自狐射姑出奔后，上军将箕郑父本来有望升任中军佐，然而先克捷足先登；又令狐之战中，先克在堇阴以军务夺蒯得之田禄。想必先克平时就与元老派睚眦不绝，是元老派的眼中钉肉中刺。

当然，也许先克与元老派还有什么三角感情纠葛或经济债务纠纷也说不定，总之公元前 618 年的一月二日那天，元老派使人将先克给刺死了。

这是一场震惊朝野的血案，不仅因为先克本身位高权重，还因为大家都已猜想到，死的虽然是先克，但逞凶者所指，实为如日中天的赵盾。

反了反了，真是反了！暴怒之下，赵盾立即抽调各执法部门的精锐力量组建成专案工作组且亲任组长，发誓就算上天入地也一定要将凶手缉拿归案。

在经过近三个月的无间隙人肉搜索之后，赵盾用实际成果证明，他的工作效率完全可以和中国最强大的搜索引擎——百度相媲美，先都、梁益耳、箕郑父、士縠和蒯得等犯罪团伙成员一个不落地相继落网。

赵盾此刻的心情，应当已经从最初痛失先克的哀怒中挣脱出来，转为阵阵窃喜。因为，借由先克之死，赵盾终于找到了一个将宿敌元老派连根拔起的最佳借口。

国君脚下，朗朗乾坤，你以为杀个上卿就像平时仗着官势吃霸王餐一样，可以拍拍屁股走人是吧？

三月二十八日，赵盾宣布将箕郑父、士縠和蒯得处死（先都和梁益耳先期落网，已于一月十八日被处死），所有牵连之人，概莫能免。

我们可以想象，当威严的判决词脱口而出之际，赵盾定然不怒自威，霸气凛冽，宛如天神下凡。从此，别说群臣唯赵盾马首是瞻，只怕就连晋国的狗遇见了赵盾，也要不由自主地摇头晃尾，表达一下它的敬畏与仰慕之情。

是年，赵盾代行君令，重新任命六卿，其组成人员如下：

中军将	赵盾	中军佐	中行林父
上军将	郤缺	上军佐	臾骈
下军将	栾盾	下军佐	胥甲

这份名单值得我们花点儿时间稍作解读。

赵盾继续担任中军将没问题，即使他想主动辞职，估计也没人敢接替。

中行林父本身是元老派，可他在箕郑父等人作乱时很明智地保持了安静，所以非但没有遭到清洗，反而被赵盾当作感召元老派残余势力的一面旗帜。

郤缺乃是郤芮之子。文公朝时，郤芮因罪获死，而郤缺免不了也受到牵连，被罢黜贵族出身，并流放到了冀地。

后来有一天，胥臣偶经冀地，远远地发现郤缺夫妇在田间劳作。当时，郤夫人正好给郤缺送来饭食，只见她双手捧献，郤缺敛容受之，祭而后食，夫妇二人自始至终相敬如宾。

胥臣很感动，他觉得郤缺即便在荒僻之处仍矜持拘礼，必是有德之人，于是在晋文公面前倾力举荐郤缺。

晋文公一代雄主，当然不会小里小气揪住郤缺老爸历史问题的辫子不放，便任命郤缺为下军大夫①。

晋襄公元年，郤缺在箕之战中奋勇杀敌并擒获敌方首领白狄子，因功被拜为卿士，从此参知朝政。

郤缺在政治上主张德治。他认为，维持晋国的霸业必须恩威并济，以德服人。

这个观点，不仅表明他是一个十分成熟的政治家，而且恰好与赵盾的政治理念吻合，因此受到了赵盾的重用。

臾骈，一个没有家族背景但很有谋略的人，历任晋军重要将领，是赵盾的亲信。

臾骈这次官封上军佐，其实官职前加上“暂署”二字似乎更为妥帖。因为在赵盾的心里，六卿中必须为先氏家族留下一个位置，而当时先克的儿子先縠还没成年，所以臾骈得以脱颖而出。

栾盾和胥甲，同为新贵派大佬，是赵盾的坚定支持者，没什么好说的。

这套班子，从编剧到导演，到主演，再到制片，都是赵盾一人担纲，十足地说一不二，舍我其谁。对于赵盾的这种能力与性格特点，其实狐射姑曾有过一句非常精辟的考语。

那是三年前的事。当时赤狄潞氏侵袭鲁国西境，鲁文公向晋国求助。赵盾想起狐射姑正在潞氏，就委托狐射姑质询潞氏当家的权臣酆舒。

言谈之际，酆舒问：“赵盾与赵衰二人孰贤？”

狐射姑答：“赵衰乃冬日之日，赵盾乃夏日之日。”

何谓“冬日之日”？冬日爱其温也。何谓“夏日之日”？夏日畏其烈也。

“哎，我说叽叽，为什么一提到‘夏日之日’这几个字，你清澈的眼神就立马

---

① 晋国各军军佐以下，设大夫。

变得迷离了呢？”

“多此一问！像我这么有内涵的人，看到‘夏’字肯定会浮想联翩。”

“就你，有内涵？掏点儿出来让我见识见识！”

“哼！瞧不起我？听好了。朝辞彩帝白云间，千里江山一日还……”

“阿——嚏！”

“不带劲？那换个凶猛的，《悯农》没听过吧？”

“打小就听，我家里饭桌上从来都不准掉半粒米饭。”

“老师，做人有时候不要太直白哦！”

“哼，看来不露两手，你还真以为老师没见过世面。告诉你，关于‘夏’字最负盛名的古典文学作品，非《夏日绝句》莫属。”

“我知道我知道！不就是唐代著名画家辛弃疾创作的元曲嘛，老师你听我背诵。春眠不觉晓，一岁一枯荣。谁知盘中餐，低头思故乡。怎么样，一字不差吧？”

“果然天下无敌！那啥，谁帮我拨打120，速度要快，叽叽必须马上抢救一下，迟点儿他可要称霸宇宙啦！”

河曲之战

从狐射姑作乱开始，到箕郑父等人伏诛为止，晋国这些年围绕着党派争斗而同室操戈，精力受到了极大的牵扯，实力也受到了不小的损耗。

楚国和秦国则抓住有利时机，迅速扩充自己的势力范围。

楚穆王以武力逼迫原本尊奉晋国的郑国、陈国、宋国签订城下之盟，并威胁鲁国的立场，逐步瓦解了晋国的中原战线。

而秦康公在继续西部大开发的同时，也孜孜不倦地对晋国进行军事袭扰，搞得晋国边境鸡飞狗跳，神鬼不宁，宜居指数一直在零度左右徘徊，非但人口流失，连土地爷都恨不得申请异地任职了。

赵盾抱定攘外必先安内的宗旨，对国内的反对派追比不休，对国外的反晋势力则只能忍气吞声，憋了一肚子血水吐不出口。

公元前 619 年秋，周襄王驾崩。新君周顷王即位后发现府库空虚，竟然连老爸的丧葬费都筹措不齐，万般无奈之下，只好含着眼泪找鲁国借来钱物，总算把冷冰冰的周襄王热乎乎地打发走了，个中的尴尬和酸楚，与赵盾并无二致。

公元前 615 年冬，秦康公为报复令狐之战，以晋国旧臣范会为随军参谋，又一次发动了对晋国的袭击，并攻占了晋国的羁马，大有继续挥师东进之意。

此时的晋国，君臣都紧密团结在以赵盾为正卿的新贵派周围，事权高度统一，经过几年的生聚教训，早已调养得白里透着红来红里透着白，浑身上下躁动着野性的气息。

于是，赵盾亲自挂帅，带领晋国三军倾巢出动。这一次，不把秦军打得下半身不遂，这帮臭男人还以为晋国是青楼妓院，想进就进，想出就出，无法无天了。

晋军刚刚开拔，忽然队伍中有兵车横冲直撞，引发军士喧哗。新晋的三军司马①韩厥令人将其御者拿下。

御者并无畏惧，自称乃赵盾私人，特为赵盾取送炊具，无意之中冒犯了军法，失礼失礼，说完打个拱手就想闪人。

“赵盾私人”，好响亮的名头，这要是外放出绛城去，那可起码相当于邑宰，走起路来一向是看天不看地的，难怪今天扰乱了行军序列。

不过，这位司机大哥，要是平时你开车超速或随意变更车道也没人管你，今天可不行。因为逮住你的，不是寻常的执法人员，而是统管三军法纪的司马。

什么，司马你打小见多了，他们进了赵府还得给你装烟点儿火，有啥好稀罕的是吧？

行，算你牛 ×，看来不告诉你韩厥的另一个身份，你是不会觉悟的了。

韩厥，曲沃桓叔之后，自幼生长在赵衰家中，是赵盾视若己出的赵氏家臣，三军司马的职务就是出征前由赵盾亲自向晋灵公举荐、一步到位的。要说赵盾私人，没有比韩阙更私的了。

当然，对于御者来说，这些原委只能是死而后觉，来生再悟了。就在他自报家门后感觉良好之际，韩厥断然摆了摆手，几个猛汉二话不说将他拖出去砍了。

---

① 晋国的高级将领，主管军事法纪。

军中一片哗然，都说韩厥太不知好歹，赵盾早上刚提拔你，你下午就把人家的饭碗端了，难道就不怕赵盾一怒之下把你打回原籍？

谁知，“御者干行”那一幕其实是赵盾一手导演的情景剧，为的就是观测韩厥能否秉公办事。

所以，赵盾非但没有一丝怒气，反而很客气地召见韩厥，夸赞他公正无私，并预言说：“苟从是行也，临长晋国者，非女其谁？”意思就是说，如果韩厥能坚持这种正直的风格，将来一定可以成为晋国政坛的领军者。

之后，晋军在河曲（今黄河风陵渡附近）与秦军遭遇。仇人相见分外眼红，双方剑拔弩张，大战一触即发。

上军佐臾骈建议赵盾不要急于和秦军交战。一者秦军兵力厚重，来势汹汹，硬碰硬的话晋军难免杀敌一千自损八百；二者晋国具有主场优势，完全可以深沟高垒和秦军打消耗战，等到秦军粮草不济被迫撤军时，再随后掩杀，以最小的代价收取全功。

赵盾从其计，令全军就地掘壕驻营，密切关注秦军动向。秦军连日骂娘搦战，晋军只管装聋作哑，连屁都不回放一个。

秦康公欲战不得、欲走不能，眼见粮草日渐消损，遂问计于范会。

范会不但猜透了晋军的用意，还为秦康公献上了一条引蛇出洞之计。

晋军这一招看起来很阴险，很无解，很让秦军生不如死。但行军打仗就和武林高手竞技一样，没有谁可以做到毫无破绽，关键在于你有没有一双发现对方破绽的眼睛。

很凑巧，范会恰好就有。

以前在晋国生活工作的经历，使范会对晋军的根底知晓得一清二楚。他发现的破绽，不在于晋军的战术，而在于晋军的人事。

晋国上军之中，有一个叫赵穿的人，他是赵盾的堂弟，也是晋襄公的女婿，平日里骄狂蛮横，好大喜功，是个典型的纨绔子弟，本事就那么点儿，胆子却很足，且素来瞧不起臾骈。

范会的看法是，如果用主力设伏，而派一支小分队去袭扰晋国上军，赵穿一定会像个屁股被人捅了一下的西部牛仔一样，二话不说抄起家伙就追。到时候赵盾跟不跟进？不跟进，那好，秦军就把赵穿包了饺子，让晋襄公的女儿当小寡妇；跟进，也行，那就自动破除了晋军预先设置的疲敌战术。

秦康公深以为是，立即派兵挑衅晋国上军。

果不其然，赵穿火了。因为一直在赵氏家族和晋国公室的光辉下成长，历史上就从来只有他欺负别人的份儿，受别人欺负那还是开天辟地的头一遭。面对秦军的挑衅，赵穿怎么受得了？

见秦军搞了晋军一把就想跑，赵穿气得一蹦三尺高，风风火火地追了出去。可是晋军主力遵循“深垒固军”的将令，没有跟从出击，所以赵穿很快就空手而回。

回营后，赵穿大发雷霆说：“裹粮坐甲，固敌是求，敌至不击，将何俟（等待之意）焉？”

有军吏回答道：“就是等待敌军疲惫呀！”

赵穿恨恨地说：“就你们懂计谋，我不懂！你们不攻打秦军，我自己去！”说完，招呼属下亲兵追击秦军。

赵盾听到军士报告说赵穿已擅自出击，不由得心如火焚。孤军深入，赵穿这不是找死吗？

情急之下，赵盾也顾不得什么先守而后战的预案了，催动三军一齐攻击秦军。两军仓促之中略微接触了一下又各自退后，赵盾总算把骂骂咧咧的赵穿捞了回来。

秦康公一看，人质没逮着，晋军也没甩脱，战场局势未见根本好转，心里十分焦虑，赶紧找范会商量对策。

范会于是又献上一条金蝉脱壳之计，具体方法是给晋军下战书，约定明天决一死战，而秦军今天晚上就秘密撤退。

应该说，范会的这条计策很是精妙，他充分利用了人遇到威胁时第一时间内会做出防御态势的心理，让秦军趁着对手忙于备战的间隙远遁，等晋军天明有所察觉时也无能为力了。

可是，计策再好，总得靠人来施行。

秦康公派去送信的使者估计是刚刚入职不久，还没熟练掌握睁着眼睛说瞎话的外交专属技能，和赵盾交谈时，眼神游移不定，语调也略微有些异常，让一旁的臾骈起了疑心。

待打发走秦国使者后，臾骈向赵盾道破了秦军的意图，并建议赵盾将计就计，今晚出兵追击秦军，把他们都赶到黄河里去喂大王八。

赵盾大喜，立即着手调兵遣将，准备依计行事。

参与军机的下军佐胥甲大概与赵穿交好，散会后将追击方案透露给赵穿，满以为赵穿得知有机会撒气，定然会欣喜若狂。

谁知胥甲这么一透露不打紧，出事了。

娇生惯养的驸马爷赵穿也不知道是读书太多还是读书太少，听闻晋军要暗算秦军，顿时火冒三丈，拉着胥甲跑到辕门口大声嘶吼，说什么堂堂晋国，连死伤的将士都未收拾也就罢了[①]，既已许明日决战，为何今晚还去掩袭秦军，如此卑鄙下流无耻淫贱，又岂是大丈夫所为。

满营军士尽皆愕然，一些愤怒的青年渐渐开始跟着起哄，暗中潜伏的秦军细作赶紧发短信给秦康公做现场报道。

赵盾匆匆赶至辕门，看着眼前这个大呼小叫的活宝堂弟，真想用一根面条生生吊死他。

无奈之下，赵盾只好温言安抚军士，而追击秦军的计划也就不了了之了。

当夜，秦军拔营而起，与晋军脱离接触。跑着跑着，一见晋军没有追击，秦军又杀了个回马枪，攻陷晋国的瑕地，狠狠地恶心了赵盾一把，然后自桃林渡河而去。

河曲之战虽然把秦军赶走了，但赵盾重创秦军的战术意图却没有达到。究其根源，首先应当归咎于赵穿的狂妄无知，其次胥甲也难逃帮腔作势之罪。

以赵盾过往逞威施罚的种种凌厉手段来看，胆敢在他面前调皮捣蛋的人不死也要内伤。

而这一次，赵盾却非常犹豫。因为上述两个嫌疑犯都是他的圈内之人，主观上也没有作恶的动机，如果下手太重的话，有点儿于心不忍；可要是完全放任不管，似乎又难以给国人一个交代。

---

① 古者军非大败，皆收其死伤。依赵穿所言之意，晋军急于追击秦军，未收其死伤之人。

赵盾知道，为了兼顾自己的团队利益与光辉形象，他必须多花点儿时间仔细考虑考虑，再做出一个抉择。

五年后，赵盾考虑清楚了，将赵穿流放到郑国；七年后，胥甲被流放到卫国（其子胥克承袭下军佐的职位），赵穿竟然又回来了；八年后，赵穿一直都在，而胥甲真的再也不见了。

假如有人问我，这一切到底是怎么回事？我只能回答说，这就是权力政治的神奇之处，有些东西只可意会不可言传，大家习惯了就好。

赵穿与胥甲的那点儿破事我们暂且放到一边，因为目前对于赵盾来说，最紧要的是如何消除范会对晋国带来的不利影响。

范会对晋国太熟悉了。整个河曲之战，因为范会的存在，晋军战略战术的施展受到了极大的制约，一举一动仿佛都发生在秦军的眼皮子底下，毫无秘密可言，这简直比被人偷窥更加凶残。

公元前614年春，赵盾召集六卿在都外的诸浮密商如何对付范会。他的意见是能否想个办法把范会召回晋国，毕竟范会如今在秦国也算是成功人士，总要给人家一个回报桑梓、造福乡邻的机会不是？

虽然可以预见秦国那边必定死活不从，晋国的目标难以实现，可人总得有点儿不切实际的想法，社会才会不断进步嘛！

中行林父赞成赵盾的意见，不过他认为同理应该把狐射姑也召回来。

在座众卿尽皆变色，纷纷把目光转向赵盾。赵盾的嘴角抽动了一下，捏着手没有作声。

我觉得，中行林父的这番话很欠考虑。虽说狐射姑有旧勋于晋国，而且才干不逊于范会，但他和范会最大的不同是：范会与赵盾没有政治私仇，而狐射姑却是赵盾的死对头。

慈禧太后曾经说过，宁予外寇，不予家奴。政治强人最不能容忍的就是内部有人抢班夺权，遇到此类情况向来是宁可玉碎，不愿瓦全，绝无半点儿迟疑。

因此，召回狐射姑的言论，就像是扎到赵盾心尖上的针，虽然外面看不到血，里面可是狠狠紧了一把的。

郤缺随即站出来说，狐射姑有擅杀大臣之罪，迎之何以儆来者？范会“能贱而有耻，柔而不犯，其知足使也”，因此选择召回是上策。

赵盾皱眉苦笑，话虽如此，可怎么召呢？

臾骈咧嘴微笑，他凑到赵盾耳边，轻轻地说出了一个人的名字，只需如此如此……赵盾眼中霎时闪烁出欣喜的光芒。

几天后，一个叫魏寿馀的人应邀拜访了臾骈。

魏寿馀，魏犫的族人，时任晋国西部边境魏邑的主官，为人胆大心细，多谋善变。在臾骈的计划里，召回范会就着落在魏寿馀的身上。

翌日，赵盾以防御秦国频繁入侵为名，令河东诸邑大练民兵，各各戍守黄河大堤，倘若再次被秦军轻易渡过黄河，唯地方官长是问。

不久，魏寿馀呈送报告，称魏邑的辖地过于宽广，境内有黄河边境线百余里，而且处处可济，实在是防不胜防、守不胜守，如此操劳军民，恐非善举。

赵盾大怒。魏邑既为大邑，想必你魏寿馀平日捞取的油水也比别处的地方官多吧，怎么从来就没见你哼哼说吃多了肚子撑得难受？如今国家多事之秋，人人皆有守土之责，你不思宵衣旰食为主上分忧，反而推三阻四沽取爱民之清誉，你到底是代表朝廷还是代表百姓？你说！

魏寿馀被赵盾骂得狗血淋头，心中羞愤难当，回到家后越想越气，在里屋一边喝酒一边厉声咒骂赵盾，扬言要反出晋国投奔秦国去。

喝着骂着，魏寿馀忽然嚷嚷酒质不纯，顺手一挥将残酒尽数倾泼在身旁的侍者脸上。

侍者吓得扑通一声跪倒，垂着头仔细品咂了一下顺着脸颊流进嘴角的酒，眼睛一转，不对劲儿啊！

他在魏府打工多年，有事没事就喜欢利用职务之便偷酒喝，贪污截留的各色酒水如果凑到一起，都快赶上小半个文瀛湖了，要说酒质到底纯不纯，他还是有把握尝得出的。可眼下这酒明明是特制的正宗三十年青花汾酒嘛，芬芳馥郁，甘冽可口，他都数不清偷喝过多少回了，绝不会错的。

侍者不禁满脸委屈地抬起头，刚想要辩解几句，魏寿馀忽地射过来一个盘子，砸得他眉心迸血，一声哎哟还没来得及喊出口，又一个盘子流星赶月般射过来击碎了他的满口门牙。血泪模糊中，只见魏寿馀凶神恶煞一般跳将过来，抓住他一顿暴打，打呀打，打呀打……

数日后的一天清早，包头鼓脑的侍者一瘸一拐地来到赵盾府邸，首告魏寿馀图谋叛逃敌国。

赵盾稍作布置，派韩厥即刻领兵去魏府拿人。

谁知魏寿馀的正室外室、亲孩子野孩子抓了一大堆，他本人却单枪匹马地逃脱了，而且这一逃，就笔直逃到了秦康公的面前。

满脸悲戚的魏寿馀向秦康公哭诉来历后，真诚地表达了投奔秦国的愿望。

秦康公思忖良久，转头征询范会的看法。

范会问魏寿馀有没有带投名状。

魏寿馀赶紧奉上一份魏邑的土地人口清册，说自己愿意帮助秦国收取魏邑。

秦康公拿着清册装模作样地前后查阅，其实脑子里在进行四则混合运算。本人获罪，家人被拿，看来魏寿馀没说假话。倘若真的能就此将魏邑纳入囊中，那等于是在晋国的院墙上开了一个后门，秦国下次再想去晋国内室寻开心岂不是要方便得多了？好！太好了！

大家看到这里，是不是也觉得秦康公捡了一个天大的便宜？如果真是如此，那你们就和秦康公一样，也上了赵盾的当。因为，从本段落上溯一千零三十个字符所讲述的内容，其实都是赵盾编排的一出戏。

在这出戏里，足智多谋的臾骈担任编剧，演技精湛的魏寿馀担任了男主角，惨遭毒打的侍者稀里糊涂担任了事先没看剧本的男配角，拿人的韩厥和被拿的魏府家眷则都是群众演员。

至于编排这出无间道贺岁片的目的？废话，当然不是吃饱了没事做，而是为了把范会弄回来。

趁秦康公不注意，魏寿馀飞快地踩了一下范会的脚。

这个小动作是不是一种只有晋人才能理解的江湖切口，我们不得而知，但显然范会马上领悟了魏寿馀的真实来意，并且心中立即决定，与赵盾冰释前嫌，配合魏寿馀把戏继续演下去。

为什么此时范会的思想会突然出现如此重大的转变，一直是我研读这段历史时抓肝挠肺也没参透的疑问。

假如谁能帮我证明范会没有家族遗传的精神分裂病史的话，我倾向于认为，负气出走的范会其实内心里对晋国是念念不忘的。

在河曲之战中范会不遗余力地为秦康公出谋划策，或许只是想换种方式告诉世人，赵盾当初把他当个边角废料一样随意垫脚是犯了个多么严重的错误。

范会面朝着魏寿馀，眼角的余光却瞄着秦康公，口中喃喃有词，似乎是在自言自语，又似乎是在为秦康公论证收取魏邑的可能性，其实是在启发魏寿馀：“只恐魏邑守将逡巡观望，不肯来归耳！”

话音刚落，心领神会的魏寿馀立马接口说魏邑守将都是他的心腹，只消秦国派遣一位熟悉晋国事务的人随他前往魏邑晓谕诸位守将，保准可以马到功成。

熟悉晋国事务的人？秦国以前倒是有一位，那人还在娘肚子里时就经常遇见晋文公，对晋国当然是熟得不得了，只可惜在令狐之战中不小心挂掉了。除了他，那就似乎、似乎只有范会最符合条件了。

秦康公用期许的目光看着范会，让他勿辞辛劳，随魏寿馀走一遭。

秦国大夫绕朝见秦康公要放范会走，急急地在秦康公耳边劝阻。秦康公无动于衷。

范会一时间百感交集，他跪倒在秦康公膝下，顿首再拜曰：“晋人，虎狼也，若背其言，臣死，妻子为戮，无益于君，不可悔也。”

意思就是说，晋人残暴而不讲信用，倘若范会渡河而东能促成魏邑来投，那皆大欢喜；倘若晋人说一套做一套，就此将范会羁押，那你秦康公会不会以逃跑论处范会之罪？当然，范会人在河东，你秦康公鞭长莫及，奈何不了；可是范会的家人俱在河西呀，你秦康公会不会愤而拿他们开刀？

呵呵，大家瞧瞧，我该说范会这家伙做贼心虚，还是该说他老奸巨猾呢？

秦康公被绕了进去，他扶起范会，慨然说道：“你放心去吧！如果晋国玩阴的将你拘留，我一定会把你的家口一起送过去的。天地为证，黄河为鉴！”

范会方欲辞别秦康公，绕朝把一根马鞭赠送给他说：“子无谓秦无人，吾谋适不用也。”

范会冷不禁尿意上涌，一连打了几个哆嗦。

秦康公大怒。你绕朝的计谋恰好没被采纳，那意思就是说，老子恰好是头蠢猪对吧？怒罢，把绕朝推出去杀了。

之后的结局，想必大家不用我说也能猜想得到，范会就像肉包子打狗，一去不回了。

秦康公有没有气得跳脚我不知道，但他果真没有违背黄河之誓，不久便把范会的家小悉数送了过来。

赵盾赚取范会的行为虽然不怎么光彩，但是不管怎么说，这件事情总归是晋国外交的一大胜利，而且这个外交胜利只是一系列外交胜利的开端。

同年，郑国、陈国、宋国相继脱离楚国阵营，回归晋国的怀抱。

翻过年头的公元前 613 年春，周顷王驾崩，其子周匡王继位。周公阅和王孙苏争夺朝政，争了老半天，谁也踩不死谁，最后双方决定请晋国仲裁。天子家事竟然交由诸侯做主，这让我不得不深感节操之可贵。

就在这年的六月，赵盾召集鲁、宋、陈、卫、郑、许、曹诸国在新城会盟。这是继公元前 620 年扈地会盟后，赵盾第二次以晋国卿士的身份主诸侯之盟。

赵盾享有此等殊荣，一方面得益于晋灵公年幼无法视事，另一方面（也是主要方面）当然还是归功于晋国的实力强大。

只是，晋国固然可以预期维持强大不变，晋灵公却在一天天长大。一个渐渐长大的晋灵公，必然会有他自己的想法和追求。

面对赵盾的管束和大权独揽，晋灵公难免产生一种与其晋国最高统治者身份不符的挫败感。而当这种挫败感积累到一定程度的时候，就会转变为叛逆和仇恨。

或许，这对赵盾来说，将是一场前所未遇的危险挑战。

不弑之弑

河曲之战的第二年，南方传来一声巨响，如狼似虎的楚穆王死了。

楚穆王虽然只享国十二年，但是在位期间一直孜孜不倦地致力于在晋国背后添乱子、砸场子、捅刀子，先后吞并了江、六、蓼、舒、宗等国，一度把晋国的势力范围压缩到淮河以北，给当时忙于在国内整肃异己的赵盾带来了巨大的心理创伤。

如今，赵盾连根手指头都没动，楚穆王就主动把自己死掉了，我不知道赵盾接到噩耗的那天夜里，到底是含着热泪蹦迪到了四点，还是声嘶力竭地嗨歌到了五点。

楚穆王的儿子楚庄王熊侣看起来更不给力，上任之后，被若敖氏家族（鬬氏与成氏）牢牢压制，空挂着个楚王的招牌，却又做不了楚王该做的主，唯一能把握的就是让自己每天沉湎于酒色之中，而朝政大事则统统旁落到了令尹成嘉（上任令尹成大心之弟）的手里。

对于春秋时代的历任北方霸主来说，一旦楚国消停了，生活便会充满温煦的阳光。

赵盾趁着好天气，定下西守东进的策略，命大夫詹嘉提一支劲旅扼守在西线的黄河要塞瑕地，以防范秦国自桃林渡河而攻；自己则统率晋国主力部队，一路向东恢复统一战线。

公元前 612 年的六月，赵盾以蔡国不附新城之盟为由，令郤缺率领上军、下军向蔡国发起进攻。

蔡国是楚国的忠实粉丝，蔡庄侯势单力薄，只得向楚庄王求救。

可楚庄王连自己都拯救不了，如何拯救蔡国？

万般无奈之下，蔡国被迫签订“城下之盟”。晋国则重新突入到了楚国的卧榻之畔。

同年十一月，年幼的晋灵公会宋、卫、蔡、陈、郑、许等诸侯于扈地，寻新城之盟，进一步巩固了晋国在淮河南北的势力范围。

就在赵盾策马扬鞭、春风得意之际，他渐渐发觉，一个危险的对手正在一步步地逼近。这个对手不是别人，正是赵盾亲手扶立起来的晋灵公。

晋灵公刚即位时还是个黄口稚子，如今已到了束发之年。

一般而言，这个年龄阶段的男孩儿都是地球上最可怕的生物。他们有好奇心、破坏力和《未成年人保护法》，一旦不守规矩，保证让你防不胜防。

就晋灵公来说，情况更加特殊。

他从小就在赵盾和母亲穆嬴的严格管束下成长，要是学业不勤会被赵盾责打，要是仪容不整会被穆嬴责打，要是礼数不周，那就对不起，男女混合双打。

一开始，晋灵公或许会服服帖帖，因为小孩子对大人有着天生的崇敬感。可等到他稍微懂事一点儿后，形势就会急转直下。

一方面居高临下接受群臣的山呼舞拜，要风得风要雨得雨；另一方面却要畏畏缩缩接受赵盾的家长式教育，夹紧屁股学做人。

这种巨大的反差通常都会激发当事人的革命意识。晋灵公也不例外，一有机会他就背着赵盾自行其是，寻求四肢百骸都自由自在的快乐生活；有的时候甚至故意反其道而行之，赵盾想往东，他偏往西，赵盾越是着急，他越是高兴。

这种叛逆的感觉简直令晋灵公如痴如醉，他认为当国君就应该是这个范。

其实公元前612年扈地会盟时，晋灵公就曾着实让赵盾尴尬了一把。

不知有眼尖的人发现没，当时鲁文公并没有与会。作为晋国的铁杆盟友，鲁文公为什么会缺席呢？那是因为，齐国连年伐鲁，鲁文公正值焦头烂额，无暇脱身。

鲁国和齐国俱为晋国的小弟，这两个国家打架固然属于晋国联盟的内部矛盾，但一来齐国是麻烦制造者，二来鲁国与晋国的关系更加亲密，所以晋国对齐国十分不满。

当然，齐国这些年触犯的律令还不止这一条，譬如频繁发生弑君案件呀，扣押周王室的使者呀，不一而足。

晋国既然接过了“尊王攘夷”的大旗，对于这种违法乱纪行为当然不能坐视不管，于是赵盾召集扈地会盟的成员国组成七国联军，要将齐懿公绳之以法。

谁知大军开到半路，突然无功而返。大家摄于赵盾权威，口里不作声，只怕心里免不了要犯嘀咕，搞不清楚赵盾到底是哪根筋出了故障，劳师糜饷地如此操淡。

其实赵盾也是有苦难言，因为要鸣金收兵的不是他赵盾，而是远在千里之外的晋灵公。满头雾水的赵盾回家一打听才知道，原来晋灵公这样做，竟然是收受了齐懿公的贿赂。

赵盾真是无语问苍天。

公元前611年，晋国展示盟主风采的机会再次出现，宋国发生了弑君事件。

这起事件有点儿嚼头，我得简单地介绍一下。

公元前620年，宋成公去世，他的弟弟公子御发动政变，杀了宋成公的世子而自立为君。随后，宋人将公子御杀死，立宋成公的小儿子杵臼为君，史称宋昭公。

宋昭公捡了个现成的大便宜，却不知道好好珍惜，不但昏聩无道，而且对宋襄夫人不加礼遇。

宋襄夫人是周襄王的姐姐，也是宋昭公的奶奶辈，在宋国扮演着类似于老佛爷的角色。宋昭公在她面前吊儿郎当，她当然不会善罢甘休。

不久，宋襄夫人就还以颜色，非常霸气地杀掉了公族和朝臣中一批宋昭公的亲信，警告宋昭公以后放老实点儿。

这样一来，宋昭公是收敛了不少，可是仇怨却积在了心间，只不过双方都没有继续爆发而已。

宋昭公有个庶弟叫公子鲍，慷慨豪爽，贤而下士。

当时宋国发生了严重的饥荒，上自公卿，下至庶民，都面临断炊之虞。公子鲍于是敞开家门，把积存的所有粮食全部拿出来施舍饥民，一方面奔走不息地与六卿协商处置灾情[①]，一方面细致周到地对国内的老人、人才和公族予以馈送和接济，赢得了朝野的广泛赞誉与支持。

公子鲍不但人品好，而且是个罕见的美男子。至于具体美到什么程度，史籍中没做直观的描绘，我们不得而知。不过没关系，美这种东西，不一定要通过直观的描绘才能表达，有时候用事例来说明，反而更加鲜活，更加生动。

话说公子鲍的极致美丽，让宋襄夫人重新燃起了情欲的烈焰。

宋襄夫人以周襄王姐姐兼宋襄公夫人的尊荣身份，以朝政实际掌控者的滔天权势，以奶奶级的崇高辈分，以徐娘半老的尴尬年纪，竟然主动要求和公子鲍通奸，我不知道大家看了以后有没有天雷滚滚的感觉。

可是，请大家拿出歌友会上在茫茫人海中挤到前排去看刘德华的身手，避开这道天雷先，因为，更雷人的还在后面。

---

① 宋国亦有六卿的官职，但名称与晋国不同。

面对宋襄夫人赤裸裸的表白与诱惑，公子鲍断然拒绝了。但春心萌动的宋襄夫人非但没有恼羞成怒，反而继续放低身段，不遗余力地帮着施舍饥民，以求能获取小鲜肉公子鲍的芳心一顾。

公子鲍后来到底有没有从了宋襄夫人，暂时还是个谜。不过各界人士都看清楚了，公子鲍很有面子，可以直通宋襄夫人，于是乎更加趋之若鹜。

宋襄夫人大权在握且敌视宋昭公，宋昭公无道而公子鲍得士，宋襄夫人疯狂地迷恋公子鲍，这三个因素搅和到一起，会发生什么神奇而剧烈的化学反应呢？

答案很简单，宋襄夫人欲废宋昭公而立公子鲍。

约在公元前611年年末的时候，宋襄夫人设下一个局，安排宋昭公到商丘东北的孟诸打猎，然后伺机行刺。

宋昭公察知了宋襄夫人的阴谋，然而他无力反抗，不得不往。司城荡意诸[①]是宋昭公仅有的几个亲信之一，见情势危急，就劝宋昭公逃亡出国。

宋昭公骄奢淫逸惯了，认为自己受不了颠沛流离之苦，又害怕看到诸侯的白眼，万念俱灰之下，把内府的珍宝全取出来以遣散左右侍从，然后硬着头皮犟着脖子上了路。

十一月二十二日，宋昭公还未到达孟诸，半路就被宋襄夫人派遣的杀手刺死。

随即，帅得青红紫绿的公子鲍被老太婆宋襄夫人（可以考证，这一年她已经年过花甲）捧上了国君之位，史称宋文公，书就了一部帅而优则仕的现实童话。

宋襄夫人弑宋昭公而立宋文公，乍一听有点儿骇人，其实在宋国并没有掀起太大的风波。关键就在于宋昭公在国内属于少数派，大多数的人都希望他快点儿倒台，连《春秋》都说他死得活该。

然而，这终究还是一枚毒树之果。所以，赵盾派中行林父组建联合国维和部队（晋、卫、陈、郑）前往宋国执法，借打击非礼之举来巩固晋国的威望。

不料晋灵公故技重施，收了宋国的贿赂后，又将中行林父中途召了回去。

我想，当赵盾再次得知事情原委时，恐怕要忍不住仰天长叹：不怕狼一样的对手，就怕猪一样的队友哇！

---

① 司城是宋国六卿之一，原名司空，为避宋武公司空之名讳，故改之。

看完上述两个典型案例，如果大家觉得这只是小孩子闹着玩的话，那你们就把问题想得太简单了。晋灵公之所以能够荣获“灵”这么个贬损的谥号，当然还是因为有着其他骄人的成绩。

晋灵公喜欢玩弹弓，可弹的目标既不是邻居家的窗户，也不是街上的路灯，他弹的是人。

绛城的中心区域有个豪华别墅，名叫“桃园”，系晋灵公横征暴敛聚财而建。其间建有三层高台，画栋雕梁，丹楹刻桷，四周围以朱栏曲槛，登高四望，市井俱在眼前。

当初晋灵公修建高台的目的无非是为了满大街地目击美女。可后来，晋灵公发现这楼另外还有个好处，那就是方便狙击路人。

站在楼上，往熙熙攘攘的人群中四面开弓，弹无虚发，打得过路的老百姓头破血流，抱头鼠窜。晋灵公每每开怀大笑，引为人生快事。

久而久之，绛城城中开始流传一首这样的歌谣：“莫看台，飞丸来，出门笑且忻，归家哭且哀。”晋灵公听了，一笑了之，国君嘛，不鱼肉鱼肉百姓，怎么体现他的价值？

晋灵公还喜欢养狗，可他养的不是宠物狗，而是凶猛的大獒。

晋灵公专门修建了五星级獒圈，四处搜罗大獒豢养其间，而且獒的食禄水平都参照大夫标准予以供给。

当时，洛邑那边有人给晋灵公献了一条大獒，名曰“灵獒”。灵獒身长四尺，体格雄壮，尖牙利爪，性情凶猛，活脱脱的就是一只小老虎。

更恐怖的是，此獒能解人意，左右或有过，晋灵公使个眼色，灵獒便暴起噬人，不死不休。

晋灵公把灵獒视为掌上明珠，或居或行，常伴身边。就连专门饲养灵獒的獒奴，也跟着平步青云，公然摆起了官老爷的派头。

对于晋灵公的胡作非为，赵盾没少规劝。然而言者谆谆闻者藐藐，任赵盾说得嘴巴生茧、舌头长泡、喉咙冒烟、肺部起火，晋灵公左耳朵进右耳朵出，依旧我行我素。

有一天，赵盾和范会进宫议事，在宫门口遇见几个宫女抬着一个畚箕迎面走出来，近前一看，一条血淋淋的手臂垂在竹筐边沿上。

赵盾生疑，喝令打开畚箕，里面赫然竟是一堆碎尸。赵盾勃然大怒，宫禁重地，怎么会有碎尸，到底是刺客还是罪臣？

宫女花容失色，战战兢兢地说都不是，死者乃是御厨，因为烹制熊掌时架不住晋灵公的反复催促，只得仓促起锅，不料晋灵公反以熊掌尚未熟透为由迁怒于此厨，以铜斗击杀之，复砍为数段，命弃尸野外。

赵盾气得七窍生烟，当即就要进谏晋灵公。

范会说不忙，劝谏是得劝谏，可是您别去，让我来。

赵盾问为何。

范会说，要是您作为首席大臣去劝谏而国君不听，那朝臣在约束国君胡作非为这方面就失去了转圜的余地；如果我去劝谏而国君不听，您再亲自出面吧。

赵盾说好。

范会独自觐见。入门，晋灵公假装没看见。入庭，晋灵公仍旧假装没看见。直到迈上屋檐下的台阶，再往前就要和晋灵公发生剐蹭了，晋灵公这才抬起眼皮子，假装突然看见了范会。

范会刚要开口，晋灵公就抢先说道："吾知所过矣，将改之。"

范会把堵在喉咙里的那口气强行压回腹中，对晋灵公磕头，然后引经据典、深入浅出地讲了一大堆道理，直言为君不道，国亡无日矣。

话说到这个份儿上，就算到头了。

晋灵公似乎也有所触动，连连称是。可范会刚一走，晋灵公马上恢复了流氓本色，继续为非作歹。

赵盾怒而进谏，严词切责晋灵公。晋灵公唯唯诺诺，保证改过自新，下不为例。赵盾刚一转身，晋灵公又重操旧业，该怎么玩还怎么玩。

赵盾再谏，晋灵公再忽悠。再谏，再忽悠。

事情做到这个份儿上，也算到头了。

在赵盾看来，晋灵公这孩子已经无药可救，把朝臣的忠言都当成了耳边风。

可是，赵盾只猜对了一半。晋灵公无救是无救，对忠言却未必没有听进去，只不过听了后产生的效果，满满的全是恨。

每次赵盾训斥完毕，晋灵公都沉浸在仇恨的情绪里无法自拔，满脑子回映的都是赵盾吹胡子瞪眼睛的骇人场景，耳畔回响的尽是赵盾厉声数落的呼啸声。

多少年来，晋灵公觉得自己仿佛就像是戴了一个紧箍儿，没日没夜地被赵盾碎碎念，念得他人格扭曲，念得他精神分裂，念得他内分泌失调，念得他生不如死。世界上难道还有比这更惨绝人寰的事吗？

一入梦中，晋灵公就频频使用酷刑尽情折磨赵盾，真是爽到不行。只不过每次醒来后却沮丧地发现，赵盾仍旧四肢健全、气宇轩昂，没有一点儿暴毙横死的迹象。

这暗无天日的生活可怎么到头哦！

撕心裂肺的晋灵公陡然生出了一个邪恶的念头：赵盾不主动去死，难道自己就不会想点儿办法、创造条件让赵盾早点儿去死吗？

晋灵公找来一个叫鉏麑的杀手，让他去把赵盾做了。

鉏麑扎缚停当，连夜潜伏在赵府附近。将要拂晓之时，四周一片静寂，连周扒皮都还在蒙头睡觉，赵府的大门却忽然洞开了。鉏麑立即潜了进去，直扑赵盾寝所。

谁知，赵盾寝室的门也敞开着。鉏麑浑身一紧，莫非赵盾已有所防备，故意摆出这么个松弛的架势来调戏他？

大惊之余，鉏麑立即躲到院中的一棵大槐树下细细察看。只见房中有一个人穿着齐整的朝服，正端坐在椅子上闭目养神，嘴里还不停地念叨着规劝晋灵公勤政爱民的话语，这不是赵盾又是谁？

原来，赵盾操劳政务，每天早上不闻鸡鸣即起，因为尚未到早朝的时间，故暂留在家中假寐片刻。可就是这么点儿工夫，他还念念不忘国家之事。

说实话，任何有良知的人看到了这样的场景都忍不住会肃然起敬。鉏麑虽然是个杀手，但估计也讲究个几杀几不杀之类盗亦有道的江湖原则，面对此时此刻的赵盾，他根本无法下手。

鉏麑自忖忠信难以两全（杀赵盾则有违对国家之忠，不杀赵盾则有违对晋灵公之信），逡巡良久，触槐树而死。

赵盾旋即赴朝如故，并无半点儿惧色。自古英雄豪杰皆大誉大毁之辈，想要弄死他赵盾的人多了去，遇着个刺杀未遂有什么好稀奇的？

晋灵公破天荒地提早到达办公室，他想好好感受一下没有赵盾的朝堂到底是个什么样子。下面那些一本正经的臣工要是发现赵盾死了，有几个会痛哭，又有几个会窃笑呢？

不管如何，从今往后，再也不会有人板起个面孔在耳边喋喋不休、吆五喝六了。明天继续去高台弹人，打扫楼道的那个死太监打赌说三发之内他可以弹中别人的乌眼珠，倒要见识一下。如果他没弹中，就让灵獒吓唬吓唬他。

想到这里，晋灵公不知不觉露出了愉悦的笑容。

咦，外面进来的那个人是谁？怎么这么眼熟，昨天似乎见过。待看清来人竟是赵盾时，晋灵公以一个向后翻腾半周转体360度的动作从座席上摔了下来，而且是脸先着地。

群臣哗然，赶紧把他扶起来。当天朝会商议了什么事，晋灵公一句话也没听进去。

回到寝宫，晋灵公兀自恨恨不已，苦苦思索着暗算赵盾的办法。

慢慢地，晋灵公来了感觉。既然在赵府搞不死赵盾，那为什么不趁赵盾不在赵府时去搞呢？既然一个人搞不死赵盾，那为什么不多派几个人去搞呢？

晋灵公的初步计划是召赵盾进宫饮酒，然后把预先埋伏的甲士召唤出来和赵盾练练。赵盾又不是个武夫，想必在那群精壮的男人手底下走不了几个回合。

想着想着，晋灵公无意瞟到了蹲伏在一旁的灵獒，一道猛烈的智慧之光瞬间划过脑海，他的整个身体也因为极度的兴奋而变得颤抖起来。

从次日开始，公宫中某个隐蔽的院落里每天都会出现一个草人，高矮胖瘦恰与赵盾相等，就连身上装扮的服饰也与赵盾惯穿的服饰相似。

几个宫人将新鲜的动物内脏拌和了香油后，塞进草人的胸腔里，獒奴则牵着灵獒在一旁来回踱步。因为受到食物香味的刺激，灵獒的喉咙里发出了低沉的狺狺声，森森的犬齿像矛尖一样闪着惨白的光。

宫人收拾完后，疾趋而出。獒奴用手冲着草人一指，那灵獒如同脱弦的利箭般，一个猛虎扑食将草人罩在身底下，挥舞着爪牙三下两下撕裂草人的胸腔，掏出内脏大快朵颐。满地尽是烂布和碎草，一片狼藉。

不用我说，大家肯定也能猜到，刚才这一幕绝不仅仅是个游戏而已。

该来的那一天终于来了。公元前607年的九月某日，赵盾与晋灵公在宫中对饮。

气氛一开始很融洽。双方虽然最近几年闹得很不愉快，但晋灵公毕竟是赵盾一手带大的，赵盾对他有一种割舍不断的情感。

晋灵公的兴致也很高昂。因为在他看来，赵盾既然被诓骗至此，那就与进了天罗地网没什么差别，等会除了引颈待宰，大抵没有别的出路。

就在晋灵公意淫到高潮之际，赵盾的车右提弥明出于职业意识，察觉到了危险的存在，于是他从堂下快步登上台阶，呼喝道："臣侍君宴，过三爵，非礼也！"

春秋时代，君主请臣子饮宴分为两种礼节，一曰正燕礼，一曰小燕礼。正燕礼适合大型宴会，君臣可以尽兴而饮；小燕礼适合小型宴会，臣子饮酒不能超过三爵。

晋灵公为了方便遂行谋杀方案，此次单单宴请了赵盾一人，因而提弥明的话不无道理。

然而，提弥明一个小小的车右，在这样的场合压根就没有资格上堂，也没有资格说话，就更别提做出趋步和呼喝的举动了。所以，他的异常表现引起了赵盾的警觉。

赵盾是个聪明人，对晋灵公敷衍了几句就想走人。

晋灵公眼暴筋突，一声呼哨，壁后的甲士一齐杀出，那灵獒也带着破风之声闪电般地扑向赵盾。

赵盾两股战战，哪还有气力夺路而走?

说时迟那时快，提弥明一个箭步纵跃上前，截住灵獒，抡起钢拳铁腿，三下五除二将灵獒击毙。甲士却毫不停滞，蜂拥冲杀过来。

提弥明浑身浴血，拼命将赵盾掩在身后，与甲士殊死搏斗。赵盾心神稍复，亦使出武打动作（困兽犹斗，何况于人），且战且走。

混战之中，提弥明和赵盾被甲士分割开来，眼看赵盾就要命丧当场。

这时，意外情况发生了。

一名甲士抢至赵盾身前，举起长戟，然后、然后和追杀赵盾的其他甲士乒乒乒乓打了起来，掩护着赵盾往宫门方向撤退。

从装束打扮来看这名甲士应该杀了赵盾，可从行为方式来看他应该是在救赵盾。这？我说兄弟，你到底是哪个方面的，你这样搞会让赵盾很没有方向感，你知不知道？

在那名甲士的奋力救援下，赵盾堪堪突出宫门。他在如此危急的形势下，仍然没有丧失清醒的理智，切切地问那名甲士为什么要救他。

那名甲士说：“（我乃）翳桑之饿人也。”说完，头也不回地消失在了宫墙的尽头。

赵盾一愣，不禁想起了一桩往事。

那年，赵盾在首阳山打猎，宿于翳桑，见有一个男子倒伏于路，看样子快要死了。赵盾生起怜悯之心，问男子是不是有病。

男子说病倒没有，只不过三天没有吃东西而已。

赵盾拿出饭食来喂治他。谁知男子首先将赵盾施与的饭食存留一些，然后才狼吞虎咽地把剩余的吃掉。

赵盾觉得很奇怪。仔细一问，那个男子自称名叫灵辄，只因家中尚有老母待哺，故不敢尽食赵盾之赐。

赵盾颇为感动，让灵辄把收藏的饭食拿出来也吃了，另外再赠送他满满一竹篓饭食回去侍奉老母。灵辄千恩万谢而去。

赵盾不久也就将这事淡忘了，不料竟在此时此地遇着灵辄。

原来，灵辄现在正充任宫廷卫士，见赵盾有难，认出是昔日活命的恩人，所以挺身相救。

宫门外，赵氏的人已前来接应，他们将赵盾扶上马车，匆匆离去。

赵盾抹开额前的散发，攀着车栏往宫门中尽力回望，透过那纷乱的刀光剑影，他最后一眼看到了提弥明倾覆的血肉之躯。

发生在公元前607年的这场国君谋杀首席大臣的事件，有一个精致的开端，一个惊险的过程，甚至还有高潮，可最后留给我们的，却是一个谜一样的结局。

自从逃离晋灵公精心设置的死亡陷阱后，赵盾就从绛城消失了。

有人说他已流亡国外，有人说他已归隐民间。这些说法听起来有些道理，可它们都无法解释一个问题，那就是：以赵盾在晋国多年根植的庞大势力以及他争强好胜的行事风格而言，他犯得着逃避吗？

既然如此，他又去了哪儿？没有人确切知道。

人们只看到，晋灵公仍旧每天都到高台去弹弹弹，也总有些文盲和博士，就是舍不得多费点儿力气绕个圈走，硬着头皮在下面当移动靶标，结果被弹得七荤八素、哭爹叫娘。

难道，赵盾真的一走了之了吗？再这样下去，晋灵公都要练成弹指神通啦！

人们的疑惑并没有持续太久。九月二十六日，晋国再度发生了谋杀事件，这一次终于成功了。

杀人的人是向来轻狂的赵穿，被杀的人是同样轻狂的晋灵公，案发现场就在桃园里，以弹人为己任的晋灵公终于以身殉职。

当惊骇的人们还没来得及从眩晕中清醒过来时，赵盾紧跟着出现了。

他三步并作两步跑到桃园，伏在晋灵公的尸身上号啕痛哭，好一副其心也悲、其情也切的动人画面。以至于很多围观者都由衷地感慨：赵盾背负着杀身之恨，仍能秉持君臣大义，真可为千古忠臣孝子之楷模。

但是，我不这么认为。

赵盾如果对晋灵公失望透顶，早已远走高飞了的话，他不可能这么快就回来；赵盾如果觉得千错万错晋灵公总归是个国君不会错的话，既然回来了，他就应该大义灭亲，将胆敢忤逆弑君的赵穿绑到菜市口千刀万剐给世人看。

所以，这些天赵盾到底在哪儿？赵盾和赵穿到底有没有见不得人的密谋？他们之中到底谁才是真正的凶手？

只有历史知道真相，可历史不会说话；也有人猜到了真相，可他们不敢说话。倒是晋国的史官董狐，凭着自己的感觉与信念在史书上写下了这样一行字：“赵盾弑其君。”

我无法验证董狐的话是不是属实，只不过这世上的史官千千万万，我却记住了他。

嗣后，赵盾派遣赵穿到洛邑迎接晋襄公之异母弟黑臀回国继位为君，史称晋成公。

晋成公上台后做的第一件事，就是颁旨赦免赵穿的弑君之罪。这一举动，相当于为晋国之前的一系列政治谋杀下了一个官方的历史定论，表面上是给赵穿一个免于起诉的处罚，表面下是给赵盾正名，骨子里是悄悄地表明了自己拥护赵盾的政治立场。

对于一个在国内几乎没有根基的新君来说，这实在是一个明智之举。当然，如果晋成公做得更绝一点，额外再颁个见义勇为奖给赵穿，效果会更加理想。

既然晋成公的马屁拍得这么真诚，那赵盾也就没必要太把他当领导看待，随即主持实施了一次史无前例的政治改革——设立公族大夫。

公族大家都懂，就是指国君的同姓宗亲。

因为血缘亲近，各国一般都将公族视为维护统治秩序的骨干力量加以重用。可是晋国的情况却很特殊，史载“晋无公族”。

晋无公族，并不代表晋国宗室的生育能力低下，也不代表晋国早在两千五百年前就限制生育。一切都是“曲沃代翼”惹的祸。

“曲沃代翼”是一次强势旁支通过流血冲突取代弱势主支而执掌政权的历史事件。晋献公即位后，鉴于自己曲沃系的君位来路不正，担心将来别的公族势力也依葫芦画瓢，于是采取了一种极端的防卫策略，把晋国公族杀得十室九空。

骊姬乱政时，晋献公的儿子们卷入夺嫡风波，结果死了一半，跑了另一半，最后硕果仅存的晋文公依然承继了老爸晋献公的政治理念，又将自己的儿子大部分都遣送到国外发展。

经过如此轮番的砍削，晋国才终于形成了今天这样一个公族凋零以及由此衍生出的卿族当权的局面。

那么赵盾改革的目标就是恢复公族这个系统。

至于眼下晋国公族成员稀少，人数在急切间难以形成规模的问题，赵盾也找到了解决的办法，那就是以卿族来替代。

具体措施是：设立公族、馀子和公行三种官职，以卿的世子担任公族，卿的世子的同母兄弟担任馀子，卿的庶子担任公行。

赵盾重设晋国公族，让卿族享有公族的身份，很明显是要为赵氏及其拥趸谋求更加优厚的政治地位。从长远的意图来分析，他或许是想为赵氏辅国打造一个更加坚实的基础。

在赵盾的一手操控下，首先获取公族大夫殊荣的，是赵盾庶母赵姬所生的次子赵括。

赵盾的老爸赵衰是卿族，卿族的庶子按理只能担任公行，为什么赵括可以担任公族呢？要理清这个头绪，我们还得补上一些赵盾的家庭背景。

重耳和赵衰流亡翟国时，分别婚配了季隗和叔隗，叔隗为赵衰生子名赵盾。重耳回国后，把女儿赵姬嫁给赵衰作为夫人，赵姬后来陆续生下了赵同、赵括和赵婴齐三个儿子。

赵姬虽然贵为公主，但为人很低调，也很贤明，主动劝赵衰把叔隗母子迎回来。赵衰辞谢不肯。

赵姬说："做人要厚道，怎么可以得了新人就忘了旧人呢？"固请之。赵衰拗不过，只得遵行。

叔隗母子归晋后，赵姬通过仔细观察，发现赵盾是家族中不可多得的干才，于是亲自向老爸晋文公请命，要求改立叔隗为赵衰的夫人，改立赵盾为赵衰的世子，而自己娘儿四个情愿居于叔隗母子之下。晋文公同意了。

赵盾对赵姬之恩铭感于心，为了报答赵姬当年的逊让，他特意对晋成公说："（赵括乃）君姬氏之爱子也。微君姬氏，则臣狄人也。"

以"君姬氏"称呼赵姬，意味着赵盾以赵氏宗主的身份，把赵衰夫人的名分又还给了赵姬。

而既然赵姬做了赵衰夫人，那么赵同、赵括和赵婴齐三人也就随之成了赵衰的嫡子，赵盾本人则成了赵衰的庶子。

可是，赵括仅居嫡次子，他上面还有个同母的哥哥赵同，怎么着这个公族的官职也得让赵同来担任，他赵括顶多拿个馀子走人哪！为什么最终赵括担任了公族大夫呢？

奥秘藏在"爱子"两个字里面。赵盾以赵括得到赵姬宠爱的缘故，拔高了赵括的品秩，让他获取了赵衰世子的名分。所以，经赵盾这么一改，赵括当个公族也就名正言顺了。

封赏赵括之余，赵盾也给自己在公族系统内安排了个职务，即"旄车之族"，这仅仅是个公行的级别。

以公行的级别而兼领中军元帅的职务，不得不让我们感叹，官场艺术的博大精深和源远流长。

后来，诸如郤氏、荀氏（中行氏、智氏和程氏的统称）、栾氏、韩氏等卿族也有成员陆陆续续加入了公族大夫的队伍。

设立公族大夫，从法理上进一步巩固了以赵盾为首的统治秩序，对于晋国当前的稳定繁荣有极大的促进作用。

然而，即便是赵盾这样经天纬地的政坛高手，也难免有他的历史局限性。

赵盾所没有料到的是，正是因为今天他把晋国卿族的地位擢拔到了无以复加的地步，为日后赵、魏、韩三家分晋埋下了关键性的伏笔。